АКАДЕМИЯ НАУК СССР

ИНСТИТУТ ИСТОРИИ СССР
ЛЕНИНГРАДСКОЕ ОТДЕЛЕНИЕ

Б. В. АНАНЬИЧ

БАНКИРСКИЕ ДОМА В РОССИИ
1860—1914 гг.

Очерки истории частного предпринимательства

ЛЕНИНГРАД
«Наука»
ЛЕНИНГРАДСКОЕ ОТДЕЛЕНИЕ
1991

Книга посвящена истории частного банкирского промысла в России во второй половине XIX и начале XX в. Она написана в виде очерков о крупных банкирских домах, оказавших влияние на экономическое развитие страны и занимавших видное место в ее финансовой системе. Это прежде всего семейные фирмы Гинцбургов, Поляковых, Рябушинских. В центре внимания автора типы банкирских заведений, их правовое положение, роль в развитии народного хозяйства, пути и способы обогащения владельцев, характер семейного предпринимательства.

Книга рассчитана как на специалистов, так и на тех, кто интересуется экономической историей России.

Ответственный редактор
А. А. ФУРСЕНКО

Рецензенты:
В. С. ДЯКИН, М. Ф. ФЛОРИНСКИЙ

А $\frac{0503020000-612}{042(02)-91}$ 62-91, I полугодие ⓒ Издательство «Наука», 1991 г.

ISBN 5-02-027315-5

ОТ АВТОРА

Предлагаемая книга посвящена истории предприятий частного банкирского промысла в России во второй половине XIX—начале XX в., банкирским заведениям, точнее банкирским домам и банкирским конторам. В большинстве своем это были обычные торговые дома, занимавшиеся банкирскими операциями и совмещавшие торговлю с банковским предпринимательством, постепенно становившимся основным источником их доходов. Во второй половине XIX в. понятия «банкирская контора» или «банкирский дом» стали широко распространенными, однако вплоть до первой мировой войны даже крупные банкирские дома, такие как «И. Е. Гинцбург» или «Л. Поляков», часто называли свои семейные фирмы то торговыми или банкирскими домами, то банкирскими конторами, поэтому читателя не должно смущать употребление и на страницах этой книги, особенно при цитировании источников, разных названий одних и тех же учреждений. Разница между банкирским домом и банкирской конторой была условной. Как правило, банкирскими домами назывались более крупные фирмы. Однако иная банкирская контора по своим операциям могла превосходить банкирский дом, а для получения банкирской конторой статуса банкирского дома не требовалось предъявления каких-то особых свидетельств о характере ее деятельности. Например, поселяне-собственники Хортитской волости Екатеринославской губернии, жившие в с. Нью-Йорк Бахмутского уезда, Петр Петрович Дик и Петр Генрихович Унгерн открыли в своем селе банкирскую контору, а позднее, в январе 1912 г., обратились с заявлением к управляющему Екатеринославской губернии, чтобы довести до его сведения, что их контора «переименуется с 1-го февраля 1912 г. в банкирский дом под фирмою „П. Г. Унгерн и П. П. Дик" с основным капиталом в 100 000 р.».[1] Этого заявления, переданного из Екатеринославского губернского правления в Особенную канцелярию по кредитной части Министерства финансов, было достаточно для того, чтобы владельцы конторы могли сменить вывеску и отныне вести деловую переписку на бланках с грифом: Нью-Йорк Бахмутского уезда, банкирский дом «П. Г. Унгерн и П. П. Дик».[2]

От банкирских домов и контор, видимо, отличались меняльные лавки, также относившиеся к заведениям частного банкирского промысла, ибо их основной операцией был обмен денег.[3]

При изучении кредитной системы дореволюционной России исследователи не уделяли специального внимания банкирским домам и конторам, как мне кажется, по двум причинам. Первая — это естественный интерес

1*

3

к крупным и более влиятельным коммерческим банкам, акционерным предприятиям, игравшим решающую роль в финансировании народного хозяйства. Вторая — отсутствие коллекций документов банкирских домов или контор. В архивах сохранились лишь документы о тех или иных банкирских домах, обычно связанные либо с фактом их регистрации, либо с наградами их владельцев или в связи с судебным разбирательством и установлением администрации над их деятельностью в результате банкротства. Автору не удалось обнаружить значительных коллекций документов, отражающих деятельность банкирских заведений. Сохранились некоторая документация Особенной канцелярии по кредитной части Министерства финансов, собиравшей информацию о банкирских домах, материалы, связанные с попытками правительства выработать специальное законодательство для банкирских заведений, а также следы деловых отношений банкирских домов и контор с акционерными банками. Следует учитывать, что банкирские дома не были обязаны отчетностью, на них не распространялись правовые нормы, существовавшие для акционерных предприятий, и правительство часто получало сведения о деятельности банкирских домов из косвенных источников. Так, например, в начале 1900-х гг. в Петербурге работал банкирский дом Генриха Блокка. Особенная канцелярия по кредитной части получила о нем сведения из цензуры, запретившей печатать объявления этого банкирского дома, противоречившие законам.

Хотя банкирские и торговые дома не обязаны были публиковать отчеты о своей деятельности, некоторые из них все-таки это делали в надежде привлечь внимание клиентов к своим операциям. В частности, ежегодно печатали свои отчеты банкирский дом братьев Рябушинских и торговый дом братьев Елисеевых.[4] Крупные банкирские дома обычно выпускали справочные издания о своей деятельности, или публиковали правила проведения тех или иных операций,[5] или, наконец, просто рекламировали их.[6]

Общие сведения о банкирских домах и конторах можно найти в разного рода справочных изданиях. Среди них особое место занимает указатель акционерных предприятий и торговых домов, составленный под редакцией В. А. Дмитриева-Мамонова.[7]

В отечественной историографии нет работ, специально посвященных истории банкирского промысла в России. В лучшем случае о банкирских домах или конторах историки-экономисты писали попутно в работах об акционерных коммерческих банках. Самая значительная информация о банкирских заведениях и торговых домах содержится в книге приват-доцента Петроградского университета И. И. Левина «Акционерные коммерческие банки в России».[8] И. И. Левин, в частности, показал, что банкирские дома и конторы начали играть известную роль в экономической жизни России только в XIX в. «Не было источника, откуда бы выросли частные банкиры в России, — писал И. И. Левин. — На Западе они органически развились главным образом из товарной торговли, из экспедиционного и транспортного промыслов. Так, особенно полно выяснены эти источники их происхождения в Англии и Германии. В России эти отрасли были слабо развиты, еще недостаточно окрепли. Лишь в некоторых случаях мы наблюдаем, что и в России рост названных видов промыслов приводит к созданию, в виде редких исключений, отдельных единичных в России

4

банкирских фирм. Но как явление типичное частный банкир незнаком русской экономической истории вплоть до XIX в.».[9]

В советской историографии, посвященной истории кредитных учреждений в России или экономической политике правительства, не делалось попыток оценить роль предприятий частного банкирского промысла в финансовой системе империи или проследить историю их возникновения и эволюции. Однако в исследованиях С. Я. Борового, И. Ф. Гиндина, В. И. Бовыкина, В. Я. Лаверычева, А. А. Фурсенко, Л. Е. Шепелева и других историков-экономистов мы находим отдельные сведения о банкирских домах, об их предпринимательской деятельности и связях с банками.[10]

Отсутствие специальных исследований, посвященных истории частного банкирского промысла в России, обращает на себя внимание особенно в связи с тем, что в европейской и американской историко-экономической литературе существует известная традиция изучения частных банков.[11]

Эта историографическая ситуация побудила автора попытаться ответить на вопрос: что же происходило в экономике и кредитной системе России, когда в Европе и США развивались частные банкирские дома, приобретавшие международную известность, а иногда и заявлявшие о себе на русском денежном рынке в качестве кредиторов русского правительства и партнеров русских кредитных учреждений? Были ли в России свои Ротшильды, Мендельсоны, Морганы или Блейхредеры?

Попытка ответить на этот вопрос определила замысел книги. Автор стремился дать общую характеристику развития частного банкирского промысла и определить его место в кредитно-финансовой системе России, исследовать, насколько это позволяют источники, механизм функционирования банкирских домов и, наконец, рассмотреть правительственную политику в отношении банкирских заведений.

Книга построена в виде очерков. Три из них посвящены крупнейшим банкирским домам, оперировавшим в России в конце XIX—начале XX в.: «И. Е. Гинцбург», «Л. Поляков» и «Братья Рябушинские». Полнота этих очерков во многом зависела от найденных в архивах материалов, но автор надеется, что читатель все-таки получит представление о природе и деятельности банкирских домов в России. В этих очерках автор стремился также установить в каждом отдельном случае источники обогащения основателей банкирских домов, условия их возникновения, а также характер предпринимательства. В двух очерках, открывающих книгу, рассматриваются история банкирских домов до начала 1860-х гг., а также их правовое положение. Здесь же дана краткая характеристика последнего придворного банкирского дома «А. Штиглиц и К^0». Книгу заключает очерк о значении банкирских домов и контор в экономической жизни пореформенной России, содержащий также некоторые дополнительные характеристики разного рода типов банкирских учреждений, в том числе и возникших в самый канун первой мировой войны.

При подготовке настоящей книги автор столкнулся с большими трудностями в розыске и подборе источников для своего исследования и, конечно, не мог бы их преодолеть, если бы не щедрая помощь учеников, сотрудников ЦГИА СССР, историков-коллег. Своими советами, рекомендациями, указаниями на источники они помогли собрать и представить в виде единого целого очень разнообразный по своему существу материал.

Автор прежде всего признателен своим коллегам по отделу истории капитализма Ленинградского отделения Института истории СССР АН СССР: Т. В. Андреевой, Л. А. Булгаковой, Р. Ш. Ганелину, В. Н. Гиневу, В. С. Дякину, Б. Б. Дубенцову, Б. Ф. Егорову, В. В. Лапину, Б. Н. Миронову, В. А. Нардовой, М. М. Сафонову, А. Н. Цамутали, В. Г. Чернухе, Л. Е. Шепелеву, С. К. Лебедеву, особенно много способствовавшему подготовке настоящей книги, а также А. В. Ремневу, Б. Б. Пак и С. Г. Беляеву.

В разысканиях источников автору неизменно содействовали заведующая читальным залом ЦГИА СССР С. И. Варехова и сотрудники других подразделений архива — Г. А. Ипполитова, А. В. Муктан и А. Д. Павлюков.

Параллельно с подготовкой настоящей книги автор участвовал в совместном советско-американском проекте по истории международных банковских связей в 1870—1914 гг. Общение с историками-экономистами Валерием Бовыкиным, Александром Фурсенко, Рондо Камероном, Рут Рузой, Ричардом Силлой, Мирой Уилкинс в ходе выполнения этого проекта было чрезвычайно полезным в научном отношении и способствовало завершению работы над книгой.[12] Не менее важным для автора было также участие в 1978 г. в конференции по истории предпринимательства в России и Советском Союзе, организованной Институтом Кеннана при исследовательском Центре имени Вудро Вильсона в Вашингтоне.[13]

Неоценимую услугу при подготовке рукописи для сдачи в издательство оказали И. И. Крупская и Р. О. Гитцович.

---

[1] ЦГИА СССР, ф. 583, оп. 1, д. 447, л. 7.

[2] Там же.

[3] О меняльных лавках в литературе нет почти никаких сведений. И. И. Левин отмечает лишь, что число менял в первой четверти XIX в. было чрезвычайно велико: по сведениям, собранным Министерством финансов в 1823 г., оно составляло 2287 человек. Однако ничего не известно о характере их операций и насколько они были обширны (*Левин И. И.* Акционерные коммерческие банки в России. Пг., 1917. Т. 1. С. 16). Некоторое представление о месте меняльных лавок в системе кредитных учреждений столицы накануне первой мировой войны дают сведения, собранные канцелярией петербургского градоначальника (см. Приложение III).

[4] См.: Отчет Банкирского дома братьев Рябушинских. М., 1905; Отчет и баланс Торгового товарищества Братья Елисеевы. 1 марта 1898 г.—28 февраля 1899 г. СПб., 1899. — См. также отчеты этих предприятий за другие годы.

[5] См.: Банкирский дом Захарий Жданов и К⁰. СПб., 1911; Правила для лиц, открывших в банкирской конторе Н. А. Кудрявцева специальные текущие счета. СПб., 1904; Правила сдачи в наем отдельных ящиков в стальной комнате, устроенной при банкирском доме «Бр. Джамгаровы» фирмой Арнгейм в Берлине. М., 1899, и др.

[6] Где источник счастья и обогащения? СПб., 1909. — Рекламное издание банкирского дома А. В. Смирнова.

[7] Указатель действующих в империи акционерных предприятий и торговых домов /Сост. по данным, извлеченным из материала Отдела торговли, Особенной канцелярии по кредитной части, Департамента железнодорожных дел Министерства финансов. Под ред. В. А. Дмитриева-Мамонова. СПб., 1905. Т. 1, 2.

[8] *Левин И. И.* Акционерные коммерческие банки в России. Т. 1. — Из работ иностранных авторов наибольшую ценность представляет исследование Э. Амбургера (*Amburger Erik.* Deutsche in Staat, Wirtschaft und Gesellschaft Russlands. Wiesbaden, 1986).

[9] Там же. С. 10—11.

[10] *Боровой С. Я.* Кредит и банки в России : (середина XVI в.—1861 г.). М., 1958; *Гиндин И. Ф.* 1) Банки и промышленность в России. Л., 1927; 2) Русские коммерческие банки : Из истории финансового капитала в России. М., 1948; 3) Государственный банк и экономиче-

ская политика царского правительства. М., 1960; 4) Московские банки в период империализма (1900—1917 гг.) // Ист. зап. 1956. Т. 56. С. 99—106; *Бовыкин В. И.* 1) Зарождение финансового капитала в России. М., 1967; 2) Формирование финансового капитала в России. М., 1984; *Лаверычев В. Я.* Крупная буржуазия в пореформенной России. М., 1974; *Шепелев Л. Е.* Акционерные компании в России. Л., 1973; *Фурсенко А. А.* Нефтяные тресты и мировая политика : 1880-е годы—1918 г. М.; Л., 1965.

[11] Укажем в качестве примера на относительно недавно опубликованные в США исследования Фрица Штерна «Золото и железо. Бисмарк, Блейхредер и создание германской империи» (*Stern Fritz Richard.* Bismarck, Bleichröder, and the Building of the German Empire. New York, 1977) и Винсент Кароссо «Морганы. Частные международные банкиры. 1854—1913» (*Carosso Vincent P.* The Morgans : Private international bankers, 1854—1913. Cambridge (Massachusetts); London (England), 1987**)**.

[12] См.: International Banking 1870—1914 / Edited by Rondo Cameron and V. I. Bovykin. New York, 1991.

[13] См.: Entrepreneurship in Imperial Russia and the Soviet Union / Edited by Gregory Guroff and Fred V. Carstensen. Princeton, 1983.

Глава первая

ЧАСТНЫЙ БАНКИРСКИЙ ПРОМЫСЕЛ В РОССИИ ДО СЕРЕДИНЫ XIX в.
А. Л. ШТИГЛИЦ — ПОСЛЕДНИЙ ПРИДВОРНЫЙ БАНКИР

Сведения о развитии банковского дела и промышленного кредитования до середины XIX в. чрезвычайно скудны. Однако и они все-таки дают некоторое представление о районах и центрах возникновения и развития частного банкирского предпринимательства. Наряду с Москвой и Петербургом это Польша и западные губернии (Варшава, Вильно, Бердичев), Прибалтика (Рига) и Юг (Одесса).

Принято считать, что в Одессе с самого ее основания в 1795 г. был развит банкирский промысел, находившийся в начале XIX в. в руках греческих и итальянских купцов. Постепенно они были вытеснены «представителями местного торгово-ссудного капитала», а Одесса в первой половине XIX в. «служила денежным и кредитным рынком... для всех черноморских и азовских портов, а частью и для Москвы».[1]

С начала 1830-х гг. «обширную заграничную торговлю и банкирские дела» вел одесский первой гильдии купец и коммерции советник Федор Родоконаки. Он был «едва ли не первым в Новороссийском крае» по размерам коммерческих оборотов, доходивших от 3.5 до 5 млн. р. серебром в год. Ф. Родоконаки был награжден золотой медалью с надписью «за усердие» для ношения на шее на анненской ленте, золотой медалью для ношения в петлице на александровской ленте за прекращение в Одессе в 1837 г. чумы, бронзовой медалью в память войны 1853—1856 гг. на анненской ленте и тосканским орденом Св. Иосифа 3-й степени. В 1848 г. Ф. Родоконаки получил звание коммерции советника, а в 1861 г. за тридцатилетнюю предпринимательскую деятельность был представлен к ордену Св. Станислава 3-й степени.[2]

Большую роль в финансировании землевладельцев и заводчиков Новороссийского края играли одесские банкирские дома Рафаловичей и Ефрусси.[3] Банкирские дома Юга, как правило, имели тесные связи с заграничными банками или собственные конторы за границей. Известно, что банкирские дома Ефрусси существовали не только в Одессе, но и в Париже и Вене. Так, Михаил Иоахимович Ефрусси, сын одесского первой гильдии купца и потомственный почетный гражданин, оставаясь русским подданным, возглавлял банкирский дом «М. Ефрусси и К⁰» в Париже. В 1878 г. М. Ефрусси был награжден орденом Св. Владимира 4-й степени за значительные пожертвования в пользу раненых во время русско-турецкой войны 1877—1878 гг.

М. Ефрусси получил также награды от португальского короля, а в 1890 г. был возведен им в графское достоинство. Однако попытки

М. Ефрусси в 1891—1892 гг. получить разрешение Александра III «на принятие и ношение графского титула» потерпели неудачу.[4]

Банкирский дом «Рафалович и К⁰» был открыт в Одессе в 1833 г. С 1843 г. его возглавлял Давид Рафалович. К концу 1860-х гг. дом имел ежегодные обороты до 50 млн. р. и играл существенную роль в развитии промышленности и торговли Новороссийского края. При «обширных сношениях с Лондоном, Парижем и Петербургом... дом поддерживал своим кредитом многие значительные фирмы края» и участвовал «в реализации почти всех русских и заграничных займов». В связи с этим новороссийский и бессарабский генерал-губернатор, генерал-адъютант граф П. Е. Коцебу выхлопотал главе дома в 1868 г. орден Св. Станислава 3-й степени.[5]

В 1860-х гг. в Одессе к числу широко известных банкиров принадлежал потомственный почетный гражданин и бразильский консул Герман Рафалович, который совершал крупные операции в Новороссийском крае, связанные с финансированием промышленников и землевладельцев, и участвовал в учреждении Петербургского Учетного и ссудного, Одесского Коммерческого, Киевского Коммерческого и Русского для внешней торговли банков.[6]

Сложный характер взаимоотношений банкирских домов с Государственным банком и Министерством финансов нашел свое отражение в истории падения банкирского дома «Ф. Рафалович и К⁰» в Одессе. В начале 1891 г., когда возникла угроза несостоятельности этого дома, им управляли сыновья Ф. Рафаловича, в первую очередь его старший сын Александр.

Дом Рафаловичей поддерживал тесные отношения с крупным помещиком Юго-Западного края, одним из видных государственных деятелей 70—80-х гг. А. А. Абазой. Будучи почти бессменным (со второй половины 70-х и до начала 90-х гг.) председателем Департамента государственной экономии Государственного совета, а с 27 октября 1880 г. по 6 мая 1881 г. министром финансов, Абаза оказывал значительное влияние на экономическую политику правительства. Он называл А. Ф. Рафаловича «мой банкир» и давал ему разного рода поручения, в том числе связанные с продажей «всех продуктов» из своих имений.[7]

В 1890 г. в связи с хорошим урожаем начал повышаться курс кредитного рубля, постоянно колебавшийся в зависимости от биржевой игры и размеров торговых операций России за границей. Министр финансов И. А. Вышнеградский, готовивший введение золотого денежного обращения на основе девальвации кредитного рубля, принял решение покупать золото и вести игру на понижение рубля, чтобы добиться его стабилизации на определенном уровне. Вышнеградский представил по этому поводу специальный доклад Александру III, доклад этот также был послан Абазе как председателю Департамента государственной экономии Государственного совета и одобрен им.

Узнав о готовившейся, конечно совершенно секретной, биржевой операции Министерства финансов, Абаза решил ею воспользоваться для собственного обогащения. Он принял участие в игре на понижения рубля и вовлек в эту игру А. Ф. Рафаловича.

Одесский банкир не был посвящен в секрет операции. Он лишь выполнял распоряжения Абазы, передававшиеся ему по телеграфу шифром. А. Ф. Рафалович решился вести игру на понижение и за свой счет. Между тем рубль продолжал повышаться и в результате продаж Абаза и Рафалович каждый понесли убытки, исчислявшиеся в размере около 800 тыс. р. Рафалович обратился было к Абазе за разъяснениями, но тот отказался их давать и потребовал неукоснительного исполнения его распоряжений. Тогда Рафалович решил изменить тактику и, выполняя приказы Абазы, за свой счет стал играть на повышение рубля. Тем временем курс рубля начал падать и в результате Абаза не только отыграл проигранное, но и заработал на этой операции около 900 тыс. р., а Рафалович разорился.[8]

По сведениям, представленным А. Ф. Рафаловичем на первое января 1891 г., дефицит его дома составлял от 1.5 до 1.8 млн. р., имущество для покрытия этого дефицита оценивалось в 2 млн. 399 тыс. р.[9] А. Абаза, разумеется, начал хлопотать, чтобы дому Рафаловичей была оказана государственная помощь, и обращался с этой просьбой к Вышнеградскому и Витте. Вышнеградский, как свидетельствует Витте, не мог отказать Абазе, ибо нуждался в его поддержке. «В это время Вышнеградский, — писал Витте в своих воспоминаниях, — проводил новый таможенный тариф, первый протекционный таможенный тариф в России, и так как Абаза был председателем Департамента экономии, то Вышнеградский мне говорил: „Я без Абазы это дело провести не могу, он мне необходим; так как в этом он мне окажет содействие, я исполню его просьбу“».[10]

На протяжении 1891 г. Вышнеградский трижды обращался к царю с всеподданнейшими докладами по поводу банкротства дома Рафаловичей: 4 марта, 31 мая и 14 июня. Для оказания помощи Рафаловичам был образован синдикат банков. В него вошли Государственный, петербургские Международный коммерческий, Учетно-ссудный и Русский для внешней торговли банки, а также банкирский дом «И. Е. Гинцбург». В нарушение уставов этих банков синдикат принял решение выдать под соловекселя дома Рафаловичей ссуду в размере не свыше 2 млн. р. из 4 % годовых сроком не более чем на три года, 3/5 ссуды были отнесены на средства Государственного банка. Обеспечением ссуды должен был служить залог принадлежащих дому Рафаловичей ценностей и недвижимостей, а также имений крымского помещика К. А. Дуранте. Его дочь была замужем за младшим из братьев Рафаловичей Г. Ф. Рафаловичем. Закладные на имения Дуранте в Таврической губернии составили 875 тыс. р.[11]

В июне 1891 г. выяснилось, что дом Рафаловичей может представить в залог имущество не на 2 млн. 399 тыс. руб., как предполагалось, а на 1 млн 959 тыс. р. Обнаружилось также, что после выдачи синдикатом 1 997 957 р. 80 к. непокрытые обязательства дома превышали имевшиеся в его распоряжении средства на 1 млн 700 тыс. р. В связи с этим Вышнеградский во время всеподданнейшего доклада 14 июня 1891 г. получил согласие царя на прекращение финансовой помощи Рафаловичам за счет синдиката. В августе 1891 г. была образована администрация для ликвидации дела Рафаловичей. Однако она возбудила ходатайство о выдаче ей синдикатом еще 300 тыс. р. для окончательных расчетов с кредиторами.

А. Ф. Рафалович обратился с той же просьбой непосредственно к Витте, показал ему свою переписку с Абазой и предупредил, что если Министерство финансов откажет ему в выдаче ссуды для расчетов с кредиторами, то дело попадет в суд и получит огласку истинная причина краха дома, а стало быть, и роль во всей этой истории Абазы.[12]

По предложению Витте в январе 1893 г. для окончательного решения дела было образовано особое совещание под председательством Н. Х. Бунге и при участии члена Государственного совета морского министра Н. М. Чихачева, государственного контролера Т. И. Филиппова, государственного секретаря Н. В. Муравьева и самого Витте уже в качестве министра финансов.

Совещание отметило «исключительную форму оказанной дому Рафаловича поддержки», привлечение в синдикат частных коммерческих банков «в прямое отступление от их уставов» и использование в этих целях влияния «Министерства финансов, поставившего Государственный банк во главе синдиката». Совещание пришло также к заключению, что правительство, не имея «достаточно обоснованных данных о положении и характере дел фирмы „Ф. Рафалович и К⁰"», решилось затратить из средств собственного Государственного банка до 1 млн. 200 тыс. р. под не вполне выясненное обеспечение».[13] Подвергнув, таким образом, совершенно недвусмысленному осуждению действия Вышнеградского, совещание приняло решение выдать все-таки администрации по делам дома Рафаловичей дополнительную ссуду в размере от 300 до 400 тыс. р. за счет Государственного банка на том основании, что в противном случае уже понесенные убытки оказались бы бесполезными, а «ненормальные и невыгодные стороны этого дела» получили бы «широкую огласку».[14] Решение совещания было одобрено царем 13 марта 1893 г., а 1 декабря 1894 г. было официально объявлено о прекращении существования фирмы «Ф. Рафалович и К⁰».[15]

К началу 50-х гг. «крупным банкирским центром» стал г. Бердичев. В городе было 8 банкирских домов. На Золотой улице, где размещалось большинство кредитных учреждений, кипела деловая жизнь. Банкирские дома Бердичева обслуживали Киевскую контрактовую ярмарку, учитывали переводные векселя на Петербург, Москву, Одессу и другие города, были связаны с банкирскими домами обеих столиц, а также с заграничными банкирами.[16]

В Прибалтийском крае, Риге, Ревеле, Юрьеве, на островах Эзель и Мони кредитные учреждения возникли довольно рано, а в 50-е гг. там «народился целый ряд видных частных банкирских домов, выросших на почве обширной местной торговли».[17] В частности, возникшая в это время в Ревеле банкирская контора «Карл Эльфенбейн» превратилась позднее, в 1890-х гг., в Балтийский Торгово-Промышленный банк.[18]

По замечанию И. И. Левина, «теснее связанные с Западом и ближе знакомые с его учреждениями, чем прочая Россия... Прибалтийский край и Польша служили мостом... между Россией и Западом», «обладавшие уже известным накоплением свободных капиталов», они «создали экспорт капиталов, а еще более, предпринимателей-банкиров во внутреннюю Россию». И. И. Левин подчеркивает, что «прибалтийские банкиры немцы и польско-еврейские банкиры играли немаловажную роль в создании русской банковской системы».[19] Эта роль по достоинству оценивалась и русским правительством, пожаловавшим, например, в 1857 г. варшавскому банкиру Антону Френкелю баронское достоинство за «примерное усердие» «при исполнении возложенных на него правительством поручений особой важности».[20]

Частные банкирские дома в Королевстве Польском (Варшава, Лодзь) сыграли большую роль в финансировании промышленности и создании во второй половине XIX в. системы акционерных банков. Первые акционерные банки возникли в начале 70-х гг. при активном участии финансовых и железнодорожных магнатов — Леопольда Кроненберга (Коммерческий банк в Варшаве), Мечислава Эпштейна и Александра Гольдштанда (Варшавский Учетный банк).[21] Среди польских банкиров-предпринимателей, сыгравших значительную роль в экономической жизни России, заметной фигурой был И. С. Блиох, владелец крупной банкирской конторы в Варшаве, начавший свою карьеру мелким железнодорожным подрядчиком, превратившийся в крупного железнодорожного дельца, возглавившего Общество Юго-Западных железных дорог. И. С. Блиох преимущественно жил в Варшаве, а делами Общества фактически руководил вице-председатель его правления И. А. Вышнеградский, бывший, по выражению С. Ю. Витте, как бы «поверенным Блиоха в Петербурге» или «его приказчиком».[22] В 1877 г. Блиох, к тому времени коммерции советник, награжденный многими русскими и австрийскими орденами за свои исследования по истории железнодорожного строительства, был назначен членом Ученого комитета Министерства финансов.[23]

Процесс первоначального накопления и концентрации торговых капиталов принимал иногда самые необычные формы. Так, например, в Москве в начале XIX в. большую роль в развитии кредитных операций играли старообрядческие общины, особенно при Рогожском и Преображенском кладбищах. Рогожцы не только «устанавливали цены на все важнейшие товары» в Москве и на Нижегородской ярмарке, но и оказывали влияние на торговые операции в Иркутской губернии, Бухаре и Хиве.[24]

Сведения о появлении первых банкирских домов в Москве весьма скудны. К 1818 г. относится возникновение одного из старейших банкирских домов в России «Юнкер и К⁰», изначально представлявшего собой магазин модных товаров и перешедшего к регулярным банкирским операциям только к середине XIX в.[25] Незначительными были и размеры операций других банкирских домов Москвы, относящихся к этому времени, — Томсона, Стерна, Миллера.

Во второй половине XVIII в. в деловой жизни Петербурга и империи заметную роль стали играть придворные банкиры. Среди банкиров Екатерины II широкую известность получил Иван Фредерикс, выходец из голландской семьи, глава банкирского дома «Велден, Бекстер и Фредерикс». И. Фредерикс посредничал при заключении Екатериной II в 1769 г. одного из первых русских заграничных займов у амстердамских банкиров Раймонда и Теодора де Смет. После смерти И. Фредерикса придворным банкиром стал английский купец Ричард Сутерланд. В 1788 г. Екатерина II даровала ему титул барона Российской империи. Круг деятельности Р. Сутерланда был весьма широк. Он поддерживал деловые отношения со многими банкирскими домами Европы и способствовал заключению русских займов, особенно в Голландии, через банкирский дом «Гопе и К⁰», превратившийся в 1780—1790-е гг. в основного кредитора русского правительства. Р. Сутерланд занимался вексельными операциями и ссужал деньги многим русским купцам и промышленникам, а также финансировал представителей русской знати из окружения императрицы. В 1791 г. Р. Сутерланд разорился и, чтобы избежать позора, покончил жизнь самоубийством.

Скандал, вызванный банкротством Р. Сутерланда, послужил одной из причин организации Павлом I в марте 1798 г. «Конторы придворных банкиров и комиссионеров Воута, Велио, Ралля и К⁰» для внешних и внутренних финансовых операций.[26] Роберт Воут был связан с банкирским домом «Гопе и К⁰» и выполнял его поручения в России. Он не оставил заметного следа в деятельности конторы и был уволен из нее уже в сентябре 1798 г. Новым компаньоном Велио и Ралля в октябре 1798 г. стал Н. С. Роговиков. Все трое были возведены Павлом I в июле 1800 г. в баронское достоинство. Иосиф Петрович (Жозе Педро Целистино) Велио был по происхождению португальцем и прослужил в конторе придворных банкиров до 1802 г. Александр Франц Ралль оставался в должности придворного банкира вплоть до 1817 г., а Н. С. Роговиков был связан с конторой придворных банкиров почти до самой смерти в 1809 г. В последний период деятельности конторы в нее входили также братья Андрей и Петр Северины. Контора придворных банкиров поддерживала тесные отношения с кредиторами русского правительства и имела постоянные связи с банкирскими домами Гамбурга, Лондона, Лейпцига, Берлина, Вены, Дрездена, Генуи и других городов. Она использовала своих европейских корреспондентов для своевременной доставки денег в места дислокации подразделений русской армии и флота во время военных действий в Европе, а также дипломатическим представителям русского правительства за границей. Придворные банкиры участвовали в торговых операциях, занимались покупкой оружия и следили за состоянием вексельных курсов. Все компаньоны по придворной конторе имели свои собственные торговые дома или банкирские конторы и активно участвовали в деловой жизни империи и как частные лица. В момент создания конторы Павел I пытался ограничить частную деятельность предпринимателей, входивших в ее состав, и даже имел намерение лишить их прав на собственное дело, однако из этой затеи ничего не вышло. Как отмечает И. И. Левин, в Петербурге в первой четверти XIX в. имелся целый ряд довольно богатых частных банкиров. Видную роль среди них играли банкиры Амбургер, Берлин, кредитовавший М. М. Сперанского, Ливио, Бетлинг.[27]

Контора придворных банкиров официально просуществовала до середины 1811 г., однако ее влияние значительно упало уже к 1807 г. С образованием Министерства финансов и такого важного его подразделения, как Особенная канцелярия по кредитной части, операции, связанные с международными расчетами, почти целиком перешли в это ведомство. Однако институт придворных банкиров сохранился до середины XIX в. и продолжал играть значительную роль в экономической и финансовой жизни империи, о чем свидетельствует активная деятельность последнего придворного банкира А. Л. Штиглица.

В финансовой жизни Петербурга до середины XIX в. значительную роль играл банкирский дом барона Штиглица. История его возникновения восходит к концу XVIII столетия, когда в Россию из г. Арольсен княжества Вальдек (Западная Германия) переселились братья Николай и Бернгард Штиглицы. Первый основал в Петербурге торговый дом, а второй занялся винными откупами в Кременчуге. В 1803 г. в Россию приехал и третий брат — Людвиг, унаследовавший дело Николая и разбогатевший в результате разного рода товарных операций во время войны с Наполеоном I и Континентальной блокады Англии.[28] Соперником Л. Штиглица в эти годы выступал придворный банкир барон Ралль. Однако, после того как в 1817 г. его дела пошатнулись и он вынужден был прекратить платежи, «все торговое сословие указало на Штиглица как на достойного занять первенство на Петербургской бирже». В 1820-е гг. «богатство и кредит» Штиглица «принесли ему европейскую славу». В 1828 г. Штиглиц получил от Николая I баронский титул, «значение его на всемирной бирже... увеличилось», а в 1830-е гг. он «уже мог равняться богатством с известным гамбургским банкиром Соломоном Гейне».[29] В 1841 г. Л. Штиглиц заключил русский государственный заем на 50 млн. р. серебром на постройку железной дороги из Петербурга в Москву. В 1843 г. он скончался, оставив состояние в 18 млн. р. серебром своему сыну Александру.

В начале своей самостоятельной деятельности А. Л. Штиглиц тесно сотрудничал с К. М. Фелейзеном, занимавшим вначале пост приказчика в конторе Л. Штиглица, а затем управляющего его делами. Фелейзены разбогатели благодаря Штиглицам и, собрав семейный капитал в размере 1 млн. р., открыли собственный банкирский дом, просуществовавший до 1888 г.[30] К моменту падения дома его имущество оценивалось в 2 134 723 р., в то время как долги дома составляли 3 871 886 р.[31]

А. Л. Штиглиц способствовал еще дальнейшему процветанию созданного его отцом банкирского дома. Штиглицы оказали большие услуги русскому правительству прежде всего в организации иностранных займов. С 1820 по 1855 г. царское правительство заключило 13 внешних займов на нарицательный капитал в 346 млн. р.[32] Самые значительные займы (по 50 млн. р.) были заключены при участии А. Л. Штиглица в период Крымской войны, в 1854 и 1855 гг. Они обошлись русскому правительству в 5.5 %. Французское правительство в этот же период времени заключило внутренний заем на 175 млн. р. (700 млн. франков), и он обошелся ему в 4.7 %, или на 0.8 % дешевле. Наиболее выгодными оказались шесть 4-процентных займов, заключенных с 1840 по 1850 г. на строительство Николаевской железной дороги. Они обошлись русскому правительству в 4.44 %, а заем 1845 г. — в 4.34 %, но весь нарицательный капитал этих шести займов не превышал 67 млн. р.[33]

А. Л. Штиглиц широко занимался предпринимательской деятельностью. В 1847 г. он основал в Нарве суконную фабрику, а в 1851 г. — льнопрядильную. В 1880 г. первая из них была преобразована в Товарищество Нарвской суконной мануфактуры, а вторая — в Товарищество Нарвской льнопрядильной мануфактуры.[34] А. А. Половцов, посетивший в конце марта 1883 г. также принадлежавшую Штиглицу Екатерингофскую бумагопрядильню, записал в своем дневнике, что она «приносила значительные барыши», а теперь стала доставлять «лишь убытки». «Прежде на этом месте стоял сахарный завод, приносивший до 500 тыс. ежегодного дохода и доставивший барону Штиглицу главные средства для постройки Петергофской железной дороги».[35] Ее вместе с ветвью в Красное Село А. Л. Штиглиц построил в 1857 г. на свой счет и был награжден за это орденом Св. Станислава 1-й степени. Еще в 1854 г. за пожертвование 300 тыс. руб. серебром на нужды правительства во время Крымской войны А. Л. Штиглиц получил чин статского советника, а в 1856 г. — действительного статского советника.[36]

До самого конца 1850-х гг. А. Л. Штиглиц, «пылкий поклонник Шиллера и Гете», придворный банкир, принадлежавший «по характеру своих торговых оборотов к старой школе капиталистов-спекулянтов», был признанным «королем Петербургской биржи» и непременным участником всех крупных операций русского правительства на внутреннем и иностранных рынках.[37] Через банкирский дом барона Штиглица русское правительство поддерживало отношения с банкирскими домами Амстердама, Лондона и Парижа. В 1857 г. А. Л. Штиглиц выступил в качестве одного из учредителей Главного общества российских железных дорог, созданного для постройки и эксплуатации железнодорожных линий протяженностью около 4 тыс. верст, которые должны были связать земледельческие районы России с Петербургом, Москвой, Варшавой, а также побережьем Балтийского и Черного морей. В числе его учредителей были также С. А. Френкель (Варшава), Ф. Беринг (Лондон), банкирские дома «Гопе и К⁰» (Амстердам), «Готтингер и К⁰» (Париж), директор французской компании западных железных дорог, А. Турнейсен, а также известный банковский делец Исаак Перейра, представлявший интересы группы парижских банкиров, банка «Креди Мобилье» и берлинского банкирского дома «Мендельсон и К⁰».[38]

А. Л. Штиглиц занимал должность председателя Петербургского биржевого комитета в течение 13 лет. «Имя его пользуется такой же всемирной известностью, как имя Ротшильда, — писал в 1859 г. „Вестник промышленности", — с векселями его, как с чистыми деньгами, можно было объехать всю Европу, побывать в Америке и в Азии. Нет городка в Европе, где бы не приняли его векселя, и с ними можно было ездить везде, как с наличными деньгами; другое дело, дорого ли они стоили...».[39]

Однако к концу 1850-х гг. влияние А. Л. Штиглица стало падать. Международный финансовый кризис 1858—1859 гг. способствовал расстройству денежного обращения и инфляции в России. Пошатнулось положение Главного общества российских железных дорог, биржевая цена его акций упала ниже номинала. А. Л. Штиглица обвинили в том, что его операции (в качестве вице-председателя Общества) с банкирским домом «Бр. Беринг и К⁰» в Лондоне принесли убытки в размере 4.5 млн. р.[40] «Общественное мнение восстало против произвольных и противных общему торговому интересу распоряжений Штиглица в отношении назначения биржевого курса; заговорили о пагубном влиянии его на устранение звонкой монеты», постепенное исчезновение ее «приписывали значительным высылкам за границу золота через Штиглица». Банкира обвиняли в том, что он брал высокие комиссионные за переводные операции, и «требовали учреждения при Петербургской бирже особой комиссии для определения курса, тогда как право это до сих пор присваивал себе один барон Штиглиц».[41]

Кампания против монопольного положения А. Л. Штиглица на Петербургской бирже привела к тому, что в Петербурге появился поверенный Ротшильда Капгер, претендовавший занять положение придворного банкира. 15 (27) марта 1859 г. русское правительство заключило 3-процентный внешний заем на 12 млн. ф. ст. (75 млн. руб.) без участия А. Л. Штиглица через банкирский дом «Томпсон Бонар и К⁰». Контракт о заключении займа был подписан главой банкирского дома «Томпсон Бонар и К⁰» в Петербурге Беллем и Виктором де Магнусом, представителем банкирского дома «Мартин Магнус» в Берлине. С августа 1859 г. по февраль 1860 г. из общей суммы займа 6 млн. ф. ст. были размещены за границей по цене 67 %, а за вычетом всех расходов русское правительство получило 3 939 600 ф. ст. Однако разрыв отношений между Австрией и Францией и открывшиеся вскоре после подписания контракта военные действия в Италии вызвали резкое понижение ценных бумаг на всех европейских биржах. В результате неразмещенная часть займа была возвращена в распоряжение русского министра финансов и он вынужден был начать переговоры с главой банкирского дома «Томпсон Бонар и К⁰» в Лондоне Гладстоном, согласившимся разместить оставшуюся часть займа по еще более низкой цене — 63 или 63.5 %.[42]

Неудача операции русского Министерства финансов с банкирским домом «Томпсон Бонар и К⁰», казалось, должна была способствовать восстановлению престижа банкирского дома Штиглица. Однако монопольное положение А. Л. Штиглица на Петербургской бирже вызывало не только зависть его соперников, но и недовольство в Министерстве финансов, где у власти в 1858 г. с назначением министром А. М. Княжевича оказались сторонники преобразований и реформ. Осенью 1858 г. директором Кредитной канцелярии был назначен Ю. А. Гагемейстер, выступавший в печати за форсированное развитие промышленности и торговли России. Департамент мануфактур и внутренней торговли возглавил в 1859 г. А. И. Бутовский, известный экономист и сторонник манчестерской школы. В определении курса экономической политики стали играть значительную роль экономисты В. П. Безобразов и Е. И. Ламанский.[43]

Весной 1859 г. была создана по повелению Александра II специальная комиссия для обсуждения мер по усовершенствованию банковской и денежной системы в России под председательством Ю. А. Гагемейстера и товарища министра внутренних дел Н. А. Милютина, активного участника подготовки крестьянской реформы. В комиссию вошли также А. И. Бутовский, М. Х. Рейтерн, В. А. Татаринов, Г. П. Небольсин и Е. И. Ламанский. Кроме того, для участия в работе комиссии был приглашен ректор Киевского университета профессор политической экономии Н. Х. Бунге. Его роль в подготовке реформы банковской системы была весьма значительной, судя уже по тому, что план ее преобразования, затем положенный «в основание работы комиссии», был подготовлен Е. И. Ламанским и предварительно рассмотрен им совместно с Н. Х. Бунге.[44] В июле 1859 г. комиссия подготовила записку «Соображения к лучшему устройству банковой и денежной системы», содержавшую программу преобразований в области денежного обращения и кредита.[45] 31 мая 1860 г. был создан Государственный банк и тем самым положено начало складыванию капиталистической банковской системы в России.

Преобразования конца 50-х—начала 60-х гг. отразились и на банкирских домах. Исключительное положение и характер предпринимательской деятельности А. Л. Штиглица, видимо, не соответствовали интересам Министерства финансов, и Ю. А. Гагемейстер считал необходимым создание «в противовес ему другого могущественного дома».[46] А. Л. Штиглиц собирался покинуть Россию, но не решился на этот шаг и был назначен первым управляющим вновь созданного Государственного банка.[47]

Получив назначение в Государственный банк, А. Л. Штиглиц «ликвидировал свои частные дела и имел свыше 3 млн. р. годового дохода».[48] Он не утратил своего влияния в правительственных кругах. В 1862 г. А. Л. Штиглиц был произведен в тайные советники, а в 1881 г. — в действительные тайные советники.[49] По свидетельству А. А. Половцова, А. Л. Штиглиц поддерживал самые дружеские отношения с министром финансов М. Х. Рейтерном. Вследствие этой «дружбы» А. Л. Штиглиц продал сестре Рейтерна баронессе Ю. Х. Нолькен «по чрезвычайно дешевой цене» имение в Курляндской губернии.[50]

Сторонники финансовых экономических реформ, оказавшиеся в Министерстве финансов, в конце 50-х гг. находились под известным влиянием западноевропейских экономических теорий, в частности сен-симонистской идеи о всемогущей роли кредита в промышленном развитии государства, эксплуатировавшихся известными банкирами братьями Исааком и Эмилем Перейра, создателями в 1852 г. крупного французского акционерного банка (Société générale du Crédit Mobilier), тесно связанного с правительством Наполеона III. Это финансовое предприятие нового типа, занимавшееся кредитными операциями и грюндерством, широко участвовало в железнодорожном строительстве во Франции, Австрии, Венгрии, Швейцарии, Испании и России. Необычный размах его деятельности привлек к себе внимание, а банк послужил образцом для создания аналогичных учреждений в различных странах Европы. Не случайно К. Маркс посвятил Crédit Mobilier три статьи, опубликованные в июне—июле 1856 г. на страницах «Нью-Йорк Дейли Трибьюн». К. Маркс назвал Crédit Mobilier одним «из самых любопытных экономических явлений» своего времени и окрестил «императорским социализмом» программу его руководителей «сделать себя собственником», а Наполеона III «верховным директором всей разнообразной промышленности Франции».[51] «Весь разносторонний прошлый опыт Бонапарта, — писал К. Маркс, — указывал на одно великое средство, помогавшее ему выпутываться из самых серьезных экономических затруднений, — *кредит*. И как раз во Франции весьма кстати оказалась школа Сен-Симона, которая как при своем возникновении, так и во время своего упадка обольщала себя мечтой о том, что все классовые противоречия должны исчезнуть перед лицом всеобщего благоденствия, которое будет достигнуто благодаря некоему вновь изобретенному плану общественного кредита. Ко времени coup d'état сен-симонизм в этой форме еще не окончательно умер. Был Мишель Шевалье, экономист из „Journal des Débats", был Прудон, который пытался худшую часть сен-симонистской доктрины прикрыть маской эксцентричной оригинальности, и были, наконец, два португальских еврея, практически связанные с биржевой спекуляцией и Ротшильдом... которые на основании своего практического опыта имели смелость разглядеть за социализмом биржевую спекуляцию, за Сен-Симоном — Ло. Эти люди — Эмиль и Исаак Перейра — являются учредителями Crédit Mobilier и инициаторами бонапартистского социализма».[52]

К. Маркс подчеркивал, что и до появления Crédit Mobilier существовали банки, кредитовавшие акционерные компании, но именно братья Перейра «изобрели акционерный банк, который стремится к монополизации прежде раздробленной и многообразной деятельности частных ростовщиков и руководящим принципом которого должно быть создание огромного количества промышленных компаний не с целью производительных капиталовложений, а просто ради спекулятивных прибылей».[53] К. Маркс считал, что фирма Crédit Mobilier могла занять господствующее положение «лишь в такой стране, как Франция, где ни кредитная система, ни крупная промышленность не развились еще до современного уровня. В Англии или Америке что-нибудь подобное было бы невозможно».[54] К. Маркс предсказал неминуемый крах Crédit Mobilier. Это предсказание сбылось 10 лет спустя, в 1867 г., а в 1871 г. банк был окончательно ликвидирован правительством. Однако в конце 50-х гг. предпринимательская деятельность братьев Перейра была еще в самом разгаре. И она в известной мере послужила моделью для российского типа банкирского предпринимательства, вышедшего на столичную сцену в 1860—1870-е гг.

В начале 1860-х гг. в России делались попытки образовать общества, аналогичные Crédit Mobilier, в частности, французский подданный Е. Галенбург предлагал учредить в Петербурге акционерное общество для развития торговли и промышленности.[55] Проекты эти потерпели неудачу. Не состоялись и проекты заменить банкирский дом А. Л. Штиглица представителем Ротшильдов или каким-нибудь другим иностранным банкирским домом.[56] Однако мысль о всемогуществе кредита была подхвачена сторонниками экономических реформ и дала толчок развитию частного коммерческого кредита, а затем акционерного. В 1863 г. было создано первое в России С.-Петербургское общество взаимного кредита, а в 1864 г. основан первый акционерный банк — Петербургский Частный коммерческий банк. Создание этих учреждений оказалось возможным в результате развития в конце 1850-х гг. заведений частного коммерческого кредита — банкирских домов. И. И. Левин отмечает, что «их расцвету много способствовала ликвидация дел бароном Штиглицем, который до того был монополистом на денежном рынке».[57] Но главная причина их возникновения, конечно, заключалась в благоприятных условиях для накопления капиталов. «Всем известны, — писал в „Журнале для акционеров“ в 1860 г. Н. Х. Бунге, — образовавшиеся в 1854—56 годах богатства, которые заявили о своем существовании учреждением банкирских домов».[58] Одним из вновь образованных банкирских домов, пришедших на смену А. Л. Штиглицу, был дом «И. Е. Гинцбург». «Вестник промышленности» еще в 1859 г. называл его в числе возможных преемников ликвидировавшего свои дела А. Л. Штиглица.[59] Впрочем, о преемственности здесь можно говорить лишь условно, ибо с падением А. Л. Штиглица (как бы ни были близки отношения с правительством вновь возникавших банкирских домов) фактически прекратил свое существование институт придворных банкиров.[60]

[1] *Боровой С. Я.* Кредит и банки в России. М., 1958. С. 238. — Автор опирается на данные А. Скальковского (Записка о торговых и промышленных силах Одессы. СПб., 1865) и справочные издания «Одесса. 1794—1894» и «Одесса. 1895». См. также обстоятельное исследование по истории Одессы: *Herlihy Patricia.* Odessa : A History, 1794—1914. Cambridge, 1986.

[2] Всеподданнейшая докладная записка А. Княжевича «О награждении коммерции советника Родоконаки орденом Св. Станислава 3-й степени». 28 апреля 1861 г. // ЦГИА СССР, ф. 40, оп. 1, д. 16, л. 22—23 об.

[3] Всеподданнейшая докладная записка М. Х. Рейтерна 6 марта 1869 г. «О награждении потомственного почетного гражданина Рафаловича орденом Св. Станислава 2-й степени» // Там же, ф. 560, оп. 38, д. 151, л. 25—26.

[4] См. переписку по этому поводу между русским послом в Париже А. П. Моренгеймом и министром юстиции Н. А. Манасеиным: Письмо А. П. Моренгейма Н. А. Манасеину 28 ноября 1891 г. и ответ министра 22 апреля 1892 г. // Там же, ф. 1405, оп. 9, д. 4419, л. 1—6. — М. Ефрусси было отказано на том основании, что он не принадлежал к потомственному дворянству.

[5] Всеподданнейший доклад министра финансов «О награждении почетного гражданина Давида Рафаловича орденом Св. Станислава 3-й степени». 19 апреля 1868 г. // Там же, ф. 40, оп. 1, д. 20, л. 50—51.

[6] Всеподданнейшая докладная записка М. Х. Рейтерна 6 марта 1869 г. «О награждении потомственного почетного гражданина Рафаловича орденом Св. Станислава 2-й степени» // Там же, ф. 560, оп. 38, д. 151, л. 25—26.

[7] *Витте С. Ю.* Воспоминания. М., 1960. Т. 1. С. 219.

[8] Там же. С. 213—235.

[9] Журнал образованного по высочайшему повелению Особого совещания для рассмотрения всеподданнейшего прошения Дуранте об облегчении расчетов его с Государственным банком. 29 марта 1896 г. // ЦГИА СССР, ф. 583, оп. 4, д. 309, л. 48 об.

[10] *Витте С. Ю.* Воспоминания. Т. 1. С. 231.

[11] ЦГИА СССР, ф. 583, оп. 4, д. 309, л. 49 об.—50.

[12] *Витте С. Ю.* Воспоминания. Т. 1. С. 238—239.

[13] ЦГИА СССР, ф. 583, оп. 4, д. 309, л. 53—54.

[14] Там же, л. 54 об.

[15] На первое января 1896 г. расчеты по ссуде дому Рафаловичей выглядели следующим образом:

«Выдано всего	2 297 857 р. 80 к.
Причитается на 1 января 1896 г.	446 490 р.
Итого	2 744 347 р. 80 к.

Выручено за долги и по весьма предположительным предположениям ожидается выручка за не реализованное еще обеспечение — | 1 849 138 р.
Засим убыток составит — | 895 209 р. 80 к.
Из коих на долю Госбанка приходится — | 421 886 р.
В том числе капитала — | 140 552 р.
И процентов — | 281 334 р.»

(ЦГИА СССР, ф. 583, оп. 4, д. 309, л. 55 и об.).

[16] *Боровой С. Я.* Кредит и банки в России. С. 237.

[17] *Левин И. И.* Акционерные коммерческие банки в России. Пг., 1917. Т. 1. С. 25.

[18] Там же.

[19] Там же. С. 27.

[20] Там же.

[21] *Pustuła Zbigniew.* Początki kapitału monopolistycznego w przemysle Hutniczo-metalowym Królestwa Polskiego (1882—1900). Warszawa, 1968. S. 159—160.

[22] *Витте С. Ю.* Воспоминания. Т. 1. С. 118.

[23] ЦГИА СССР, ф. 560, оп. 38, д. 165, л. 188 и об.

[24] *Никольский Н. М.* История русской церкви. М., 1983. С. 244—245.

[25] *Левин И. И.* Акционерные коммерческие банки в России. Т. 1. С. 17.

[26] Подробнее об операциях И. Фредерикса и Р. Сутерланда, а также о деятельности конторы см.: *Ананьич Б. В., Лебедев С. К.* 1) Ричард Сутерланд — банкир Екатерины II // Спорные вопросы отечественной истории XI—XVIII веков: Тезисы докладов и сообщений Первых чтений, посвященных памяти А. А. Зимина. В 2-х т. М., 1990. Т. 1. С. 18—21; 2) Придворные банкиры в России и европейские денежные рынки в конце XVIII—начале XIX в. // Проблемы социально-экономической истории России. Л., 1991.

[27] *Левин И. И.* Акционерные коммерческие банки в России. Т. 1. С. 13.

[28] Вестник промышленности. 1859. Т. 6. С. 102—103; см. также: *Левин И. И.* Акционерные коммерческие банки в России. Т. 1. С. 15—17. — При характеристике банкирского дома «Штиглиц и К⁰» И. И. Левин целиком опирается на указанную выше статью из «Вестника промышленности».

[29] Вестник промышленности. Т. 6. С. 104. — Л. Штиглиц был известен как кредитор крупных петербургских предпринимателей. В 1835 г. была образована администрация над торговым домом «Мольво с сыном», владевшим двумя крупными сахарными заводами и одним водочным. Долг торгового дома составлял 2 млн. 800 тыс. р. Из этой суммы дом «Мольво с сыном» задолжал около 1 млн. р. трем кредиторам: братьям Крамер, П. Пономареву и Л. Штиглицу. Последнему — 246 408 р. См.: Представление Особенной канцелярии по кредитной части в Комитет министров «Об учреждении администрации из кредиторов Мольво для окончания дел его». 15 января 1835 г. // ЦГИА СССР, ф. 1263, оп. 1, д. 979, л. 639—640.

[30] Дневник государственного секретаря А. А. Половцова. В 2-х т. Т. 2. 1887—1892 гг. М., 1966. С. 78, 81, 93 (записи от 31 января, 5 февраля и 15 марта 1888 г.).

[31] Там же. С. 479. — Учреждению администрации по делу банкирского дома Фелейзенов было посвящено специальное заседание Комитета министров (Журнал Комитета министров. 15 марта 1888 г. // ЦГИА СССР, ф. 1263, оп. 1, д. 4650, л. 135—149).

[32] Представление министра финансов А. М. Княжевича в Комитет финансов «О положении последнего 3 % займа». 19 февраля 1860 г. // ЦГИА СССР, ф. 563, оп. 2, д. 119, л. 1—5.

[33] Там же.

[34] Данные об этих предприятиях на 1904 г. см.: Указатель действующих в империи акционерных предприятий и торговых домов. СПб., 1905. Т. 1. С. 694 и 710.

[35] Дневник государственного секретаря А. А. Половцова. В 2-х т. Т. 1. 1883—1886 гг. М., 1966. С. 304.

[36] Вестник промышленности. Т. 6. С. 104—105. — Петергофскую дорогу А. Л. Штиглиц подарил барону Фелейзену как компаньону по строительству. См.: Некролог // Московские ведомости. 1884. 25 октября. — Петергофская железная дорога строилась в течение 8 лет. В 1857 г. была открыта первая ее часть, а все строительство завершено в 1864 г. (*Соловьева А. М.* Железнодорожный транспорт России во второй половине XIX в. М., 1975. С. 63).

[37] *Левин И. И.* Акционерные коммерческие банки в России. Т. 1. С. 15—16.

[38] *Соловьева А. М.* Железнодорожный транспорт России во второй половине XIX в. С. 67.

[39] Вестник промышленности. Т. 6. С. 102.

[40] *Соловьева А. М.* Железнодорожный транспорт России во второй половине XIX в. С. 74.

[41] Вестник промышленности. Т. 6. С. 105.

[42] Журнал Комитета финансов. 27 февраля 1860 г. // ЦГИА СССР, ф. 563, оп. 2, д. 119, л. 5—12.

[43] *Шепелев Л. Е.* Царизм и буржуазия во второй половине XIX века : Проблемы торгово-промышленной политики. Л., 1981. С. 47—48.

[44] Из воспоминаний Евгения Ивановича Ламанского : (1840—1890 гг.) // Русская старина. 1915. Апрель. С. 62.

[45] *Шепелев Л. Е.* Царизм и буржуазия во второй половине XIX века. С. 51.

[46] Из воспоминаний Евгения Ивановича Ламанского : (1840—1890 гг.) // Русская старина. 1915. Май. С. 339.

[47] В 1867 г. его на этом посту сменил Е. И. Ламанский.

[48] Московские ведомости. 1884. 25 октября.

[49] Там же.

[50] М. Х. Рейтерн по его завещанию был похоронен в этом имении в 1890 г. (Дневник государственного секретаря А. А. Половцова. В 2-х т. Т. 2. С. 311). Впрочем, и М. Х. Рейтерн возлагал, видимо, ответственность на А. Л. Штиглица за биржевой кризис начала 1860-х гг. Сохранилось письмо Рейтерна Е. Е. Брандту от 26 апреля 1866 г. как председателю

Биржевого комитета с «покорнейшей просьбою» ответить «по совещании с другими людьми, знающими биржевые дела практически», на вопросы: «1. Чему следует приписать быстрое в последнее время падение вексельного курса?» и «2. Какие меры могли быть приняты для предотвращения этого явления?» (М. Х. Рейтерн — Е. Е. Брандту, 26 апреля 1866 г. // ЦГИА СССР, ф. 583, оп. 1, д. 55). В Министерстве финансов причину критического положения на бирже считали результатом неограниченного влияния А. Штиглица, устранившего конкурентов и «диктовавшего курс по своему произволу», а также «извлекавшего для себя исключительные выгоды» в ущерб торговому и государственному кредиту. «Возможность подобных операций происходит от того, — говорилось в одном из документов Министерства финансов, — что на С.-Петербургской бирже нет благонадежного соперника этому неблагонадежному банкиру. До восточной войны мы имели в Петербурге несколько вполне уважаемых благополучных и благонамеренных банкирских фирм, существовавших несмотря на громадную силу гг. Штиглица и К⁰, таковыми были торговые дома Сеген Дюваля, Томпсона Бонара, Гютшова... и проч. Но в настоящее время эти дома или совершенно удалились от дел, или сократили их до ничтожного размера и, следовательно, оставили все дела на произвол одного, умеющего пользоваться своим исключительным положением» (ЦГИА СССР, ф. 583, оп. 1, д. 55, л. 15 об.).

[51] *Маркс К.* Французский Crédit Mobilier (статья первая) // Маркс К., Энгельс Ф. Соч. 2-е изд. Т. 12. С. 24, 25.

[52] *Маркс К.* Французский Crédit Mobilier (статья вторая) // Там же. С. 28.

[53] *Маркс К.* Французский Crédit Mobilier (статья третья) // Там же. С. 35.

[54] *Маркс К.* Капитал. Том третий // *Маркс К., Энгельс Ф.* Соч. 2-е изд. Т. 25, ч. II. С. 155.

[55] *Левин И. И.* Акционерные коммерческие банки в России. Т. 1. С. 164.

[56] Там же. С. 165—166.

[57] Там же. С. 165.

[58] Там же.

[59] «Мы узнаем, — сообщалось в журнале, — что ожидается учреждение торгового дома капиталистом г. Гинцбургом, который избрал представителем лицо, известное в нашем биржевом кругу. Говорят, этот представитель устраивает уже свои сношения за границею и прибудет скоро в Санкт-Петербург» (Вестник промышленности. 1859. Т. 4. С. 101—102).

[60] Институт этот носил, разумеется, неофициальный характер. Особая контора придворных банкиров существовала с 1798 по 1811 г. Она была упразднена с учреждением Министерства финансов, хотя операции ее продолжались до 1816 г. (*Левин И. И.* Акционерные коммерческие банки в России. Т. 1. С. 12).

А. Л. Штиглиц оставался одним из очень влиятельных и богатых людей в России до самой смерти. Он умер 24 октября 1884 г., оставив состояние в 38 млн. р. См.: Дневник государственного секретаря А. А. Половцова. В 2-х т. Т. 1. С. 250—251. — Между тем в некрологе, помещенном в «Московских ведомостях», называлась фантастическая сумма оставленного А. Л. Штиглицом состояния — свыше 100 млн. р. (Московские ведомости. 1884. 25 октября). Вскрытое в октябре 1884 г. завещание А. Л. Штиглица дает представление о размерах и характере его имущества. Он составил свое завещание как «временной первой гильдии купец» и действительный тайный советник.

Большую часть своего имущества и капиталов А. Л. Штиглиц оставил приемной дочери Надежде Михайловне Половцовой и ее семье. Н. М. Половцова объявлялась владелицей принадлежавших прежде А. Л. Штиглицу двух особняков: по Английской набережной, д. 70 (Галерная, д. 69 и 71) и по Галерной д. 54 (Адмиралтейский канал, д. 29). Надежде Михайловне были завещаны паи Товарищества Нарвской суконной мануфактуры (178 паев на 890 тыс. р.), акции Невской бумагопрядильной компании (682 акции на 341 тыс. р.), акции и облигации Главного общества Российских железных дорог (11 757 акций), паи Екатерингофской бумагопрядильной мануфактуры и Московского Купеческого банка и акции Общества петербургского водопровода. Старшему сыну Надежды Михайловны А. А. Половцову были завещаны: дом на Каменном острове, имение Фоминки во Владимирской губернии, в Гороховском уезде, в 10 846 десятин и 200 тыс. р. Второму сыну Надежды Михайловны П. А. Половцову завещались все билеты 2-го 1859 г. внутреннего с выигрышами займа. Двум дочерям Надежды Михайловны княгине А. А. Оболенской и графине Н. А. Бобринской было оставлено по 100 тыс. р.

А. Л. Штиглиц завещал крупные денежные суммы большому числу лиц: своей племяннице Э. И. Пистолькорс (урожденной Гардер) — 7 млн. 300 тыс. р., другой племяннице баронессе Икскуль (урожденной Гардер) — 4 млн. 200 тыс., сыну племянника А. И. Гардера А. А. Гардеру — 2 млн., племяннику Л. И. Гардеру — 1 млн р. По 300 тыс. р. А. Л. Штиглиц оставил Н. Н. Штиглицу, сестре Ю. Н. фон Кубе (урожденной Штиглиц), сыну покойного двоюродного брата Адольфа Штиглица Н. А. Штиглицу, двоюродной сестре Э. Винекен (урожденной Шмит), Б. Ф. Штиглицу; по 200 тыс. р. — А. Н. Штиглицу, двоюродной сестре М. Людер (урожденной Шмит) и Ф. К. Раштету. Большой группе своих друзей, дальних родственников или сотрудников А. Л. Штиглиц завещал по 100 тыс. р. В их числе были Н. М. Яковенко (которому А. Л. Штиглиц оставил также всех своих лошадей, сбруи, вино, платье, белье и даже сигары), наследники покойного брата Л. Шмита и покойного дяди М. Галлера (им, кроме того, должны были быть переданы долги фирмы «Галлер Зеле и К^0» в Гамбурге), М. Л. Фе (урожденная Миллер), Н. Пельтцер (старший), Т. Киннель (старший), С. Кербедз, дети покойного друга К. Ф. фон Лоринггорена, В. А. Половцов. 75 тыс. р. были завещаны другу Н. К. Шледеру. По 50 тыс. р. А. Л. Штиглиц передал двоюродной сестре А. Соние, А. А. Делле, Р. Х. Талю и В. Д. Сверчкову.

Завещание предусматривало также множество более мелких раздач. А. Л. Штиглиц завещал в общей сложности более 40 тыс. р. 20 служившим у него конюхам, швейцарам, садовникам, камердинерам, лакеям, поварам, назначив им персонально (в зависимости от услуг) суммы от 800 до 2500 р. Кроме всех остальных из прислуги, служившим у него более трех лет полагалось по 500 р. каждому, а менее трех лет — по 300 р. А. Л. Штиглиц завещал свыше 11 тыс. р. трем артельщикам из своей конторы, и остальным ее служащим должно было быть роздано по 500 р. каждому. 30 тыс. р. передавалось служившим в Государственном банке его управляющим, 25 тыс. р. предназначалось директору Иностранного отделения Особенной канцелярии по кредитной части Р. Б. Беккеру. Свыше 70 тыс. р. должны были быть розданы на благотворительные цели: Коммерческому училищу для бедных при лютеранской церкви св. Петра и Павла, Глазной лечебнице на Моховой (д. 34), Елизаветинской больнице, Ремесленному училищу цесаревича Николая, Обществу помощи при кораблекрушениях, Петербургскому биржевому комитету. 100 тыс. р. предполагалось передать в неприкосновенный капитал детского приюта имени А. Л. Штиглица. Наконец, все, что должно было остаться после выполнения изложенных в завещании распоряжений, А. Л. Штиглиц, «не имея потомков и желая навсегда связать свое имя с общеполезным для Российской империи учреждением», оставлял Петербургскому училищу технического рисования, также носившему его имя. Полный текст завещания см.: ЦГИА г. Ленинграда, ф. 225, оп. 11, д. 506, л. 2—6.

Глава вторая

ПРАВОВОЕ ПОЛОЖЕНИЕ
БАНКИРСКИХ ЗАВЕДЕНИЙ В РОССИИ
(1880-е гг.—1914 г.)

В конце XIX в. в финансовой и экономической жизни России значительную роль играли предприятия частного банкирского промысла, обычно называвшиеся торгово-кредитными или банкирскими заведениями. К ним относились банкирские дома, банкирские конторы и меняльные лавки. По данным Министерства финансов, в 1889 г. годовые обороты 24 банкирских домов достигали 1 млрд. 037 млн. р., 228 банкирских контор — свыше 2 млрд. 175 млн. и, наконец, меняльных лавок — 135 млн. р.[1]

В России существовала строгая система правительственного контроля над денежным обращением и банками. Было разработано жесткое законодательство, регламентировавшее акционерное учредительство.[2] Краткосрочными кредитными операциями к началу 90-х гг. в России занимались 36 коммерческих банков и 107 обществ взаимного кредита. Все они действовали на основании утвержденных правительством уставов, строго определявших круг деятельности каждого из них и порядок ведения отчетности, были обязаны периодически публиковать в правительственных и других наиболее распространенных газетах сведения о состоянии своих счетов, а также о результатах годовой деятельности. Законом 22 мая 1884 г. устанавливались правила закрытия кредитных учреждений в случае потери ими всех или части основных капиталов.[3]

На особом положении находились банкирские дома, конторы и меняльные лавки. До начала 90-х гг. в России (как и в некоторых других странах Европы, например во Франции и Германии) не было специального законодательства для банкирских заведений. Их владельцы в соответствии со статьями 24 и 36 V тома «Положения о пошлинах за право торговли и других промыслов» получали, как купцы, гильдейские свидетельства и билеты.[4]

В середине 80-х гг. в Министерство финансов поступило много жалоб на участие банкирских домов и контор в биржевых спекуляциях. Большой общественный резонанс вызвал крах в 1889 г. банкирских контор Кана в Петербурге и Мусатова в Москве, занимавшихся торговлей в рассрочку билетами выигрышных займов. В обоих случаях владельцы контор скрылись, оставив обманутой и ограбленной многочисленную публику.[5]

Крах этих двух контор, особенно конторы Кана, помещавшейся на Невском проспекте, в центре столицы, стал объектом обсуждения большой печати. «Новое время» 23 февраля 1889 г. поместило взволнованную и проникнутую отчетливо выраженным антисемитским духом статью «Грабители». Газета писала о предприимчивых дельцах, неизвестно каким образом попавших в столицу, открывших там банкирские конторы на средства, достаточные только для того, чтобы поместить объявление о найме агентов. Затем многочисленные агенты конторы, снабженные «печатными бланками и рекламами о баснословно выгодной покупке» в рассрочку выигрышных билетов внутренних займов, разъезжались по селам и деревням, убеждая доверчивых клиентов в том, что достаточно внести 15-рублевый задаток, чтобы получить право на известную часть выигрыша от записанного за ними билета. Уплачивая по 5 или 10 р. ежемесячно, клиент мог приобрести выигрышный билет целиком, а вместе с тем и призрачную возможность выиграть на него до 200 тыс. р. Реальный же доход от сделки получали расторопный агент (ему полагалось 9 р. с каждых 15 р. задатка) и контора, не очень-то заботившаяся о честном ведении дела. Основанная в августе 1887 г. контора Кана, по свидетельству «Нового времени», уже через год имела оборот около 1 млн. 200 тыс. р. Газета не сообщала причины неожиданного банкротства конторы. Но было известно, что она подверглась описи по иску в 5 тыс. р., а в ней оказались всего 300 р. и один выигрышный билет, хотя контора запродала их около полутора тысяч штук.[6]

Когда было объявлено о крахе конторы Мусатова, в печати уже циркулировали слухи о подготовленном Особенной канцелярией по кредитной части Министерства финансов законопроекте о банкирских заведениях и о том, что он был рассмотрен в середине марта 1889 г. на «совещании из представителей петербургской Haute Finance (гг. Брандт, бар. Гинцбург, Досс, Зак и Лясский)».[7]

Слухи эти, видимо, соответствовали действительности. Определенно известно, что в первой половине мая Особенная канцелярия по кредитной части завершила выработку проекта Положения о банкирских заведениях, а 14 мая министр финансов И. А. Вышнеградский представил его на рассмотрение Государственного совета.

И. А. Вышнеградский утверждал, что банкирские дома, конторы и меняльные лавки «ничем, кроме названия, не отличаются друг от друга» и не только занимаются всеми операциями, разрешенными учреждениям краткосрочного кредита, но, «действуя безо всякого контроля», совершают еще «положительно вредные» и даже запрещенные законом сделки, а именно: продажу в рассрочку билетов внутренних с выигрышем займов и права на получение могущего упасть на эти билеты выигрыша. Министр обвинял банкирские заведения в жульничестве, разжигании в публике «страстей к биржевой игре», в «самой бессовестной эксплуатации незнакомых с кредитными операциями людей».

Эти необычайно резкие для официального документа заявления министра сочетались с признанием значительной роли в финансовой жизни России тех банкирских заведений, которые «благодаря правильной постановке дела по размерам своих оборотов и кругу своей деятельности ничем не отличались от коммерческих банков». Вышнеградский писал, что существование банкирских домов и контор оправдано, «вызвано потребностями в мелком кредите», но предлагал строго регламентировать их деятельность.

Министр финансов прежде всего считал необходимым исключить из числа банкирских заведений меняльные лавки, запретить им все операции краткосрочного кредита и сохранить за ними только право размена денежных знаков и оплату купонов вышедших в тираж ценных бумаг.[8] Желающие заняться банкирским промыслом должны были получить на это разрешение губернского начальства и внести в Государственный банк залог в размере 1/10 части заявленного основного капитала. Предполагалось значительно урезать операции банкирских домов и контор, запретив им прием вкладов, открытие текущих счетов, выдачу ссуд под товары и продажу товаров за счет третьих лиц. Таким образом, Министерство финансов намерено было лишить банкирские заведения возможности вести биржевую игру, в частности, за счет вкладов клиентов. По новым правилам владельцы банкирских заведений были обязаны также представлять в Министерство финансов сведения о своих операциях, а министр финансов получал право назначать ревизии для проверки полученных сведений.[9]

Ввиду радикального характера намечавшейся реформы Министерство финансов собиралось провести ее постепенно.

Предложения Вышнеградского поступили на обсуждение министров внутренних дел и юстиции, а затем были переданы в Государственный совет. 20 мая представленный Вышнеградским проект Положения о банкирских заведениях обсуждался Соединенными департаментами Государственной экономии и Законов Государственного совета. Факт почти беспрецедентный, но Государственный совет встал на защиту интересов частного предпринимательства от посягательств казны. На заседании 20 мая было заявлено, что «свобода банкирского промысла» «дает возможность частным капиталистам в широкой степени содействовать путем кредита развитию торговли и промышленности», а поэтому «необходимо стремиться не к урегулированию деятельности всех вообще банкирских заведений, а к установлению таких мер, которые обеспечили бы правительству возможность бороться с недобросовестными банкирскими фирмами».[10]

Соединенные департаменты вынесли решение о праве министра финансов по согласованию с министром внутренних дел запрещать банкирским домам некоторые из операций только в случае необходимости. На общем собрании Государственного совета 30 мая 1889 г. в это решение было внесено еще одно существенное уточнение. Ограничительные меры против того или иного банкирского заведения должны были приниматься в результате предварительного «коллегиального обсуждения дела» в Совете министра финансов, выполнявшем, впрочем, функции совещательного органа.[11] 26 июня мнение Государственного совета было утверждено царем и стало законом.[12]

Итак, Вышнеградский добился лишь права преследовать банкирские заведения, занимавшиеся биржевой игрой и спекуляцией, и запрещать им продажу билетов внутренних с выигрышем займов с рассрочкой платежа, перезалог процентных бумаг и другие операции, которые могли бы быть использованы в целях наживы и за счет обмана клиентов.

Закон 26 июня 1889 г. почти не получил практического применения. Менее чем год спустя после его принятия Вышнеградский вынужден был обратиться в Государственный совет с представлением об изменении одной из статей закона, предусматривавшей обязательную и строгую регистрацию ценных бумаг, сдававшихся в банкирские заведения на хранение, в залог и в обеспечение ссуд. Это положение закона вызвало бурю протестов со стороны банкирских заведений и коммерческих банков, выступивших против усложнения банковских операций бюрократической волокитой. 16 апреля 1890 г. Государственный совет принял поправку к закону 26 июня 1889 г. Подробное описание ценных бумаг, принимавшихся в залог в обеспечение кредитов, открывавшихся по специальным текущим счетам, должно было производиться лишь в случаях, когда на этом настаивал вкладчик.[13] За 5 лет действия закона 26 июня 1889 г. применение его ограничилось всего двумя случаями. Министерство финансов в связи с жалобами клиентов запретило некоторые из операций конторе Ефимова, хотя никаких серьезных злоупотреблений в ее деятельности обнаружено не было. После этого контора ликвидировала свои дела. Вмешательство Министерства финансов в дела банкирской конторы Клима совпало с объявлением по просьбе кредиторов ее владельца несостоятельным.[14]

Попытки Вышнеградского ограничить свободу банкирского промысла потерпели, таким образом, полную неудачу. Известно, что при сменившем его на посту министра финансов С. Ю. Витте государственное вмешательство в экономическую и финансовую жизнь страны еще больше возросло. Проведенная Витте реформа Государственного банка превратила его в один из важнейших органов контроля над денежным обращением и всей кредитной системой страны. Взяв курс на введение золотого денежного обращения и реформу Государственного банка, Витте внес в Государственный совет 21 февраля 1894 г. и предложение о существенных изменениях закона 26 июня 1889 г., и дополнения к нему.[15]

Витте требовал предоставления Министерству финансов права надзора «за теми банкирскими заведениями, которые могут вызвать сомнения относительно правильности ведения ими дела», и в зависимости от результатов надзора применять в отношении их необходимые меры. Он находил «преждевременным... рассмотрение вопроса о полной регламентации деятельности банкирских заведений», но считал необходимым «установить некоторые правила, которые давали бы Министерству финансов возможность своевременно получать сведения о всех возникающих под разными наименованиями банкирских заведениях», а также об их операциях.[16] Витте высказался, кроме того, за отмену обязательного рассмотрения дел о банкирских заведениях в Совете министра как совещательном органе, целиком от министра зависящем. 28 апреля Государственный совет рассмотрел и утвердил предложенные министром финансов правила. По закону 3 июля 1894 г. желавшие открыть банкирскую контору или меняльную лавку обязаны были заявить об этом губернскому начальству, сделав одновременно заявление о характере операций, которыми они намерены заниматься. В случае несоблюдения этого правила владельцы банкирских заведений могли быть оштрафованы. Кроме того, Министерство финансов могло запретить нарушителю производить одну или несколько операций. Оно получило право запрашивать банкирские заведения о состоянии дел, а в случаях, когда представленные ими объяснения были недостаточными, производить ревизии и уже на их основании опять-таки запрещать те или иные операции.[17] Однако уже 30 ноября 1894 г. Витте сделал новое пред-

рода недвижимости, в заводские и фабричные предприятия, золотые и марганцевые рудники. Только в Петербурге в начале века объявили себя несостоятельными банкирские конторы Шнакенбурга, Грабовского, Зингера, Шкафа, Де ла Фара, Альванга, Кутузова, Блокка, Трапезникова и других.[22]

Массовые банкротства начала 1900-х гг. были несомненным последствием наступившего мирового экономического кризиса. Однако данные Министерства финансов не содержат свидетельств того, что банкротства начала 1900-х гг. привели к резкому сокращению числа банкирских заведений или объема их операций. По сведениям, собранным Особенной канцелярией по кредитной части к 1 января 1904 г. о 274 банкирских конторах, их собственные капиталы составляли 197 млн. р. Пассив сводного баланса 274 контор достигал 472 млн. р. (104 млн. р. составили вклады, 144 млн. — займы по переучету векселей и перезалогу процентных бумаг, 63 млн. — долги корреспондентам и 50 млн. р. — прочие статьи пассива). Актив баланса выражался в следующих суммах: 147 млн. р. — текущие счета и ценные бумаги, 111 млн. — учтенные векселя, 83 млн. — ссуды до востребования (on call) с обеспечением ценными бумагами, 53 млн. — корреспонденты, 19 млн. — движимое и недвижимое имущество контор, 59 млн. р. — прочие статьи актива.[23]

В Министерстве финансов крахи банкирских заведений рассматривались прежде всего как результат недобропорядочности их владельцев и повод для выработки специального законодательства, которое позволило бы контролировать их деятельность. Для этой цели в 1907 г. при Особенной канцелярии по кредитной части Министерства финансов было образовано Особое совещание по пересмотру действовавших законоположений о банкирских заведениях под председательством А. К. Голубева. Разработанный Кредитной канцелярией проект нового законодательства предусматривал строгое деление банкирских предприятий на три категории и жесткую регламентацию деятельности каждой из этих категорий. Проект предусматривал объявление основного капитала предприятия, определялся минимальный размер его для банкирских домов, устанавливались правила относительно изменения размера этого капитала. Проект был передан на обсуждение представителей 28 банкирских домов и контор, а также Министерства юстиции и Департамента окладных сборов. Кроме того, материалы для пересмотра закона о банкирских заведениях были разосланы биржевым комитетам.

13(26) марта 1907 г. «Торгово-промышленная газета» торжественно сообщила об участии в работе совещания представителей крупнейших банкирских домов и контор: Г. Вавельберга — М. И. Вавельберг, «Лампе и К⁰» — Г. А. Вейхардт, «Э. М. Мейер и К⁰» — А. В. Гувелякен, М. Нелькена — С. Б. Кафталь, «И. В. Юнкер и К⁰» — Б. Ф. Юнкер, А. А. Алферова — А. А. Алферов, Ф. А. Алферова — Г. Ф. Латышев, братьев Бурцевых — П. Е. Бурцев, Волкова с сыновьями — А. Ф. Феттер, М. И. Ерошенко — А. И. Ерошенко, М. И. Дубинина — М. И. Дубинин, Д. Г. Новоселова — Д. Г. Новоселов, П. П. Тихомирова — П. П. Тихомиров и А. С. Федорова — А. С. Федоров.

В то же время газета не скрывала, что проект Министерства финансов встретил много возражений со стороны владельцев банкирских домов

ставление в Государственный совет проекта изменений «Правил о надзоре за производством кредитными учреждениями и банкирскими заведениями операций на золотую валюту». В результате его обсуждения 29 мая 1895 г. был принял закон, разрешавший Министерству финансов проводить ревизию любого банкирского заведения без затребования предварительных объяснений от владельца.[18] Кроме того, на меняльные лавки был распространен закон 8 июня 1893 г., запрещавший операции с валютой на срок.[19] Этот закон был принят в связи с подготовкой к введению золотого обращения. Он должен был способствовать стабилизации рубля и ограничить спекулятивные сделки с валютой на бирже. До 1895 г. он не распространялся на меняльные лавки, так как их владельцы не имели права посещать биржу. При подготовке закона 1895 г. Витте пытался еще ввести в него пункт, предусматривавший право министра финансов закрывать банкирские заведения, а затем в случае необходимости разрешать возобновление их деятельности. Однако это требование Витте было сочтено незаконным в Министерстве юстиции и отклонено.

Итак, закон 1895 г. был последним правовым актом, принятым до начала XX столетия и регулировавшим деятельность банкирских заведений. Следует еще учесть, что на них распространялся, кроме того, общий для всех кредитных учреждений закон, устанавливавший правила приема на хранение ценных бумаг. В окончательном виде он был выработан к 1898 г. По этому закону учреждения краткосрочного кредита и банкирские заведения не имели права распоряжаться внесенными в обеспечение кредита ценными бумагами без разрешения их владельцев, за исключением случаев несостоятельности последних.[20]

Несмотря на усиление контроля над банкирскими заведениями со стороны правительства, и в начале 1900-х гг. в Министерство финансов продолжали поступать сведения об участии их в биржевых спекуляциях на чужие деньги. Поскольку банкирские заведения не обязаны были публиковать свои балансы и биржевые отчеты, то они могли распоряжаться доверенными им капиталами по своему усмотрению. По сведениям Министерства финансов, вклады в банкирские заведения нередко превышали более чем в 15 раз их основные капиталы.

Банкирские заведения считали возможным не заботиться даже о том, чтобы иметь в качестве обеспечения вкладов достаточную сумму в виде основного капитала. Так, одна из банкирских контор в ответ на запрос Министерства финансов о размере ее основного капитала сообщила, что она была «открыта торговым домом с основным капиталом в 100 000 р., но по мере накопления сумм по текущим счетам и вкладам посторонних лиц... этот капитал оказался лишним, и так как для частных кредитных предприятий основной капитал необязателен, то счет этот закрыт и сумма дебитована торговому дому». В середине 90-х гг. Министерство финансов провело ревизию около 20 банкирских контор, главным образом в Царстве Польском, и обнаружило частые нарушения ими существовавшего законодательства, в частности в сделках с валютой.[21]

В начале 1900-х гг. некоторые из банкирских заведений стали помещать краткосрочные вклады в долгосрочные операции «не банковского характера». Так, в 1904 г. потерпели крах банкирские конторы Печенкина и А. П. Андреева, вложившие большую часть своих активов в разног

и контор. Прежде всего они решительно выступили против введения публичной отчетности. Кроме того, они требовали, чтобы недвижимость, приобретаемая банкирскими домами и конторами, могла бы служить источником дохода, чтобы не ограничивались их права в ломбардных операциях, комиссионных сделках с товарами и перезалоге ценных бумаг и товаров и т. д. Все эти возражения получили полную поддержку со стороны Варшавского и Одесского биржевых комитетов, Совета фондового отдела Петербургской биржи и банковской комиссии при Московском биржевом комитете. Это был голос делового мира крупнейших городов империи. Только Рижский биржевой комитет заявил о своей готовности безоговорочно согласиться с правительственным проектом.

Защитники интересов банкирских заведений утверждали, что введение публичной отчетности отпугнет их клиентуру и отдаст ее в руки ростовщиков, что лица, способные следить за отчетами и балансами, пользуются услугами обществ взаимного кредита и акционерных банков, а к банкирским конторам обращаются лица, «которые в этих учреждениях ищут удобств и выгод, коих они не могут найти в другом месте, а именно: повышенный процент по вкладам, засим быстроту, отсутствие формализма при производстве операций и доступность и для маленького клиента — хозяина знакомого ему банкирского учреждения, к коему он привык обращаться за советом».[24]

Правительство вынуждено было посчитаться с мнением делового мира, и проект правил, выработанных Особенной канцелярией по кредитной части в 1907 г., был похоронен. Однако в Министерстве финансов не оставляли надежд добиться в конце концов утверждения законодательства о регламентации деятельности банкирских заведений. Там продолжалось изучение их операций, а также материалов, связанных с замечаниями биржевых комитетов и других представителей банковского мира на проект 1907 г. Было создано Особое междуведомственное совещание для рассмотрения законопроекта о банкирских заведениях и меняльных лавках под председательством А. К. Голубева, члена совета Государственного банка. В его состав вошли представители Министерства юстиции, Министерства торговли и промышленности, Государственного контроля, Государственного банка, Департамента окладных сборов, юрисконсульской части Министерства финансов, С.-Петербургского градоначальства, Особенной канцелярии по кредитной части и чиновники других подразделений Министерства финансов.

К январю 1910 г. в распоряжении Министерства финансов были новые данные о банкирских заведениях, собранные отчасти на основании сведений, представленных губернаторами и градоначальниками. Это были сведения о 287 банкирских конторах и 88 меняльных лавках. Из них 92 конторы и 50 меняльных лавок находились в столицах и крупных городах: 32 конторы — в Петербурге, 31 — в Варшаве, 14 — в Москве, 6 — в Одессе, 6 — в Лодзе и 3 — в Риге. В городах губерний различных районов империи находилось 195 контор и 38 меняльных лавок. По числу банкирских контор на первом месте стоял Западный край (99 контор), затем привислинские (42) и южные (33) губернии. На Кавказе были только 2 банкирские конторы, а в Азиатской России — 3.

Размер собственных капиталов банкирских заведений определялся в 115 млн. р., обязательства по вкладам — в 104 млн., задолженность по переучету, перезалогу и т. д. — в 133 млн. р. Анализ деятельности столичных банкирских заведений показал, что в Петербурге они имели собственных капиталов на 18.5 млн. р., т. е. в среднем по 600 тыс. р. на каждое заведение. Их вклады исчислялись 14.5 млн. р., т. е. не достигали размеров капиталов, зато долги превышали капиталы в $2^2/_3$ раза, составляя 49.4 млн. р.[25] Из активных операций первое место занимали ссуды on call (32.5 млн. р.), второе — затраты на покупку процентных бумаг (21 млн. р.) и третье — учет векселей (14.4 млн. р.). Таким образом, банкирские заведения Петербурга работали «в значительной степени за счет чужих средств» и занимались «главным образом биржевыми операциями за собственный счет и кредитованием спекулирующей публики». В отличие от петербургских московские банкирские заведения были более крупными, имели относительно больше вкладов и активнее вели учетную операцию. 18 московских банкирских заведений имели капитал в 22 млн. р., т. е. 1.2 млн. р. в среднем на каждое заведение, вклады превышали капитал более чем в $1^3/_4$ раза. Что касается активных операций, то московские банкирские дома прежде всего занимались покупкой процентных бумаг (50 млн. р.), затем следовали учет векселей (27 млн. р.) и, наконец, онкольные операции (16.7 млн. р.). Для оценки этих статистических данных следует иметь в виду, что среди московских банкирских домов особое положение занимал один из них — видимо, дом братьев Рябушинских. Так, из 50 млн. р., затраченных на покупку процентных бумаг, 30 млн. причиталось на долю одного этого банкирского дома. Также из общей задолженности банкирских заведений в размере 51.5 млн. р. долг этого банкирского дома составлял 30 млн. Министерство финансов считало, что московские банкирские заведения по характеру деятельности меньше занимались спекулятивными операциями, чем петербургские, и приближались к обычным коммерческим банкам.[26]

Эти сведения, полученные Министерством финансов осенью 1910 г., были далеко не полными. В распоряжении Особенной канцелярии по кредитной части не было даже перечня всех банкирских заведений. Невозможность контролировать их деятельность раздражала руководителей финансового ведомства, оказывавшихся бессильными перед лицом явных нарушений банкирскими заведениями уже существовавшего законодательства. Так, например, в результате ревизии в 1909 г. крупной петербургской банкирской конторы Захария Жданова было обнаружено, что она тратила десятки тысяч рублей на рекламу в России и за границей, соблазняя публику покупать выигрышные билеты в рассрочку и участвовать в биржевой игре на других ценностях. Обороты конторы по продаже выигрышных облигаций достигали нескольких миллионов рублей. Контора владела незначительным капиталом, но широко «пользовалась кредитом в других учреждениях под залог проданных в рассрочку выигрышных билетов, причем перезалог этот совершался без согласия на то клиентов». Более того, «некоторые принятые на хранение от клиентов ценности оказались внесенными в другие кредитные учреждения в обеспечение кредита банкирской конторы по специальному текущему счету». Был обнаружен еще целый ряд нарушений существовавшего законодательства. В результате ревизии министр финансов запретил банкирской конторе Захария Жданова продажу выигрышных билетов с рассрочкой платежа, перезалог процентных бумаг, под которые были выданы ссуды, в сумме, высшей против размера выданных ссуд, и открытие кредитов под обеспечение.[27]

Распоряжение министра было передано банкирской конторе через полицейские власти. Попытка же Министерства финансов сделать публичное объявление по этому поводу была остановлена в январе 1910 г. министром юстиции как противозаконная.[28]

В 1912 г. произошло еще два банкротства, давших повод Министерству финансов утверждать, что «часто банкирские заведения открываются исключительно с целью недобросовестного обогащения клиентов».[29] Было объявлено о крахе заведения, именовавшего себя «Банкирский дом русской промышленности». Он помещался в том же здании, где находился Совет съездов представителей промышленности и торговли, и это вызвало у «неосведомленной публики» неоправданное доверие к учреждению, оказавшемуся на деле несостоятельным. При ликвидации дел другого банкирского заведения — «А. К. Толстопятов и К⁰» — обнаружилось, что владелец его не имел никакого состояния и приобрел контору «лишь за несколько дней» до краха.[30]

В марте 1912 г. товарищ министра финансов Н. Н. Покровский, возглавивший к этому времени Особое междуведомственное совещание для рассмотрения законопроекта о банкирских предприятиях и меняльных лавках, обратился со специальным письмом к министру юстиции по поводу правового положения банкирских заведений и практической беспомощности Министерства финансов противостоять их злоупотреблениям. Ссылаясь на практику взаимоотношений Министерства финансов с банкирскими заведениями и, в частности, на прецедент с конторой Захария Жданова, Покровский подчеркивал, что существовавшая система штрафов за нарушения банкирскими заведениями правил была совершенно неэффективной. Штрафы «за продажу промессов настолько ничтожны, — писал Покровский, — что ввиду огромной прибыльности. . . операции банкиры охотно уплачивают по нескольку раз возлагаемые на них мировыми судьями взыскания и продолжают частичную продажу выигрышных билетов». Закрытие же банкирского заведения возможно было только после третьего нарушения их владельцем запрещения Министерством финансов производства соответствующих операций, т. е. закрытию должна была предшествовать «громоздкая процедура троекратного расследования и привлечения виновного к. . . ответственности».[31]

Покровский ставил перед министром юстиции вопрос: можно ли рассматривать банкирские заведения как частный промысел или нет? Покровский признавал, что если к банкирским заведениям подходить как к частному промыслу (как это делал Государственный совет), то никакая регламентация банкирского промысла и определение круга производимых частным банкиром операций немыслимы. В этом случае, однако, по мнению товарища министра финансов, следовало бы установить более действенный надзор за банкирскими заведениями, «по крайней мере ввести более серьезные уголовные кары» за производство запрещенных операций и неисполнение постановлений правительства.[32]

Однако Покровский не склонен был смотреть на «банкирское занятие как на частный промысел». Он отмечал, что обороты банкирских заведений очень значительны и часто превосходят по размерам обороты обществ взаимного кредита и городских банков, «многие банкирские заведения представляют из себя солидные, крупные кредитные единицы, размерами приближающиеся к средним банкам коммерческого акционерного кредита и принимающие большое участие в кредитных оборотах страны». «Так же как и банки, — рассуждал Покровский, — они открыты для всякой публики, имеют такой же контингент клиентуры, принимают вклады; в обыкновенном языке слово „банк" одинаково применяется как к собственно банкам в тесном смысле слова, так и банкирским заведениям».[33] Покровский приходил к выводу, что «банкирские заведения или во всяком случае многие из них, за исключением меняльных лавок, приближаются по своему экономическому значению к общему типу кредитных учреждений, имеющих установленные законом нормы внутренней деятельности и действующих на основании особых актов — уставов». Он видел отличие банкирских заведений от кредитных учреждений лишь в том, что первые были «единоличными и товарищескими предприятиями, вторые — акционерными или кооперативными».[34]

На основании этих заключений Покровский считал необходимым не только увеличить размеры штрафов для провинившихся владельцев банкирских заведений, но и выработать «ряд общих положений и оснований деятельности банкирских заведений для включения их в Устав кредитный». Он прежде всего указывал на необходимость введения для банкирских заведений публичной отчетности, определения круга их операций, использования основного капитала как гарантии получаемых ими кредитов. Покровский ставил также вопрос о возможности рассматривать имущество хотя бы единоличного банкирского предприятия как «особую массу, которая отвечает по личным долгам банкира только по покрытии всех долгов учреждения». Он отдавал себе отчет в том, что ограничение круга банкирских операций есть вмешательство «государственной власти в сферу частных отношений». Однако он считал такое вмешательство принципиально допустимым, поскольку оно «вызывается общественными интересами».[35] Соображения Покровского встретили «полное сочувствие» со стороны И. Г. Щегловитова. Министр юстиции также находил необходимым строго нормировать деятельность банкирских заведений. Он считал только невозможным с правовой точки зрения разделение имущества банкирского предприятия и личного имущества банкира.[36] Однако единство взглядов Министерства финансов и Министерства юстиции на пересмотр законодательства о банкирских заведениях не оказало решающего влияния на судьбу разрабатывавшегося законодательства. В условиях предвоенного промышленного подъема все большую силу и вес в экономической жизни империи приобретали общественные организации российской буржуазии. Судьба законопроекта оказалась в зависимости от серьезных разногласий, возникших между правительством и представителями биржевых кругов во взглядах на права банкирских предприятий.

Министерство финансов потерпело неудачу уже при очередном сборе сведений об операциях банкирских предприятий, понадобившихся для окончательного составления законопроекта. На первое января

1913 г. в России было около 300 банкирских домов и контор. Однако только 158 из них прислали запрошенные Министерством финансов данные о своей деятельности (см. Приложение I). Зато Совет съездов представителей промышленности и торговли без особых просьб со стороны правительства подготовил встречный проект положения о банкирских заведениях, составленный юридическим отделом Совета съездов на основании суждений Особого совещания под председательством В. В. Жуковского и постоянной юридической комиссии под председательством С. С. Новоселова.[37] Проект этот был представлен в Министерство финансов и оказал существенное влияние на дальнейшее развитие событий. Прежде всего Покровский вынужден был пригласить представителя Совета съездов на состоявшиеся 17, 19 и 22 мая 1914 г. под его председательствованием заседания Особого междуведомственного совещания для выработки положения о банкирских предприятиях и меняльных лавках. Разногласия, всплывшие на этих заседаниях, стали достоянием прессы.[38]

Под влиянием позиции Совета съездов Министерство финансов отказалось от попыток причислить банкирские заведения к общему типу кредитных учреждений, имевших утвержденный правительством устав. Министерство финансов вынуждено было признать, что «характерными признаками банкирского предприятия, отличающими таковое от прочих кредитных установлений, с одной стороны, и общеторговых предприятий — с другой, является отсутствие утвержденного правительством устава и производство в виде промысла кредитных операций».[39] Правительство признало также нецелесообразным заменять существовавшую явочную систему открытия банкирских предприятий разрешительной, определив банкирское дело все-таки как «частный промысел».[40] Тем не менее законопроект 1914 г. предусматривал регистрацию банкирских предприятий в Министерстве финансов, а также у губернатора или градоначальника, внесение залога от 10 до 30 тыс. р., ограничение круга лиц, которым разрешалось бы занятие банкирским промыслом, установление ответственности за советы, даваемые банкиром своим клиентам, детальное регламентирование порядка некоторых операций, а также счетоводства и отчетности и введение суровых уголовных наказаний за отступление от закона.

Во второй половине 1914 г. проект должен был поступить на утверждение в Совет министров, однако это вызвало протест со стороны Совета съездов представителей промышленности и торговли, назвавшего проект «унизительным» и «безусловно неприемлемым».[41]

Объектом спора между Министерством финансов и предпринимательскими организациями неизбежно стало правовое положение банкирских домов в европейских странах. Представители Министерства финансов тщательно изучили западноевропейский опыт и при сопоставлении подготовленного ими законопроекта с западноевропейскими образцами и практикой подчеркивали, что в России «как общеторговое законодательство, так и банковое находятся лишь на стадии первоначального развития». Отсутствие же «особых норм для банкирских предприятий во многих иностранных государствах восполняется там большей полнотой торгового законодательства и обычаев». «Поэтому в таких государствах, как Франция или Англия, простая норма закона о возмещении убытков, причиненных другому лицу, достаточна, чтобы все случаи недобросовестного отношения банкира к своим клиентам получили надлежащее разрешение перед лицом суда». В Германии основу регламентации банкирского промысла составляли правила о торговом реестре, представляющие сложную систему законодательных правил для удовлетворения требований, предъявляемых современному торгово-промышленному обороту.

В Министерстве финансов постарались собрать все сведения о появившихся в начале XX в. попытках установления государственного и общественного контроля над банкирскими заведениями. Так, в частности, в подготовительных к выработке проекта документах обращалось внимание на то, что в 1912 г. во Франции в составе Парижского трибунала было образовано особое «финансовое» отделение и в первый же год его существования в него поступило 5000 жалоб на действия банкирских предприятий. Поскольку в Германии не было специальных отделений суда для банкирских дел, Министерство финансов обращало внимание на строгую систему наказаний, предусмотренную германским имперским законом 7 июня 1909 г. о недобросовестной конкуренции, согласно которому за заведомо ложную или неверную рекламу устанавливалось уголовное наказание (до года тюремного заключения или штраф до 500 марок).[42]

Критикуя проект, Совет съездов обратил внимание правительства на то, что «нигде в Западной Европе нет такого обилия норм уголовного характера, направленных против банкиров».[43] Совет съездов ссылался на практику надзора за деятельностью банкирских предприятий в Германии и Франции, осуществлявшуюся не столько правительством, сколько общественными организациями. Совет съездов ставил в пример Союз немецких банков и банкиров, образовавший в 1910 г. особое бюро для борьбы со спекулянтами и оказания помощи пострадавшим клиентам, а также синдикат банкиров Франции. По мнению Совета съездов, в России такие же функции могли бы выполнять биржевые комитеты или советы фондовых отделов, которые выдавали бы разрешение на открытие банкирских домов или контор, а затем уже их владельцы регистрировались бы в купеческой или городской управах.

Совет съездов был против того, чтобы владельцы банкирских домов или контор вносили залог. По мнению Совета съездов, было достаточно, чтобы они объявили об основном капитале своих предприятий и чтобы в столицах и крупных городах он составлял не менее 100 тыс. р. Совет съездов выступил против обязательной публикации отчетов, видя в этом нарушение принципа свободной конкуренции. «Ротшильды или Мендельсоны, — говорилось в одном из документов Совета съездов, — никакой отчетности не публикуют, а тем не менее пользуются всемирным доверием, и среди более скромных русских банкирских домов найдется немало учреждений, вполне заслуженно пользующихся прекрасной репутацией».[44]

В специальной докладной записке Совета съездов министру финансов подчеркивалось, что Совет съездов считает «совершенно неприемлемой» исходную точку зрения, положенную в основание правительственного проекта. «Эта точка зрения, — отмечалось в записке, — заключается в предположении, что во всяком банкирском предприятии происходят или готовятся злоупотребления, подобные тем, какие обнаружены в некоторых из обанкротившихся предприятий. Только таким предположением можно объяснить все унизительные, крайне стеснительные и в других отраслях промышленности неизвестные ограничения, вводимые проектом для всех вообще банкирских предприятий, как например внесение залога, установление предела для суммы допустимых к принятию вкладов, ответственность за советы, подробная регламентация порядка совершения отдельных операций и уголовная ответственность за малейшее нарушение правил и т. д. Совет съездов считает своим долгом отметить несправедливость такого отношения к целой отрасли торговли, занимающей весьма важное место в торговом обороте нашей страны и способствующей приобщению России к господствующей уже на Западе кредитной системе хозяйства».[45]

В Совете съездов существовали расхождения в оценке проекта правительственного законодательства 1914 г. Самую непримиримую позицию, например, занимали представители Одесского биржевого комитета, заявлявшие, что банкирский промысел вообще не подлежит никакой регламентации. Однако независимо от этих разногласий Совет съездов выступил решительно против проекта и предложил правительству до предъявления его в Совет министров подвергнуть дополнительному обсуждению в биржевых комитетах и других общественных организациях делового мира. Первая мировая война прервала эту полемику.

История выработки законодательства о банкирских предприятиях дает основания по крайней мере для двух выводов. Во-первых, при оценке кредитной системы России накануне первой мировой войны необходимо было учитывать в ней роль банкирских предприятий, не подлежавших строгой законодательной регламентации сравнительно с прочими кредитными учреждениями. Во-вторых, конфликты между Министерством финансов и представителями буржуазных общественных организаций в связи с выработкой законодательства о банкирских предприятиях свидетельствуют о развитии частного банкирского промысла, о резко возросшем к кануну войны влиянии деловых кругов, неудовлетворенных существовавшей в России системой контроля над частным предпринимательством. Русская буржуазия была еще недостаточно сильна, чтобы изменить уже существовавшее и стеснительное для нее законодательство для кредитных учреждений, но достаточно сильна, чтобы препятствовать усилению правительственного контроля в сфере кредита.

---

[1] Представление И. А. Вышнеградского в Государственный совет 14 мая 1889 г. «Об издании положения о банкирских заведениях» // ЦГИА СССР, ф. 1152, оп. 11, 1889 г., д. 228, л. 2 об.

[2] См.: *Шепелев Л. Е.* Акционерные компании в России. Л., 1973.

[3] ПСЗ III. Т. IV. № 2249.

[4] Положение о пошлинах за право торговли и других промыслов. СПб., 1886. Т. V. С. 7, 11.

[5] Новое время. 1889. 23 февраля.

[6] Там же; см. также: Южный край. 1889. 1 марта. № 2806; Новороссийский телеграф. 1889. 6 марта.

[7] Новороссийский телеграф. 1889. 9 апреля.

[8] ЦГИА СССР, ф. 1152, оп. 11, 1889 г., д. 228, л. 49.

[9] Там же, л. 58—60.

[10] Журнал Соединенных департаментов Государственной экономии и Законов. 20 мая 1889 г. // ЦГИА СССР, ф. 1152, оп. 11, 1889 г., д. 228, л. 21 и об.

[11] Журнал Общего собрания Государственного совета. 30 мая 1889 г. «Об издании Положения о банкирских заведениях» // Там же, л. 25—26.

[12] ПСЗ III. Т. IX. № 6137.

[13] Журнал Соединенных департаментов Государственной экономии и Законов. 16 апреля 1890 г. // ЦГИА СССР, ф. 1405, оп. 90, д. 7601, л. 52, 55.

[14] Представление С. Ю. Витте в Государственный совет «Об изменении правил о банкирских заведениях». 21 февраля 1894 г. // Там же, л. 60.

[15] Там же, л. 57—62.

[16] Там же, л. 60.

[17] ПСЗ III. Т. XIV. № 10711.

[18] Там же. Т. XV. № 11733.

[19] Там же. Т. XIII. № 9741.

[20] Устав кредитный. СПб., 1903. Т. XI, ч. II. Разд. X, ст. 10—13.

[21] ЦГИА СССР, ф. 23, оп. 7, д. 605, л. 53 и об.

[22] Там же.

[23] Торгово-промышленная газета. 1907. 11 (24) марта.

[24] ЦГИА СССР, ф. 23, оп. 7, д. 605, л. 54 и об.

[25] Там же, л. 56 и об.

[26] Там же, л. 57.

[27] Там же, л. 53.

[28] Там же, л. 54.

[29] Там же, л. 73.

[30] Там же.

[31] Там же, ф. 1405, оп. 531, д. 850, л. 3.

[32] Там же, л. 3 об.

[33] Там же.

[34] Там же.

[35] Там же, л. 4—5.

[36] И. Г. Щегловитов — В. Н. Коковцову, 25 июня 1912 г. // ЦГИА СССР, ф. 1405, оп. 531, д. 850, л. 28, 30 об.

[37] ЦГИА СССР, ф. 23, оп. 7, д. 605, л. 193—198.

[38] Торгово-промышленная газета. 1914. 24 мая.

[39] ЦГИА СССР, ф. 23, оп. 7, д. 605, л. 136.

[40] Там же, л. 138.

[41] Там же, л. 238—239.

[42] Там же, л. 112—113, 129.

[43] Там же, л. 258.

[44] Там же, л. 45.

[45] Там же, л. 238.

Глава третья

БАНКИРСКИЙ ДОМ «И. Е. ГИНЦБУРГ»

ВОЗНИКНОВЕНИЕ И ОСНОВНЫЕ ОПЕРАЦИИ БАНКИРСКОГО ДОМА

В воскресенье 26 января 1903 г. в Малом зале С.-Петербургской консерватории Императорского русского музыкального общества состоялось чествование по случаю семидесятилетия со дня рождения и сорокалетия общественной деятельности действительного статского советника, купца первой гильдии барона Горация Осиповича (Евзелевича) Гинцбурга. Владелец одного из самых могущественных в Петербурге в 1860—1880-е гг. банкирских домов («И. Е. Гинцбург»), меценат, широко известный не только богатством, но и благотворительной деятельностью, отмечал свой семидесятилетний юбилей в пору, когда деловая активность и влияние его банкирского заведения значительно упали, а предпринимательская слава закатилась.

Гинцбурги разбогатели в конце 1850-х гг. Они принадлежали к роду раввинов, уходившему своими корнями в XVI столетие. Дед Горация Гинцбурга, витебский раввин Габриэль Гинцбург, был уже известен не только в Витебске, но и в черте оседлости как человек, обладавший значительным состоянием.[1] Его сын Евзель (Иоссель) Габриэлович (Гаврилович) Гинцбург (1812—1878 гг.) приумножил семейное богатство. В 1849 г. витебский купец первой гильдии Габриэль Гинцбург с дочерьми Бейлею (Бэллою) и Элькою был возведен в потомственное почетное гражданство. В том же году грамоту о потомственном почетном гражданстве получил и состоявший в купцах первый гильдии с 1833 г.[2] его сын Евзель Габриэлович с женою Расею, сыновьями Зискиндом, Уром и дочерью Хая-Матлею.[3]

Гинцбурги разбогатели на винных откупах в западных губерниях России. Сохранились сведения о содержании винных откупов Габриэлем и Евзелем Гинцбургами уже в 1849 г. в Бессарабии, Киевской и Волынских губерниях.[4] По свидетельству министра финансов П. Ф. Брока, Евзель Гинцбург был пожалован в потомственные почетные граждане за «содействие к пользам казны при торгах на питейные откупа», а в 1854 г. «за оказанное им усердие при сношении с откупщиками награжден золотою медалью „за усердие" для ношения на шее на владимирской ленте».[5]

Евзель Гинцбург, по утверждению К. Скальковского, «прекрасно заработал» в годы Крымской войны в Севастополе, где держал откуп во время осады. Поверенный Гинцбурга рассказывал Скальковскому, что «оставил южную сторону с кассою одним из последних, чуть ли не одновременно с комендантом гарнизона».[6]

Главнокомандующий 2-й армией генерал-адъютант А. Н. Лидерс уже после Крымской кампании дал самую лестную характеристику Гинцбургу, содержавшему на протяжении всей войны «чарочный откуп в Крыму, несмотря на повсеместное повышение цен и недостаток в перевозочных средствах», а также на то, что по военным обстоятельствам уплата причитавшихся ему денег часто производилась несвоевременно. «Гинцбург, — по свидетельству Лидерса, — оказывал постоянное особенное усердие к безостановочному продовольствию войск винною порциею, содержал для себя значительные запасы вина в указанных интендантством пунктах и вообще без всякого промедления удовлетворял всем требованиям войск, в разных пунктах расположенных и часто с одного места на другое передвигаемых, отпуская притом вино по ценам не только не свыше высочайше утвержденных для мирного времени, но и с уступкою».[7]

В августе 1856 г. Е. Гинцбург опять отличился на торгах на питейные откупа и «содействовал к достижению выгодных для казны результатов не только своим соревнованием, но и оставлением за собой значительного числа откупов по возвышенным ценам», за что по представлению министра финансов П. Ф. Брока был награжден императором золотой медалью с надписью «за усердие» для ношения на шее на андреевской ленте.[8]

Награждение состоялось, несмотря на то что в начале июня 1856 г. Александр II получил донос на откупщиков и Гинцбург был едва ли не главным его героем. В доносе утверждалось, что к корыстно-жадным откупщикам в последние десять лет перешло «почти все богатство России», а Гинцбург заработал на откупах до 8 млн. р. серебром и «теперь. . . не может жить иначе как на даче графа Уварова». «Со дня существования России, — писал обеспокоенный автор анонимного сочинения, — не было еврея, который имел бы состояние на миллион рублей ассигнациями. Покойный граф Вронченко, как и тайный советник Позен, оставили государству злосчастное наследие: первый ввел целовальников в аристократию, а последний — сановников в торгаши. Сделки их с золотопромышленниками и откупщиками показывают, что только четыре сановника оказались совершенно чистыми». Александр II распорядился оставить этот донос без последствий, однако с царской резолюцией он был послан по придворной почте министру финансов П. Ф. Броку и приобщен им к коллекции всеподданнейших докладов за 1856 г.[9] Казалось бы, присланный П. Ф. Броку документ, несмотря на его анонимный характер, мог служить министру финансов известным предостережением, ибо бросал тень на его предшественника на этом посту — покойного Ф. П. Вронченко — и на еще здравствовавшего опытного бюрократа и крупного сахарозаводчика М. П. Позена и призывал «опасаться пагубной монополии откупщиков». Но царская резолюция: «оставить без последствий» — означала, что Александр II не намерен был вносить какие-то серьезные изменения в существовавшую систему откупов и его не смущало фантастическое обогащение откупщиков, к какой бы вере они ни принадлежали. Последовавшее в августе 1856 г. награждение Е. Гинцбурга только подтвердило это.

П. Ф. Броку хорошо было известно, что пафос переправленного ему императором доноса не очень-то соответствовал духу времени. Накануне появления этого документа 5 июня 1856 г. Комитет для рассмотрения мер по устройству евреев в России поручил министру финансов «пересмотреть постановления об ограничении евреев в правах торговли». Комитет был создан 19 декабря 1840 г., и тогда же последовало «высочайшее указание» о постепенном «слиянии евреев с общим населением», а министрам, участвовавшим в заседаниях комитета, было рекомендовано представить свои предложения об изменениях в существовавшем законодательстве о евреях. Однако прошло более пятнадцати лет, прежде чем П. Ф. Брок получил возможность высказать свои соображения. При этом министру финансов было известно, что Александр II отклонил просьбу рижского почетного гражданина Моисея Брайнина разрешить евреям жить во всех областях империи, но считал возможным «предоставить это право купцам 1-й и 2-й гильдий и почетным гражданам».[10]

В начале 1857 г. последовало повеление императора рассмотреть предложение киевского генерал-губернатора князя И. И. Васильчикова, считавшего «полезным разрешить почетным гражданам и купцам 1-й гильдии право торговли, промышленности и учреждения банкирских контор во внутренних губерниях».[11] Это предложение нашло поддержку в Министерстве финансов. По мнению П. Ф. Брока, «дарование евреям капиталистам некоторых больших прав не было бы в противоречии с государственными пользами, а напротив, мерою, в основаниях справедливою, в существе благодетельною для евреев и соответственною требованиям времени и общим коммерческим видам и побуждениям».[12]

Однако только в августе 1858 г. министр внутренних дел С. С. Ланской и министр финансов А. М. Княжевич представили в Государственный совет проект законодательства о разрешении евреям — купцам первой гильдии — жить и торговать за пределами черты оседлости. Первоначально предполагалось, что новый закон будет распространяться только на купцов, состоявших в первой гильдии не менее десяти лет. В ходе обсуждения проекта в Государственном совете 14 января и 16 февраля 1859 г. выяснилось, что в России всего 108 евреев — купцов первой гильдии, а имеющих десятилетний стаж — и того меньше. Поэтому Государственный совет принял решение разрешить свободный выбор места жительства купцам, состоявшим в первой гильдии в течение двух лет до принятия нового закона и в течение пяти лет, если они вступили в первую гильдию после его принятия. Купцам разрешалось переселяться со своими семействами и брать с собой «служителей из своих единоверцев»: не более одного приказчика или конторщика и четырех домашних служителей. Это ограничение не распространялось на купцов, переезжавших из черты оседлости в столицы, где все зависело от решения местных военных генерал-губернаторов.[13] Кроме того, Государственный совет высказался за разрешение приезжавшим в Россию из-за границы евреям — купцам, банкирам, главам торговых домов — заниматься торговлей и учреждать банкирские конторы с согласия министров финансов, внутренних и иностранных дел.[14] 15 марта 1859 г. мнение Государственного совета было утверждено императором и стало законом.

Заработанные на винных откупах миллионы и новое законодательство позволили Евзелю Габриэловичу Гинцбургу открыть в 1859 г. банкирский дом в Петербурге и отделение в Париже на бульваре Осман. Заведование отделением Евзель Гинцбург поручил своему младшему сыну Соломону. Оно было ликвидировано в 1892 г.[15] Париж был для петербургских Гинцбургов вторым домом в буквальном смысле этого слова. Евзель Габриэлович подолгу жил в Париже, доверяя вести в Петербурге дела своему сыну Горацию, и был похоронен в Париже в 1878 г. В 1909 г. прах скончавшегося в Петербурге Горация Гинцбурга также был перевезен в Париж.

Банкирский дом «И. Е. Гинцбург», первый крупный банкирский дом, появившийся в столице после издания закона от 15 марта 1859 г., вскоре стал одним из новейших банкирских учреждений в Петербурге, заняв место банкирского дома барона Штиглица.

На деловой и финансовой почве у Е. Гинцбурга установились связи с принцем Александром Гессенским, братом императрицы Марии Александровны (жены Александра II).[16] 5 мая 1870 г. поверенный в делах России в Дармштадте сообщил в Министерство иностранных дел о желании великого герцога Гессенского пожаловать своему генеральному консулу в Петербурге Горацию Гинцбургу баронский титул.[17] 27 марта 1871 г. Александр II разрешил Горацию Гинцбургу принять его.[18]

В самом начале 1874 г. Евзель Гинцбург получил звание коммерции советника. В представлении министра финансов императору сообщалось, что Е. Гинцбург «проводит банкирские операции на весьма значительную сумму. Фирма его пользуется известностью в Европе, он имеет конторы в Петербурге и Париже и сношения с значительными европейскими торговыми домами». М. Х. Рейтерн отмечал, что «Гинцбург содействовал образованию в Петербурге и других городах России десяти акционерных банков и двух страховых обществ, для которых собрал капитал, равным образом способствовал учреждению многих товариществ для сахарного дела». «Лично ему, — писал о Е. Гинцбурге М. Х. Рейтерн, — принадлежат сахарные заводы в Подольской и Киевской губерниях с оборотами в 2 млн. р. в год, он участвует в трех золотопромышленных компаниях в Восточной Сибири и учредил также Общество цепного пароходства на Шексне».[19]

19 марта 1875 г. коммерции советнику Е. Гинцбургу было разрешено Александром II принять баронский титул, пожалованный ему великим герцогом Гессенским.[20] 27 мая 1879 г., уже после смерти Е. Гинцбурга, последовавшей в 1878 г., Гинцбургам было разрешено «пользоваться» этим титулом «потомственно».[21] Заметим попутно, что попытки Горация Гинцбурга получить к своему семидесятилетию в начале 1903 г. право на потомственное дворянство были отклонены Николаем II.[22]

Обращает на себя внимание то, что М. Х. Рейтерн, оценивая заслуги Е. Гинцбурга, подчеркнул его роль в учреждении акционерных банков и страховых обществ. Торговые и банкирские дома не только активно участвовали в сборе капиталов для создания сети акционерных банков в России, но и поставляли для этих банков опытных членов правления и директоров. Так, банкирский дом «И. Е. Гинцбург» участвовал в 1869 г. в учреждении Петербургского Учетного и ссудного банка. Уже в 1871 г. по предложению известного финансового деятеля барона Леопольда Кроненберга пост директора банка — одного из крупнейших финансовых учреждений столицы — занял Абрам Исаакович Зак, начинавший свою карьеру на посту главного бухгалтера банкирского дома Гинцбургов.

Гинцбурги были в числе учредителей Киевского Частного коммерческого банка, открывшего свои операции в октябре 1868 г. С этим банком семья продолжала поддерживать отношения и позже. В 1904 г. в число членов правления этого банка входил Владимир Горациевич Гинцбург.[23] В 1879 г. Гинцбурги участвовали в учреждении Одесского Учетного банка. После открытия в 1871 г. Харьковского Земельного банка банкирский дом Гинцбургов получил ссуду в Государственном банке под залог ценных бумаг. Государственный банк по телеграфу передавал распоряжение в свою харьковскую контору о выдаче соответствующих сумм в счет этой ссуды Гинцбургам в Харькове, а харьковская контора производила свои платежи Гинцбургам через Харьковский Земельный банк.[24] В производстве своих операций на Юге России Гинцбурги часто прибегали к услугам киевских отделений крупных коммерческих банков. Так, например, в 1903 г. Д. Г. Гинцбург имел текущий счет в Петербургском Учетном и ссудном банке, через Киевское отделение этого банка осуществлялись операции с бумагами Могилянского сахарного завода и Волжско-Камского нефтепромышленного товарищества. Д. Г. Гинцбург пользовался также услугами киевских отделений Южно-Русского промышленного и Русского для внешней торговли банков.[25]

Банкирский дом Гинцбургов имел широкие финансовые связи в России и за ее пределами. Он находился в «тесных дружеских отношениях с банками Варбург (в Гамбурге), Мендельсон и Блейхредер в Берлине, Госкье, Камондо в Париже и де Габер (стоявшим близко к семье великого князя Михаила Николаевича) во Франкфурте-на-Майне». Деловые связи переплетались с родственными. В двадцатилетнем возрасте Гораций Гинцбург женился на своей двоюродной сестре Анне Гесселевне Розенберг. Ее четыре сестры были связаны брачными узами с крупными представителями банковского мира Европы и России. Теофила была замужем за Сигизмундом Варбургом, владельцем крупного банкирского дома Варбурга, Роза — за фон Гиршем, Розалия — за Герцфельдом в Будапеште, Луиза — за Евгением Ашкенази, основателем и владельцем крупного банкирского дома в Одессе «Е. Ашкенази». Тесть Горация Гессель Розенберг — выходец из Житомира — участвовал в делах банкирского дома Гинцбургов, а затем переселился в Киев и стал там крупным предпринимателем в сахарной промышленности. Дочь известного киевского сахарозаводчика Л. И. Бродского вышла замуж за сына Горация Владимира. Сестра Горация Матильда была замужем за П. Фульдом, племянником министра финансов Наполеона III, а одна из ее дочерей вступила в брак с бароном Эдуардом Ротшильдом.[26]

В нашем распоряжении нет материалов, позволяющих проследить характер операций банкирского дома «И. Е. Гинцбург», однако мы располагаем показаниями одного из его клиентов, пользовавшегося услугами дома и отмечавшего его солидную репутацию. Этот клиент, известный русский писатель М. Е. Салтыков-Щедрин, называл банкирское заведение

Г. О. Гинцбурга конторой и проводил свои операции через ее служащего С. М. Бараца, преподававшего в 1880-е гг. в Коммерческом училище, а позднее ставшего профессором Политехнического института.[27]

Опубликованные письма-распоряжения М. Е. Салтыкова свидетельствуют, что банкирский дом Гинцбургов занимался, в частности, обычными переводными операциями и поддерживал деловые отношения со своей парижской конторой. Так, в марте 1884 г. М. Е. Салтыков поручил С. М. Барацу продать находившиеся у него и принадлежавшие известному публицисту Г. З. Елисееву облигации С.-Петербургского городского кредитного общества на 11 тыс. р. номинальных, а вырученные деньги «перевести на парижскую контору г. Гинцбурга векселем на 3 месяца» по курсу дня.[28] Из письма М. Е. Салтыкова Г. З. Елисееву от 20 марта 1885 г. мы узнаем, что «полностью порядочный человек» и «готовый. . . услужить» М. Е. Салтыкову С. М. Барац провел эту операцию на сравнительно выгодных для своих клиентов условиях, продав бумаги «по курсу $85^7/_8$, тогда как обыкновенно банкиры дают цену покупателя, т. е. $85^3/_4$», и не взял комиссионных. «Я не финансист, — писал по этому поводу Г. З. Елисееву в Париж М. Е. Салтыков, — да и самый шустрый финансист едва ли может предвидеть сегодня, что будет завтра. Могу сказать только одно: контора Гинцбурга выполнила это дело вполне добросовестно».[29]

Отношения М. Е. Салтыкова с С. М. Барацом, возможно, и имели какую-то личную основу, но вместе с тем они типичны для отношений клиента именно с банкирским домом или банкирской конторой, а не с крупным акционерным банком. Так, в сентябре 1885 г. М. Е. Салтыков не только пользуется обычными услугами банкирской конторы (продает оставшуюся у него валюту, поручает купить для него акции Московско-Рязанской железной дороги), но и обращается к С. М. Барацу за советом. «У меня есть харьковские закладные листы на сумму 41 тыс., — пишет он С. М. Барацу, — из них 40 тыс. $18^1/_2$-летних и 1 тыс. 43-летних. Мне кажется выгодным их продать и вместо них купить акции Московско-Рязанской дороги, которые стоят 390 р. и дают 27 р. дивиденда. Как Вы мне посоветуете? Настолько ли же прочны акции М[осковско]-Р[язанской] ж. д., как закладные листы Харьк[овского] З[емельного] банка? И ежели, по Вашему мнению, это окажется выгодным, то не возьмется ли контора Гинцбурга произвести всю эту операцию и прислать мне предварительный расчет? Закладные листы хранятся у меня в Госуд[арственном] банке».[30]

М. Е. Салтыков болен и все свои операции ведет не выходя из дома. В начале октября он реализует через Гинцбурга вышедшие в тираж закладные листы Харьковского Земельного банка и просит продать ему закладные листы Нижегородско-Самарского Земельного банка. «Очень был бы обязан, — пишет он С. М. Барацу, — особливо если удастся тут что-нибудь выгадать».[31]

Перед нами обычные отношения банкирского дома с рядовым клиентом, вполне уживавшиеся с крупномасштабными операциями вроде учредительства банков и страховых обществ, участия в государственных займах, биржевых операциях и прямом финансировании разного рода акционерных компаний. О влиянии и богатстве банкирского дома Гинцбургов в 1870-е гг. свидетельствует его участие во втором военном займе 1878 г. Оно, разумеется, было не обычной финансовой операцией, а скорее демонстрацией патриотических чувств и готовности представителей финансового мира оказать поддержку правительству в трудный для него час. Однако сумма подписки на заем банкирского дома Гинцбургов — 10 млн. р. — столь значительна, что дает основание ставить это финансовое учреждение в один ряд с крупными акционерными банками. Примечательно, что среди участников консорциума по размещению этого займа на такую же сумму подписались Государственный банк и Петербургский Частный коммерческий банк.[32] Не случайно, как уже отмечалось выше, банкирский дом Гинцбургов входил в начале 1880-х гг. в Haute Finance Петербурга.

Трудные времена для банкирского дома Гинцбургов наступили в начале 1890-х гг. В 1892 г. дом попал в полосу глубокого кризиса. Гораций Гинцбург обратился за помощью к правительству. Министр финансов И. А. Вышнеградский обещал помочь при условии, если Гинцбург восстановит «хорошие отношения» между ним и парижским Ротшильдом. «Гинцбург отвечал, что это не в его силах», и в результате лишился правительственной поддержки.[33] 5 марта 1892 г. А. В. Богданович записала в своем дневнике, что Гинцбург «ездил на днях просить Вышнеградского ссудить ему на время 1.5 млн. р., но тот отказал».[34] В 1892 г. была образована администрация по делам банкирского дома «И. Е. Гинцбург». Еще в начале марта 1892 г. Даниил Поляков рассказывал А. В. Богданович, что кризис банкирского дома «И. Е. Гинцбург» был вызван участием Гинцбургов в размещении 3-процентного займа, который остался у них на руках. Поляков свидетельствовал, однако, что Гинцбурги хотя и прекратили платежи, но не объявили о своей несостоятельности и что у них «на 8 млн. больше имущества, чем долгов».[35]

В мае 1892 г. государственный секретарь А. А. Половцов с чувством известного удовлетворения отметил в своих дневниковых записях, что ему удалось «купить у разорившегося банкира Гинцбурга шесть прекрасных стенных ковров начала XV столетия за 12 тыс. р.».[36] Видимо, для покрытия расходов Гинцбургам пришлось продать часть имущества. Избранная кредиторами администрация вскоре удовлетворила все претензии и была закрыта, однако банкирский дом не возобновил своих операций. Гинцбурги сосредоточили свое внимание на предпринимательской деятельности, особенно в сфере золотопромышленности.[37]

С момента образования банкирского дома «И. Е. Гинцбург» возглавлявшие его Евзель, а затем и Гораций Гинцбурги не стояли в стороне от правительственной политики и, в частности, пытались влиять на разработку законодательства о евреях.

В августе 1862 г. Е. Г. Гинцбург подал поставленному во главе Еврейского комитета главноуправляющему 2-м отделением императорской канцелярии М. А. Корфу записку об уничтожении некоторых ограничений, существовавших в законодательстве о евреях.[38] Е. Г. Гинцбург исходил в своей записке из принципа, что в политике правительства Александра II по отношению к евреям «преобладают две главные мысли: 1) улучшение их быта посредством дарования им общих гражданских прав и 2) сохранение в то же время при даровании им этих прав известной постепенности».[39] Е. Г. Гинцбург называл в своей записке главным образом три ограничения, мешавшие развитию благосостояния еврейского населения: «1) ограничение права жительства; 2) ограничения в производстве торговли и приобретении поземельной собственности и 3) бесправность евреев, получивших образование».[40]

Е. Г. Гинцбург отмечал, что евреям, купцам первой гильдии, разрешено было селиться вне черты оседлости «на правах коренного русского купечества», но разрешением смогли воспользоваться едва ли 20 человек из 100 семейств, принадлежавших к этой категории предпринимателей. «... Усиленные ходатайства евреев об открытии внутренних губерний для жительства и торговли, по крайней мере купцов всех 3 гильдий, одобренных в поведении и знании мастерства ремесленников, отставных солдат, посвятивших службе отечеству лучшую часть жизни, и лиц, получивших европейское образование, — писал Е. Г. Гинцбург, — до сих пор не удовлетворены».[41] Гинцбург упрекал правительство в том, что почти ничего существенного не было сделано для расширения торговых прав евреев, «если не считать дозволения посещать некоторые ярмарки», а также прав «на приобретение недвижимой собственности» и на занятия сельским хозяйством. «Разве считать шагом вперед, — продолжал он, — дозволение евреям покупать и строить дома в Каменец-Подольском и сперва запрещение, а потом опять дозволение евреям приобретать поземельную собственность в Крыму, равно запрещение и опять дозволение покупать у помещиков остающиеся за наделом крестьян свободные земли по прекращении обязательных между ними отношений».[42]

Гинцбург обращал внимание на то, что «постановлено допускать в государственную службу без ограничения места пребывания евреев, имеющих дипломы на ученые степени доктора медицины и хирургии или доктора медицины, а равно дипломы на ученые степени доктора... магистра или кандидата по другим факультетам университета». «Если законодательство делает различие между медиками и юристами или филологами, — замечал по этому поводу Гинцбург, — ставя первых в гражданской правоспособности ниже последних, если гимназисты, не могущие, конечно, не считаться людьми, получившими европейское образование, все еще считаются по непонятным для нас причинам недостойными водворения во внутренних губерниях, то какого же образования искать евреям, и неужели только евреи с высшими учеными степенями могут и должны слиться с русским народом, от которого вовсе не требуется сплошного университетского образования? Не значит ли это обречь все еврейское юношество на вечный умственный застой и безнадежность?».[43]

Гинцбург призывал правительство действовать по законам «здравой политической экономии» и «не держать полтора миллиона подданных под гнетом ограничений в гражданских правах».[44] Он обращался к М. А. Корфу с просьбой «об уравнении евреев, окончивших гимназический курс, во всех гражданских правах с коренными русскими; о дозволении евреям ремесленникам, имеющим одобрительные свидетельства от начальства, производить мастерство в великорусских губерниях; всех евреев вообще в черте их оседлости сблизить в гражданских правах с местным населением одного с ними сословия».[45] Кроме того, в качестве приложения к записке Гинцбург представил список главнейших из 80 «ограничительных узаконений о евреях», препятствовавших «развитию их в моральном и материальном отношениях».[46]

М. А. Корф представил записку Е. Г. Гинцбурга Александру II, распорядившемуся внести ее с заключением министра внутренних дел П. А. Валуева для обсуждения в Еврейский комитет.[47] Записка Гинцбурга стала объектом затянувшегося до осени 1864 г. обсуждения, устроенного Министерством внутренних дел (в частности, и в губерниях), и вызвала различные на нее отклики. Так, санкт-петербургский военный генерал-губернатор граф А. А. Суворов писал в сентябре 1863 г. министру внутренних дел, что некоторые из изложенных в записке Гинцбурга обстоятельств «заслуживают полного внимания»,[48] и предлагал «расширить круг оседлости евреев»: во-первых, разрешить евреям, купцам всех гильдий и их приказчикам, «приезжать в столицы и портовые города на общих правилах» или по крайней мере «оставаться в столице для торговых дел на более продолжительные сроки»; во-вторых, ремесленников и мастеровых отпускать «по паспортам во внутренние губернии, за исключением столиц и губернских городов, в которых ремесла уже достаточно развиты»; в-третьих, дать возможность «евреям лекарям жить во всех местах империи». А. А. Суворов был против того, чтобы позволить жить в столицах всем евреям, получившим гимназическое образование, на том основании, что «в лицах, окончивших курс в университетах со степенью действительного студента и в гимназиях, не представляется никакой надобности в столицах, где есть много специалистов по всем отраслям наук, тогда как своими знаниями на родине эти лица могут приносить местному населению несомненную пользу».[49]

Осенью 1864 г. поставленные в записке Е. Г. Гинцбурга вопросы вместе с отзывами Министерства внутренних дел должны были быть переданы на обсуждение в Еврейский комитет. Между тем 10 июля 1864 г. последовало высочайшее повеление не распространять закон 26 апреля 1862 г., дававший евреям право приобретать земли и угодья, принадлежавшие к помещичьим имениям, на губернии, в которых производился обязательный выкуп, и на основании этого «воспретить всем без исключения евреям приобретать от помещиков и крестьян земли в губерниях, подведомственных виленскому и киевскому генерал-губернаторам».[50]

Этот указ императора затрагивал уже личные интересы Е. Г. Гинцбурга, владевшего в Подольской губернии сахарным заводом и другой недвижимостью и собиравшегося прикупить к своему имению соседние земли для обеспечения завода дровами, а также рассчитывавшего приобрести имения своих должников, назначенные в продажу с публичных торгов.[51] Е. Г. Гинцбург обратился за помощью к А. А. Суворову. Благосклонное отношение к просьбе банкира санкт-петербургского военного генерал-губернатора и даже министра внутренних дел П. А. Валуева[52] встретило, однако, решительное возражение киевского, подольского и волынского генерал-губернатора, посчитавшего «совершенно невозможным делать какие бы то ни было отступления» от «закона, столь недавно еще изданного».[53]

Однако отказ этот не оказался роковым для сахарного дела Гинцбургов в Подольской губернии. Еще в 1863 г. Гинцбурги приобрели за

306 тыс. р. имение Могилянское в Гайсинском уезде Подольской губернии.[54] Имение это располагалось на берегу Буга и было отделено рекой от Балтского уезда. Недалеко от имения проходили границы как Киевской, так и Харьковской губерний. Всего пятьдесят с небольшим верст отделяли его от станции Любашевки Юго-Западных железных дорог.

Имение с принадлежавшими ему лесами, мельницами и другими угодьями занимало площадь в 8338 десятин. Из них под пашней и сенокосами была 6971 десятина, под лесами — 735, под усадьбами и дорогами — 598 десятин.[55] После смерти Евзеля Гинцбурга владельцем имения стал брат Горация Урий Евзелевич Гинцбург, превративший имение к концу 1880-х гг. в образцовое хозяйство.

Пахотные земли были распределены между шестью фермами. Две из них достигали размера 1300 десятин. Ежегодно под свеклу распахивалось 1300 десятин и столько же под озимую пшеницу. Хозяйство было оснащено механическими сноповязалками «Адрианс» и сеялками «Сакка». В рабочее время Гинцбурги содержали более 700 волов и 250 лошадей. В хозяйстве применялись искусственные удобрения и с 1889 г. был введен 9-польный севооборот.

735 десятин занимали дубовый лес, кленовая роща и начатые Гинцбургами посадки американского ясеня. Эксплуатация лесного хозяйства приносила владельцу имения в 1890—1891 гг. 17 тыс. р. чистой выручки.[56]

Кроме того, Урию Евзелевичу Гинцбургу принадлежал примыкавший к имению свеклосахарный завод, занимавший территорию в 185 десятин. Значительная ее часть использовалась под хлебопашество. В 1880 г. открыло свои действия Товарищество Могилянского свеклосахарного завода, созданное для расширения производства. К концу 1880-х гг. завод перерабатывал свыше 2 тыс. берковцев свеклы в сутки (20 тыс. пуд.).[57]

В начале 1891 г. Гораций Гинцбург, ссылаясь «на затруднения, встречаемые... евреями на поприще владения земельной собственностью в Юго-Западном крае», обратился в Департамент уделов с предложением продать в Удельное ведомство принадлежавшее его брату имение вместе с заводом за 2 млн. р. с условием, чтобы Удельное ведомство одновременно подписало с ним арендный договор на 24 года. По условиям договора Гораций Гинцбург должен был выплачивать ежегодно Удельному ведомству 120 тыс. р. серебром за аренду имения. Все машины, установленные на мельницах, заводе и в мастерских, поступали в собственность владельцев имения, а земледельческие орудия, скот и продукты — в собственность арендатора.[58] Однако сделка не состоялась, хотя в начале 1890-х гг. Гинцбурги заключили особое соглашение с известным сахарозаводчиком Лазарем Бродским и уступили ему пакет акций Могилянского сахарного завода.[59] В результате этой сделки они не утратили своего влияния на завод. К 1904 г. Товарищество Могилянского свеклосахарного завода имело основной капитал в 1 млн 200 тыс. р. и правление в Петербурге. В него входили Гораций Гинцбург и его сын Александр. Предприятие включало в себя два свеклосахарных завода — Могилянский с 465 рабочими и Осиповский с 600 рабочими, — сельскохозяйственные плантации свеклы и других сельскохозяйственных продуктов, а также мельницу.[60]

Могилянское не было единственным имением Гинцбургов. Им принадлежали значительные земельные участки в Крыму, которые они сдавали в аренду. Сохранилось соглашение, подписанное 27 августа 1897 г., между поверенным баронов Горация, Урия и Соломона Евзелевичей Гинцбургов кандидатом прав В. И. Фурсенко и группой симферопольских мещан о сдаче им в аренду на пять лет принадлежавшего Гинцбургам имения при д. Каракодже (или Карагодже) Перекопского уезда Таврической губернии площадью в 2238 десятин удобной и неудобной земли. Цена аренды исчислялась 3 р. 15 к. в год за десятину, что должно было составить 7049 р. в год или 25 248 р. за пять лет. Арендаторы брали на себя обязательство 25 % арендуемых земель не распахивать в течение всех пяти лет.[61] Подобные соглашения были подписаны в сентябре того же года с поселянами-собственниками и симферопольскими мещанами о сдаче в аренду принадлежавших Гинцбургам имений в Евпаторийском уезде при д. Биюк-Аджматман (2550 десятин по 3 р. 25 к. в год за десятину или 41 437 р. 50 к. за пять лет) и в Перекопском уезде при деревнях Найман, Биюк-Бурчи и Кучук-Бурчи (2600 десятин по 3 р. 50 к. за десятину или 54 600 р. за пять лет).[62]

Поворот к националистическому курсу в правительственной политике, наметившийся еще в конце 1870-х гг. и окончательно определившийся после вступления на престол Александра III, как видим, не отразился существенным образом на предпринимательской деятельности Гинцбургов и не лишил их земельных владений. Однако этот поворот не прошел бесследно для положения еврейского населения России в целом. Начало 1880-х гг. было отмечено серией еврейских погромов в южных и западных губерниях России, давших, в частности, и новый толчок к обсуждению законодательства о евреях в правительственных кругах.

Созданный в 1840 г. Комитет для рассмотрения мер по устройству евреев в России закончил свою деятельность в январе 1865 г.

19 октября 1881 г. на основании высочайшего повеления был образован особый Комитет о евреях, который должен был рассмотреть материалы местных губернских комиссий по еврейскому вопросу.[63] Результаты работы комитета под председательством сенатора Д. В. Готовцева были переданы затем в Комитет министров, высказавшийся о необходимости образовать особую Высшую комиссию для окончательного рассмотрения представленных материалов. Это предложение Комитета министров 3 мая 1882 г. было утверждено императором, а 4 февраля 1883 г. по представлению министра внутренних дел Д. А. Толстого было принято решение о создании такой комиссии под председательством Л. С. Макова.[64] В связи с его смертью председательствование в комиссии с 21 апреля 1883 г. перешло к графу К. И. Палену.[65]

25 апреля 1882 г. 50 московских купцов и фабрикантов обратились в Министерство финансов с докладной запиской о «вредных последствиях» «для московской торговли» излишнего «стеснения евреев в правах проживать в Москве».[66] Это была реакция группы представителей торговых кругов Москвы на прокатившиеся незадолго до этого еврейские погромы.

Авторы записки обращали внимание Министерства финансов на то, что жившие в Москве евреи «в значительном числе» выступали как «посредники между московской промышленностью и западными и южными губерниями империи», были «агентами местных купцов, крупных и мелких, или их компаньонами или комиссионерами». «В продолжение последних 10—20 лет, с того времени как евреям был открыт более или менее легкий доступ в Москву, торговые сношения Москвы с западными и южными губерниями получили обширное развитие, — говорилось в записке, — этот факт заслуживает особого внимания правительства еще и потому, что московская промышленность в тех краях встречает сильную конкуренцию польских и иностранных, австрийских и германских, фабрик».[67]

В записке отмечалось, что погромы отразились на торговле, сказались на активности операций на украинских ярмарках, в частности в Харькове, и повлекли за собой сокращение покупок и заказов в Москве, делавшихся для южных и западных районов.[68]

Записка была подписана представителями многих известных в Москве торговых фирм, в частности «Вогау и К[0]», «Ценкер и К[0]», Товарищества на паях мануфактур Барановых, Товарищества Даниловской мануфактуры, Товарищества Кренгольмской мануфактуры, Товарищества шерстяных изделий Торнтон и т. д.[69]

5 мая 1882 г. министр финансов Н. Х. Бунге передал записку в Министерство внутренних дел Н. П. Игнатьеву.[70] «Я не придаю выдающегося значения, — отвечал Игнатьев, — подобным заявлениям со многими подписями, так как хорошо известны у нас способы, какими при этом подписи собираются». «. . .Торгующим евреям законом предоставлены достаточные льготы, — продолжал Игнатьев. — Если бы в каких-либо исключительных случаях представилась бы крайняя необходимость разрешить для удовлетворения потребностей торговли временное пребывание какому-либо из торговых агентов или комиссионеров, то по этому предмету могло бы каждый раз происходить особое между нами соглашение. В настоящем же заявлении я не усматриваю ни одного определенного случая, заслуживающего подобного изъятия».[71] Докладная записка группы московских купцов и фабрикантов попала на страницы «Московских ведомостей» и стала объектом газетного обсуждения.[72] 10 мая 1882 г. под председательством Н. А. Найденова состоялось собрание 53 выборных Московского биржевого комитета, заявивших, что записка «не составляет выражения мнения Московского биржевого общества».[73]

15 марта 1884 г. Постоянная комиссия Московского биржевого общества высказалась за самое строгое соблюдение существовавшего законодательства о евреях.[74] 14 мая 1884 г. с подобным же заявлением выступило и собрание 34 выборных от московского купеческого сословия под председательством старшины Н. П. Сергеева.[75] Эти постановления должны были по замыслу Министерства внутренних дел окончательно дезавуировать поданную 25 апреля группой московских фабрикантов записку. И действительно, Н. Х. Бунге не оставалось ничего другого, как передать все эти материалы в комиссию для рассмотрения законодательства о евреях под председательством К. И. Палена.[76]

В развернувшейся полемике вокруг еврейского вопроса Гинцбурги продолжали принимать самое живое участие, с одной стороны, тесно сотрудничая с правительством, а с другой — добиваясь смягчения характера существовавшего законодательства о евреях. В 1887 г. Гораций

Гинцбург был приглашен в качестве эксперта в комиссию под председательством Палена.[77]

Гораций Гинцбург старался поддерживать отношения с Министерством внутренних дел. Ходили слухи, что Гинцбурги финансировали создание в 1881 г. аристократической конспиративной организации «Святая дружина», образованной после убийства Александра II для борьбы с революционным движением. «Святая дружина» пользовалась поддержкой министра внутренних дел в 1881—1882 гг. графа Н. П. Игнатьева. По сведениям известного петербургского журналиста Л. М. Клячко, Игнатьев, будучи министром внутренних дел, неоднократно получал крупные суммы от барона Гинцбурга. Как только графу Игнатьеву нужны были деньги, он выдумывал новое стеснение для евреев, ставил об этом в известность Гинцбурга, и тогда за известную сумму проект уничтожался.[78]

Насколько велика степень достоверности этого свидетельства, установить довольно трудно. Несомненно только одно — наличие постоянных и довольно прочных связей Гинцбургов в правительственных кругах. Только этим, конечно, можно объяснить, в частности, введение в 1888 г. Горация Гинцбурга в Совет торговли и мануфактур, в котором он оставался до последних дней своей жизни, участие его в разного рода правительственных комиссиях. Гораций Гинцбург состоял гласным Петербургской городской думы, но вынужден был покинуть этот пост в 1892 г., когда участие евреев в городском самоуправлении было запрещено.

В 1891 г. была образована за границей «Еврейская колонизационная ассоциация». Совет ее находился в Париже, а центральный комитет — в Петербурге, в его задачу входили содействие пособиями и «указаниями» переселению евреев из России, а также поощрение ремесленного и земледельческого труда среди евреев. Председателем центрального комитета в России, по данным на 1904 г., был Гораций Гинцбург, а вице-председателем — Яков Поляков.[79]

Гораций Гинцбург состоял во множестве разного рода благотворительных и просветительских организаций.

Связи в правительственных сферах обеспечивали Гинцбургам не только богатство, но и совместное участие в предпринимательской деятельности с видными представителями русской аристократии, проявлявшими интерес к золотодобывающей промышленности.

ГИНЦБУРГИ В ЗОЛОТОПРОМЫШЛЕННОСТИ РОССИИ

Проникновение Гинцбургов в золотопромышленность Сибири относится к концу 1860-х гг. Известно, что еще 19 мая 1869 г. Гинцбурги подписали договор о приобретении от Николая Бенардаки трех паев Верхне-Амурской золотопромышленной компании.[80] Однако новым объектом их внимания с начала 1870-х гг. стало Ленское золотопромышленное товарищество почетных граждан Павла Баснина и Петра Катышевцева. Эти два иркутских купца первой гильдии начали свое дело еще в 1861 г.,[81] хотя формальное соглашение о создании Товарищества было подписано ими 5 июня 1864 г.[82]

В конце 1860-х гг. управление Товариществом перешло к сыновьям его основателей Петру Павловичу Баснину, Иосифу и Василию Петровичам Катышевцевым.

К началу 1870-х гг. дела Товарищества шли не очень успешно, и оно испытывало нужду в деньгах. Это открыло возможности для банкирского дома «И. Е. Гинцбург» принять участие в финансировании сибирских золотопромышленников. 1 апреля 1871 г. Гораций Гинцбург оплатил 54 756 р. долга И. П. Катышевцева Товариществу.[83] В мае 1871 г. банкирский дом «И. Е. Гинцбург» внес еще 20 633 р. в счет обязательств И. П. Катышевцева.[84] Вскоре в должниках банкирского дома оказался и В. П. Катышевцев. 29 августа 1871 г. в общем собрании Ленского золотопромышленного товарищества участвовал уже представитель не только банкирского дома «И. Е. Гинцбург», но и другого петербургского банкирского заведения — «Э. М. Мейер и К⁰».

13 июня была учреждена администрация по делам И. П. Катышевцева. Возглавил ее, разумеется, банкирский дом «И. Е. Гинцбург», установивший таким образом контроль над 20 паями, принадлежавшими И. П. Катышевцеву в Ленском золотопромышленном товариществе. Хотя пошатнулись и дела П. П. Баснина, он и братья Катышевцевы до начала 1870-х гг. все еще оставались основными владельцами Товарищества. Из 90 паев предприятия П. П. Баснину принадлежали 45, В. П. Катышевцеву — 25 и И. П. Катышевцеву — 20. Так продолжалось до 1872 г., когда В. П. Катышевцев продал свои 25 паев петербургскому первой гильдии купцу Е. В. Каншину, а тот, оставив себе 5 паев, перепродал 15 паев Евзелю Гинцбургу и 5 — банкирскому дому «Э. М. Мейер и К⁰». В 1873 г. П. П. Баснин продал из своей доли 15 паев жене коллежского советника З. С. Веретенниковой и 2 пая Ф. Г. Линдеру.[85]

В результате этих операций к чрезвычайному общему собранию 6 октября 1873 г. паи Ленского золотопромышленного товарищества распределились следующим образом: П. П. Баснин — 28, И. П. Катышевцев — 20, Е. Г. Гинцбург — 15, З. С. Веретенникова — 15, банкирский дом «Э. М. Мейер и К⁰» — 5, Е. В. Каншин — 5.[86] Е. Г. Гинцбург не только стал непосредственным участником Товарищества, но и захватил в свои руки управление им. По условиям соглашения 5 июня 1864 г., составленного основателями Товарищества, управление им осуществлялось участниками дела в порядке очереди. Смена управляющих производилась через каждые два года. Так, с 1 октября 1869 г. по 1 октября 1871 г. управляющим компанией был П. П. Баснин. С 1 октября 1871 г. по 1 октября 1873 г. его должен был сменить на этому посту И. П. Катышевцев, но поскольку над его делами была учреждена администрация, а представителем ее являлся банкирский дом Гинцбургов, то фактическим управляющим стал Е. Г. Гинцбург. С 1 октября 1873 г. в должность управляющего должен был вступить В. П. Катышевцев, но поскольку он продал свои паи, то его правопреемником оказался Е. Г. Гинцбург, купивший бо́льшую их часть. 6 октября 1873 г. Е. Г. Гинцбург заявил о своем праве остаться во главе Товарищества на второй срок и созвал общее собрание его участников. П. П. Баснин не явился на собрание, пытался опротестовать заявление Е. Г. Гинцбурга, требовал назначения на пост управляющего на следующий срок З. С. Веретенниковой. Однако протест П. П. Баснина был отведен, а 28 ноября 1873 г. П. П. Баснин заявил о своем намерении выйти из дела.[87] В марте 1874 г. он продал 17 из своих 28 паев С. К. Трапезникову. Е. Г. Гинцбург становился фактическим хозяином дела. 19 января 1874 г. на общем собрании акционеров было принято решение об упразднении главной конторы Ленского золотопромышленного товарищества в Иркутске и переводе ее в Петербург.[88] Пройдет еще несколько лет, и адрес — Галерная, д. 20 (Главная контора Ленского золотопромышленного товарищества) — замелькает на страницах столичной и провинциальной печати.

В середине 1870-х гг. развитию предпринимательской деятельности Гинцбургов в золотопромышленности способствовало полученное ими официальное правительственное одобрение. Однако ему предшествовали препятствия законодательного характера.

24 мая 1870 г. издается устав о частной золотопромышленности. В параграфе 30 этого устава было сказано, что «к производству золотого промысла не допускаются евреи в тех местах, где им воспрещено постоянное жительство». В примечании к этому параграфу отмечалось, что «из евреев допускаются к производству золотого промысла кроме имеющих законное жительство в местностях сего промысла также и те, коим существующими узаконениями разрешено пребывание во всех губерниях и областях Российской империи».[89]

Казалось бы, это законодательство никак не должно было отразиться на деятельности Гинцбургов в золотопромышленности. Однако издание нового устава дало повод Главному управлению Восточной Сибири поставить вопрос о правах евреев, не приписанных в сибирских губерниях, заниматься там добычей золота. Дело в том, что существовавшее в России законодательство ограничивало возможности еврейского населения жить и заниматься промыслами в Сибири. У истоков этого законодательства находился указ 12 декабря 1824 г. «О нетерпимости евреев на горных заводах». В нем говорилось, что «евреи вопреки коренных государственных указаний стекаются на горные заводы и, занимаясь тайной закупкой драгоценных металлов, развращают тамошних жителей ко вреду казны и частных заводчиков».[90] 13 апреля 1835 г. было опубликовано Общее положение о евреях. На его основании разрешалось отдавать казенные земли для устройства еврейского земледельческого населения как в черте оседлости, так (по особому разрешению) и за ее пределами. В связи с этим были отведены казенные земли для устройства еврейских земледельческих поселений в Тобольской губернии и Омской области.[91] Однако по высочайшему повелению 5 января 1837 г. поселение евреев в Сибири было приостановлено,[92] а по закону 15 мая 1837 г. и окончательно отменено.[93] Это запрещение нашло свое отражение соответственно в ст. 30 Устава о паспортах.[94]

В марте 1871 г. Е. Г. Гинцбург вынужден был обратиться к генерал-губернатору Восточной Сибири с просьбой о выдаче ему «дозволительного свидетельства на золотопромышленность».[95] Генерал-губернатор обратился за разрешением к министру финансов. Министерство финансов запросило Горный департамент. Он в свою очередь потребовал заключение от Департамента торговли и мануфактур, а тот — от Министерства внутренних дел. Министерство внутренних дел вынесло заключение о целесообразности «все различные, возбуждаемые относительно евреев вопросы» отложить «на неопределенное время для рассмотрения их в совокупности». Затянувшаяся более чем на полгода переписка ни к чему не привела. Круг замкнулся, и Министерство финансов 11 ноября 1871 г. передало дело на окончательное решение во 2-е отделение императорской канцелярии.[96] Министерства запутались в противоречиях имперского законодательства, ибо получалось, что Е. Г. Гинцбург, состоявший более десяти лет в петербургском купечестве по первой гильдии, имевший право постоянно жить в столице, а следовательно, и во всех губерниях и областях Российской империи, лишался права заниматься золотопромышленностью в Сибири.

Закрутилась бюрократическая канитель вокруг толкования серии законов, принятых в начале 1860-х гг. и открывших определенным категориям еврейского населения возможность жить и заниматься промыслом в Сибири. На основании разъяснения, поступившего от 2-го отделения Собственной его императорского величества канцелярии в апреле 1872 г., к занятию золотопромышленностью в Сибири могли быть допущены: 1) евреи — купцы первой гильдии (Устав торговый, ст. 128, примеч. 1 по продолжению 1863 г. и примеч. 3 по продолжению 1869 г.; Устав паспортный, ст. 17, примеч. 2 по продолжению 1863 г.); 2) евреи, имевшие дипломы на ученые степени и право заниматься торговлей и промышленностью во всех областях империи (Устав торговый, ст. 128, примеч. 5 по продолжению 1863 г.; Законы о состояниях, ст. 1395, примеч. 1 по продолжению 1863 г.; Устав паспортный, ст. 17 по продолжению 1863 г.); 3) евреи — механики, винокуры, пивовары и ремесленники (Законы о состояниях, ст. 1368, примеч. 7 по продолжению 1868 г.); 4) отставные и бессрочно-отпускные нижние чины из евреев (Устав паспортный, ст. 17, примеч. 6 по продолжению 1868 г.); 5) евреи, кроме ссыльнопоселенцев, прописанные в купечество и другие податные сословия в Сибири (Устав торговый, ст. 129, приложение по продолжению 1863 г. и дополнительно по продолжению 1868 г.; Устав паспортный, ст. 30, примеч. 4 по продолжению 1868 г.).[97]

Так, в результате соглашения, последовавшего в 1872 г., между министерствами внутренних дел и финансов, а также 2-м отделением Собственной его императорского величества канцелярии было признано, что к занятию золотопромышленностью в Сибири могут быть допущены все евреи, имеющие право жительства за пределами черты оседлости. Соответственно были даны разрешения на занятия этими промыслами не только Евзелю Гинцбургу, но и его сыновьям — Урию и Соломону.[98]

Однако деятельность Гинцбургов в золотопромышленности возглавил Гораций Гинцбург. Выступая от имени банкирского дома, от имени своего отца Евзеля Гинцбурга и по его доверенности, наконец, от своего собственного имени, Гораций Гинцбург с присущей ему энергией занялся расширением сферы деятельности своего семейного предприятия в золотопромышленных компаниях Сибири и дальнейшим укреплением его позиций в Ленском золотопромышленном товариществе.

Одним из наиболее крупных новых золотопромышленных предприятий стало Иннокентьевское дело. 2 мая 1872 г. Гораций Гинцбург за себя и по доверенности, полученной из Парижа, за своего отца Евзеля Гинцбурга, а также петербургский первой гильдии купец Е. В. Каншин, статский советник А. П. Остряков и по доверенности И. П. Катышевцева отставной поручик артиллерии А. Г. Фохт заключили договор о передаче И. П. Катышевцевым значительной части своих прав на группу приисков (Татьянинский, Георгиевский, Полезный и др.) в Олекминском округе Якутской области. Они были объединены в Иннокентьевское золотопромышленное дело Гинцбурга, названное так по имени одного из входивших в него приисков. И. П. Катышевцев из 100 принадлежавших ему паев этого дела уступил 58 паев Гинцбургам, 16 — Каншину и 6 — Острякову. В течение двух лет с момента подписания соглашения Гораций Гинцбург имел право выделять из своей доли сколько угодно и кому угодно паев, не спрашивая на это разрешения остальных участников дела. Главная контора Иннокентьевского золотопромышленного дела должна была размещаться в Петербурге, а Гораций Гинцбург был назначен его товарищем-распорядителем на первые четыре года.[99]

В Забайкалье Гинцбурги приобрели 30 паев из 50 Забайкальского товарищества Катышевцевых, 20 паев, принадлежавших И. П. Катышевцеву, находились в ведении учрежденной над ним администрации, т. е. тех же Гинцбургов. В 1872 г. здесь работал Серафимовский прииск, и один из золотоносных приисков был сдан в аренду купцу Герасимову за попудные деньги.[100]

В 1874 г. Гинцбурги выступили в числе совладельцев Березовского золотопромышленного дела. 18 октября 1871 г. Александр II утвердил мнение Государственного совета о передаче в частные руки с торгов некоторых казенных горных заводов и золотых приисков в соответствии с утвержденным им 24 мая 1870 г. уставом о частной золотопромышленности. К числу подлежавших передаче в частные руки казенных золотых промыслов относилось находившееся близ Екатеринбурга Березовское месторождение, открытое еще в XVIII столетии.[101] В мае 1874 г. были объявлены торги и Березовское месторождение на основании утвержденного императором 15 мая 1874 г. Положения Комитета министров перешло в руки полковника В. И. Асташева. Совладельцами В. И. Асташева выступили А. К. Фохт, Г. Е. Гинцбург, граф П. А. Шувалов и А. Ф. Переяславцев. На основании соглашения, заключенного совладельцами 27 июня 1874 г., и журнала общего собрания совладельцев 30 июня 1874 г. В. И. Асташев 8 июля заключил соглашение с Е. И. Ламанским и П. Н. Николаевым о передаче из принадлежавших ему 135 паев (из 400) безвозмездно 20 паев Е. И. Ламанскому и 10 — П. Н. Николаеву.[102] 8 июля 1874 г. В. И. Асташев, П. Н. Николаев и Г. Е. Гинцбург были избраны товарищами-распорядителями Березовского дела, а А. К. Фохт — главноуправляющим для управления делами на месте.[103]

27 января 1876 г. было подписано соглашение первоначальных совладельцев Березовского золотопромышленного дела полковника В. И. Асташева, графа П. А. Шувалова, барона Г. Е. Гинцбурга, действительного статского советника А. Ф. Переяславцева и губернского секретаря А. К. Фохта, а также вступивших в Березовское дело и присоединившихся к первоначальным совладельцам генерал-майора свиты П. П. Дурново, генерал-лейтенанта Гершильмана, тайного советника Е. И. Ламан-

ского, барона Е. Г. Гинцбурга и действительного статского советника П. Н. Николаева.[104]

Участники нового соглашения перераспределили 400 паев Товарищества следующим образом: В. И. Асташев — 105 паев, П. А. Шувалов — 65, П. П. Дурново — 40, Е. И. Ламанский — 20, Е. Г. Гинцбург — 60, Г. Е. Гинцбург — 40, П. Н. Николаев — 10, А. К. Фохт — 10 паев.[105]

Как видим, в Березовском деле Е. Г. Гинцбург приобрел в 1876 г. большее число паев, чем его сын, фактический основатель Товарищества. Однако за этим едва ли следует видеть признаки внутрисемейной конкуренции. Примечательно, что оба Гинцбурга отсутствовали на заседании, а представлял их И. Д. Красносельский, их доверенное лицо, занимавшееся ведением дел Ленского золотопромышленного товарищества.[106] Может показаться, что приобретение Е. Г. Гинцбургом дополнительно 60 паев должно было усилить влияние семьи на Березовское дело, ибо решением общего собрания участников от 21 декабря 1875 г. В. И. Асташев был избран «единственным распорядителем», и тем самым Гинцбурги как бы утрачивали часть своего влияния на управление березовскими предприятиями.[107]

Однако обращают на себя внимание слишком тесная связь Гинцбургов с В. И. Асташевым и их совместное участие по крайней мере еще в двух предприятиях. 19 марта 1879 г. был подписан компанейский договор Алтайского золотопромышленного дела «В. И. Асташев и К⁰», и Гинцбурги были его участниками. Известно, что в феврале 1888 г. Г. Е. Гинцбург владел в этой компании 280 паями из 1000, а по соглашению 29 декабря 1886 г. приобрел еще 20 паев, принадлежавших свитскому генерал-майору Н. О. Адельсону.[108] Наконец, Гинцбурги — активные участники и Миасского золотопромышленного дела В. И. Асташева. Среди держателей паев этого предприятия в разное время мы встречаем графа И. И. Воронцова-Дашкова, генерал-адъютанта графа Н. В. Левашова, генерал-лейтенанта В. В. Левашева, графа П. А. Шувалова, генерал-майора П. П. Дурново. В январе 1887 г. к этому времени генерал-лейтенант В. И. Асташев уже владел 210 из 400 паев Миасского золотопромышленного дела, т. е. был главным его вкладчиком. Однако примечательно, что правление компании помещалось по адресу: Конногвардейский бульвар, д. 17. В этом доме жил Г. Е. Гинцбург.[109] По данным на 1892 г., Г. Е. Гинцбург имел всего 20 паев Миасского дела, а его доверенное лицо И. Д. Красносельский — 30.[110]

Г. Е. Гинцбург состоял также пайщиком Южно-Алтайского золотопромышленного дела «П. Д. Мальцев и К⁰». Известно, что в феврале 1888 г. ему принадлежало 30 из 100 паев этого предприятия.[111] В 1880-е гг. Г. Е. Гинцбург продолжал приобретать паи Верхне-Амурской золотопромышленной компании и даже состоял председателем ее правления, был пайщиком в Удерейском и Амурском делах.[112]

Однако основным объектом приложения капиталов банкирского дома Гинцбургов оставалось Ленское золотопромышленное товарищество. Еще на самой ранней стадии своего участия в нем Гинцбурги заручились поддержкой петербургского банкирского дома «Э. М. Мейер и К⁰», владельцем которого был английский подданный Эдуард Мейер. Этот дом неизменно сотрудничал с Гинцбургами в Ленском золотопромышленном товариществе вплоть до 1912 г. До 1904 г. его представителем в Товариществе был компаньон Э. Мейера К. Ф. Винберг, а после 1904 г. — сын Э. Мейера М.-Э. Э. Мейер, ставший после смерти Горация Гинцбурга председателем правления Товарищества.[113] В 1870-е и начале 1880-х гг. Гинцбурги привлекли в Ленское дело также одесские банкирские дома «Давид Рафалович», «Федор Рафалович и К⁰», «Ефрусси и К⁰». Все эти дома были вовлечены в создание компанейского капитала для осуществления администрации над делами И. П. Катышевцева, хотя доли их участия в администрации были и не очень значительными. Так, в администрации участвовали:[114]

	Процент участия	Компанейский капитал (в руб.)
Г. Е. Гинцбург	31.106	24382660
Я. С. Губкина	28.817	22588411
Т. В. Макарова	13.468	11556989
Э. М. Мейер и К⁰	8.866	6949678
Г. М. Розенберг	4.444	3483462
Е. В. Каншин	4.433	3474839
Ефрусси и К⁰	4.433	3474839
Братья Рафаловичи	3.480	2727823
Давид Рафалович	0.953	747016
	100	78385717

5 декабря 1880 г. Петербургский окружной суд объявил И. П. Катышевцева несостоятельным должником. Администрация в связи с этим прекратила свои операции, а вдове умершего к тому времени Давида Рафаловича были начислены 18 608 р., причитавшиеся ей с И. П. Катышевцева.[115]

Из документов следует, что банкирские дома братьев Рафаловичей и «Ефрусси и К⁰» в Одессе не только состояли в администрации по делу И. П. Катышевцева, но и принимали участие в 25 паях Ленского золотопромышленного товарищества, 30 паях Забайкальского товарищества, а также в Иннокентьевском деле.[116]

Рафаловичи были пайщиками в золотопромышленных предприятиях Гинцбургов до 1891 г., пока не разорились и Одесский коммерческий суд 1 августа 1891 г. не утвердил постановление Одесского биржевого комитета от 13 июля 1891 г. об учреждении администрации по делам торгового дома «Федор Рафалович и К⁰». К администрации перешло все имущество полных товарищей дома Александра, Марка и Георгия Федоровичей Рафаловичей. Интересно отметить, что доверенный Гинцбургов И. Д. Красносельский, в течение многих лет поддерживавший деловую переписку с банкирским домом «Федор Рафалович и К⁰», в официальном ответе на запрос администрации по делу Рафаловичей сообщил, что «по книгам Ленского золотопромышленного товарищества не видно, чтобы участником в этом деле когда-либо состоял торговый дом „Федор Рафалович и К⁰"».[117] «Но мне известно, — заключал свое письмо Красносельский, — что дом этот участвовал у барона Горация Евзелевича Гинцбурга по его паям в Ленском товариществе, и потому за справками прошу обращаться непосредственно к нему».[118] Очевидно, перед нами своеобразная форма субучастия: банкирский дом «Федор Рафалович и К⁰» «был взят в долю владения 25 паями Ленского товарищества», в 1873 г. 15 из них принадлежали Е. Г. Гинцбургу, а 20 — И. П. Катышевцеву и находились в ведении установленной над ним администрации, 30 паев Забайкальского товарищества также были собственностью Гинцбургов. Кроме того, Гинцбурги привлекали к непосредственному участию в золотопромышленности венский банкирский дом Ефрусси и одесский банкирский дом Ф. П. Родоконаки.[119]

После прекращения деятельности администрации над И. П. Катышевцевым Гинцбурги стали не только по существу, но и формально полноправными владельцами Ленского золотопромышленного товарищества почетных граждан П. Баснина и П. Катышевцева. В декабре 1882 г. оно было ликвидировано и все его имущество стоимостью в 200 тыс. р. было передано вновь созданному Ленскому золотопромышленному товариществу. Его капитал делился на 900 частей, или паев. Из них 680 принадлежали Г. Е. Гинцбургу, 140 — торговому дому «Э. М. Мейер и К⁰» и 80 — коллежскому советнику Е. В. Каншину. В прибылях и доходах пайщики должны были принимать участие пропорционально количеству принадлежавших им паев. Товарищем-распорядителем нового предприятия стал Г. Е. Гинцбург.[120] Эпопея борьбы за овладение Ленским золотопромышленным товариществом завершилась окончательной победой Гинцбургов. В 1888 г., после смерти Е. В. Каншина, Гинцбурги приобрели принадлежавшие ему 80 из 900 паев Ленского золотопромышленного товарищества, 100 из 500 паев Забайкальского дела и 16 из 100 паев Иннокентьевского дела.[121]

Гораций Гинцбург пытался поставить принадлежавшие ему прииски в техническом отношении «во главе всех отечественных золотопромышленных мероприятий». По его инициативе в 1889 г. впервые на частных промыслах были произведены опыты гидравлической промывки песков. В 1897 г. на приисках Ленского товарищества была сооружена первая в Сибири электрическая станция. По его приглашению французский геолог Фукс обследовал Березовские прииски, велось изучение Алтайского округа, Забайкальских и Южно-Алтайских приисков. В 1879 г. была создана Алданская поисковая партия, обследовавшая бассейн Алдана и Маи. Гораций Гинцбург принимал участие в правительственных комиссиях, занимавшихся золотопромышленностью, в частности в обсуждении вопросов об упразднении горной подати, распространении промыслового налога на предприятия, добывающие золото и платину, беспошлинном ввозе машин для золотодобывающей промышленности.[122] Гораций Гинцбург выступил инициатором привлечения Государственного банка к финансированию золотопромышленности.[123] В феврале 1891 г. он представил министру финансов И. А. Вышнеградскому докладную записку с ходатайством об открытии кредитов золотопромышленникам. В результате по высочайшему повелению 10 мая 1891 г. Государственному банку было разрешено предоставлять кредиты участникам золотопромышленных предприятий в размере 2/3 количества всего золота, которое предполагалось добыть в предстоящей операции, по сметам, утвержденным правлениями товариществ, и из 4 % годовых. 16 ноября 1891 г. с разрешения императора министр финансов предложил правлению Государственного банка открывать кредиты не только пайщикам, но и управлениям золотопромышленных товариществ под векселя пайщиков, написанные на имя управления и снабженные их передаточными надписями на имя Государственного банка.[124]

Обращение Гинцбургов за кредитами в Государственный банк было, очевидно, связано, с одной стороны, с расширением операций по добыче золота, а с другой — с критическим положением банкирского дома, в которое он попал в начале 1890-х гг., утратив свои возможности как источник финансирования. Учрежденная в 1892 г. администрация над делами банкирского дома просуществовала по крайней мере до самого конца 1894 г. В 1895 г. Гинцбурги обращаются к акционерной форме предпринимательства, очевидно, рассматривая ее как единственный способ выбраться из критического состояния.

В мае 1895 г. Гораций Гинцбург выступает одним из учредителей крупного акционерного предприятия Российского золотопромышленного общества. Оно открыло свои действия 26 мая 1895 г. Его основной капитал в 5 млн. р был разделен на 50 тыс. акций. Из них 6750 акций взял Г. Е. Гинцбург в обмен на 225 паев Ленского золотопромышленного товарищества. Он вошел в совет Российского золотопромышленного общества. В 1895 и 1896 гг. среди держателей акций Общества кроме Горация Гинцбурга был и его сын Давид.[125] В 1902 г. другой сын Горация Габриэль (Гавриил) появляется в числе учредителей безобразовских предприятий в Корее («корейский гений Лесопромышленного товарищества»[126]).

Весной 1896 г. само Ленское золотопромышленное товарищество окончательно перестает существовать как паевое фамильное предприятие, финансируемое двумя банкирскими домами. Гинцбурги превращаются в акционеров. 29 марта 1896 г. Николай II утвердил устав акционерного общества «Ленское золотопромышленное товарищество». Учредителями нового акционерного общества выступили Г. Е. Гинцбург и торговый дом «Э. М. Мейер и К⁰». Формально Общество создавалось для расширения основанного в 1855 г. Ленского золотопромышленного полного товарищества (к которому Гинцбурги не имели никакого отношения). Основной капитал вновь созданного акционерного предприятия был определен в 4 млн. 500 тыс. р., разделенных на 9000 акций по 500 р. золотом старого чекана каждая. Правление находилось в Петербурге на Галерной, д. 20, и состояло из пяти директоров, избираемых общим собранием акционеров из своей среды на три года.[127] Председателем правления был избран Г. Е. Гинцбург. В делах акционерного общества с момента его возникновения довольно активную роль стали играть сыновья Горация Александр и Альфред, они же, разумеется, были и его постоянными акционерами. Александр Гинцбург занимался делами в Петербурге и за границей. Вплоть до событий 1912 г. он ни разу не был на приисках. Альфред Гинцбург поступил на службу в Ленское золотопромышленное товарищество еще в 1892 г. и в качестве инженера работал на приисках до 1895 г. Затем он был избран в состав директоров Товарищества, а с 1899 по 1912 г. занимал пост директора-распорядителя.[128]

Гинцбурги были наиболее крупными держателями акций. Значительная часть их принадлежала также банкирскому дому «Э. Мейер и К⁰». Председатель его К. Ф. Винберг с самого начала создания акционерной компании вошел в состав директоров. Значительная доля акций принадлежала Российскому золотопромышленному обществу. В 1897 г. был произведен первый дополнительный выпуск акций на 1 млн 500 тыс. р. (3 тыс. акций по 500 р. каждая). В результате основной капитал Товарищества увеличился до 6 млн. р. Первый операционный год — 1895/96 г. — Товарищество закончило с дивидендом около 5 1/2 %,[129] а затем в период до 1903 г. 4-процентный дивиденд был выплачен только в 1897/98 г.[130] Товарищество вступило в полосу кризиса.

В начале 1897 г. Ленское золотопромышленное товарищество обратилось в Государственный банк с просьбой открыть ему кредит в размере 630 153 р. под 4 % годовых. Однако ему была предложена полумиллионная ссуда под 5.5 %: в результате реформы 1894 г. был пересмотрен устав Государственного банка и он получил право кредитовать отдельные промышленные предприятия в размере до 500 тыс. р. и из 5.5 % годовых. В марте 1897 г. Гораций Гинцбург обратился с докладной запиской к С. Ю. Витте с просьбой восстановить старые условия кредитования золотопромышленных предприятий, учитывая их исключительное положение.[131]

5 февраля 1898 г. акции Ленского золотопромышленного товарищества были допущены к котировке на Петербургской бирже.[132] Летом 1898 г. Товарищество осуществило второй дополнительный выпуск акций на 3 млн. р. (6 тыс. акций по 500 р. каждая). Однако из общего количества вновь выпущенных акций 1800 так и остались нереализованными вплоть до 1909 г. С 1899 по 1903 г. расходы на эксплуатацию приисков превысили доходы в общей сложности более чем на 3 млн. р.[133] Товарищество пыталось получить кредиты в Вене (Kaiserl.-Königl. privilegirte Österreichische Länderbank) и Берлине (Berliner Handelsgesellschaft). Однако с начала 1900-х гг. основным источником финансирования Товарищества становится Государственный банк, открывший Товариществу в 1901—1903 гг. неуставный кредит в размере 11.2 млн. р. Одновременно в его правление в качестве постоянного члена был введен представитель банка Н. И. Бояновский.[134]

Постоянная зависимость от Государственного банка побуждала Гинцбургов искать источники финансирования для Ленского золотопромышленного товарищества за границей. Результатом этих поисков и явилось создание в 1908 г. совместного англо-русского общества «Ленаголдфилдс», или «Ленские золотые прииски».

В 1906 г. «некоторые из самых крупных южноафриканских золотопромышленных корпораций Лондона выделили из своей среды специальную организацию под названием „The Russian Mining Corporation, Limited", „Русское горнопромышленное товарищество", с ограниченной ответственностью».[135] Инициатива в создании Русского горнопромышленного товарищества принадлежала главным образом известной брокерской фирме «Л. Гирш и К⁰», находившейся «в тесной связи с такими домами, как С. Нейман, Вернер, Байт и Кᵘ, и с крупнейшей из африканских золотопромышленных организаций „The Consolidated Goldfields of South Africa, Limited" („Объединенные золотые прииски Южной Африки") с ограниченной ответственностью». «Л. Гирш и К⁰» и эта южноафриканская организация привлекли в дело и другие горнопромышленные фирмы, в частности «The Consolidated Mines Selections» («Объединенные рудники»).[136] Участие в организации Русского горнопромышленного товарищества брокерской фирмы «Л. Гирш и К⁰» не было случайным. Связи этой фирмы с русскими банками и банкирскими домами были давними, а с банкирским домом Поляковых, видимо, еще и родственными: дочь С. С. Полякова Зинаида Полякова была замужем за бароном Джеймсом де Гирш. Кроме того, фирма «Л. Гирш и К⁰» была связана с французской фирмой «Гинцбург Ж. и К⁰».

Русское горнопромышленное товарищество было создано для того, чтобы способствовать помещению в русские предприятия, особенно горнопромышленные, английских капиталов, а также для «помещения русских дел на Лондонский рынок».[137] В связи с неудачным размещением в Лондоне некоторых русских дел (из которых особенную известность приобрели Нерчинское и Оркинское дела), а также для того, чтобы снять с себя подозрение в намерении заниматься грюндерскими операциями, учредители решили придать вновь созданному Товариществу смешанный «англо-русский характер не только по виду, но и по существу».[138] Для этой цели 1/3 первоначального выпуска акций (75 тыс. обыкновенных по одному фунту каждая и столько же дивидендных по одному шиллингу каждая) была размещена в России, а из десяти мест в правлении пять были «замещены русскими подданными или иностранцами, имеющими с издавна постоянное местожительство в России». Председателем правления был избран бывший министр торговли и промышленности В. И. Тимирязев.

Предусмотренный уставом капитал Общества составлял 153 750 ф. ст. К 1908 г. из этой суммы было внесено всего 41 250 ф. Незначительный по размерам капитал Общества объяснялся тем, что роль Русского горнопромышленного товарищества ограничивалась «изысканием подходящих дел, изучением их на месте, исследованием их конъюнктур и подготовки их для финансирования».[139]

11 июня 1908 г. Русское горнопромышленное товарищество подписало соглашение с представителями банкирских домов «И. Е. Гинцбург» и «Э. М. Мейер и К⁰» как членами правления Ленского золотопромышленного товарищества о покупке 70 % всех его акций. Русское горнопромышленное товарищество обязывалось основать в Лондоне Общество с основным капиталом в 1 млн 405 тыс. ф. ст. под названием «The Lena goldfields, Limited» («Ленские золотые прииски, с ограниченной ответственностью»).[140] Предполагалось, что акции нового Общества будут распределены следующим образом:

954 600 акций (каждая стоимостью в фунт стерлингов) предназначались для обмена на акции Ленского золотопромышленного товарищества из расчета 86 фунтовых акций за каждую тысячу рублей нарицательного капитала Ленского товарищества.

236 500 акций (каждая стоимостью в фунт стерлингов) должны были быть предложены публике путем открытой подписки. Из них 1500 акций предназначались для шести директоров. По уставу Общества каждый директор должен был владеть по крайней мере 250 акциями.

153 900 акций (каждая стоимостью в фунт стерлингов) оставались в резерве для усиления оборотных средств Общества в случае надобности.

60 тыс. акций (каждая стоимостью в фунт стерлингов) поступали Русскому горнопромышленному товариществу в возмещение его расходов на подготовку и изучение дела как комиссионное вознаграждение за учреждение нового Общества.[141]

Однако после открытия подписки на акции Ленских золотых приисков и до начала августа 1908 г. из 236 500 акций, предназначенных для публики, удалось разместить только 20 тыс. В связи с этим дома «И. Е. Гинцбург» и «Э. М. Мейер и К[0]» заявили, что «столь малое денежное участие новых акционеров не соответствует интересам дела Ленского товарищества», и 8 августа 1908 г. подписали в Берлине новое соглашение с Русским горнопромышленным товариществом, предусматривавшее иное распределение акций. Согласно этому соглашению, от 100 тыс. до 200 тыс. фунтовых акций должны были составить первоначальные оборотные средства Ленских золотых приисков, 706 тыс. акций предполагалось дать русским акционерам в обмен на 74 % акций Ленского золотопромышленного товарищества, 223 600 акций оставались в резерве для приобретения позднее остальных 26 % акций Ленского товарищества. От 190 400 до 290 400 акций предполагалось разместить постепенно на Лондонском рынке для дальнейшего усиления оборотных средств общества «Ленские золотые прииски».[142]

Во время переговоров, проходивших 8 августа 1908 г. в Берлине, А. Г. Гинцбург и А. А. Шварц, представлявший торговый дом «Э. М. Мейер и К[0]», заявили, что фактический обмен акций возможен только при условии, если новое «английское Общество представит в распоряжение Ленского золотопромышленного товарищества на оборотные средства от 150 000 до 180 000 фунтов стерлингов», что вследствие обмена акций «не только по внешнему виду, но и по существу не вносится никаких изменений во внутренний строй Ленского товарищества», не предполагается вносить никаких изменений «ни в персонал, ни в способ управления» нового Общества и что в связи со значительными денежными расходами на ведение дела в первые же месяцы 1908—1909 гг. необходим значительный кредит. А. Г. Гинцбург и А. А. Шварц не случайно подчеркивали преемственность между Ленским золотопромышленным товариществом и вновь создававшимся обществом «Ленские золотые прииски», ибо они рассчитывали получить необходимые средства в Государственном банке, постоянно кредитовавшем до этого Ленское золотопромышленное товарищество.[143] Бывшие владельцы Ленского золотопромышленного товарищества предполагали, что в результате создания новой компании они смогут получать кредиты и в Государственном банке, и у представителей английского капитала, причем 25 % этого кредита будут «покрыты иностранными деньгами».[144]

Обращаясь за кредитами в Государственный банк, представители Ленского золотопромышленного товарищества 25 августа 1908 г. объясняли создание общества «Ленские золотые прииски» необходимостью «влить в дело новый капитал» и заявляли, что «во всей этой сделке нет и тени продажи Ленского товарищества в английские руки». «Нынешние акции Ленского товарищества, — писали они, — напечатаны в таком виде, чтобы они могли оборачиваться и в России, и во Франции, и в Германии. Стоимость их обозначена и в русской, и во французской, и в немецкой валюте, но все попытки создать для них рынок в Париже или в Берлине и даже в Петербурге немедленно оканчивались неудачей. Акционеры решились теперь попытать Лондонский рынок... они делают по существу то же самое, что делали в 1897 г., когда предлагали Берлинскому синдикату принять участие в первом дополнительном выпуске, или в 1899 г., когда предоставлен был дому Ротшильдов в Париже опцион на часть второго дополнительного выпуска. Между тем эти явные обращения к иностранцам не вызвали ни в ком подозрений в стремлении продать дело за границу, также не вызвал такого подозрения предоставленный Handelsgesellschaft и в течение многих лет возобновляемый опцион на весьма крупную партию акций Ленского товарищества. При такой сделке, о которой теперь идет речь, — заверяли Государственный банк члены правления Ленского золотопромышленного общества, — англичане не входят непосредственно акционерами в Ленское товарищество. Правда, взамен торговых домов И. Е. Гинцбург, Э. М. Мейер и К⁰ и некоторых мелких акционеров появится новый акционер, объединяющий их всех под английским названием Lena Goldfields. Но из 1 036 400 теперь выпускаемых акций этого якобы английского предприятия 706 400 принадлежат русским акционерам Ленского товарищества, 210 000 будут принадлежать Русскому горнопромышленному товариществу, т. е. предприятию, созданному на одну треть русскими капиталистами, имеющему правление, где половина мест занята русскими, председателем которого является русский же, бывший министр торговли, который одновременно является и председателем самих The Lena Goldfields».[145]

Летом 1909 г. Ленское золотопромышленное товарищество окончательно погасило свои доходившие временами до 10 млн. р. долги Государственному банку. Начиная с операций 1909—1910 гг. английское Общество стало основным источником финансирования Товарищества, «и только в редких случаях» оно занимало сравнительно мелкие суммы у торгового дома «Э. М. Мейер и К⁰».[146] С переходом почти 3/4 акций Товарищества в собственность «Ленаголдфилдс» резко усилилось и его влияние на дела и выборы членов правления Товарищества.[147] Продолжавший входить в состав правления представитель Государственного банка Н. И. Бояновский уже не играл прежней роли в Товариществе, когда без его «пометки на требовательных ведомостях» правление не могло произвести ни одного расхода.[148] По рекомендации «Ленаголдфилдс» и Альфреда Горациевича Гинцбурга в состав правления был введен Генрих Соломонович Шампаниер как сведущий финансист и директор Варшавского коммерческого банка, имевшего деловые отношения с «Ленаголдфилдс» и с Ленским золотопромышленным товариществом.[149] Никаких юридических норм, регулировавших отношения между «Ленаголдфилдс» и Ленским золотопромышленным товариществом, не существовало. На заседаниях правления Товарищества обычно присутствовали все его члены: Альфред и Александр Гинцбурги, Н. И. Бояновский, М.-Э. Э. Мейер, Г. С. Шампаниер, инженер В. Н. Липин, кандидат в директора правления П. М. Саладилов. Иногда приглашались также наиболее влиятельные акционеры — В. И. Тимирязев как представитель «Ленаголдфилдс», А. И. Вышнеградский как представитель Международного банка и еще несколько представителей от Русско-Азиатского, Сибирского и Русского для внешней торговли банков.[150] Все вопросы в правлении обычно решались без участия представителя английского правления «Ленаголдфилдс», но Альфред Гинцбург обычно держал его «в курсе всех дел» и отправлял в Лондон «копии протоколов заседания правления Товарищества».[151] Во время забастовки рабочих на приисках в 1912 г. Альфред Гинцбург «посылал в правление „Ленаголдфилдс" в Лондон подробные донесения с изложением хода забастовки и принятых мер к ее ликвидации».[152]

Акции «Ленаголдфилдс», или шеры, как их называли в русской документации 1912 г., хотя официально и не были допущены к котировке на бирже Петербурга и первоначально обращались лишь на Парижской и Лондонской биржах, стали постепенно перемещаться в Петербург и сделались объектом спекуляции. Поэтому помимо лондонского правления «Ленаголдфилдс» в Петербурге был учрежден комитет «Ленаголдфилдс» в составе В. И. Тимирязева, А. И. Путилова и А. И. Вышнеградского.[153] Стоимость шеров в Петербурге росла с 10 до 40, а иногда и до 60 р., «держатели акций старались выжать из дела как можно больше и как можно скорее», в результате их настойчивости за операцию 1909/10 г. был «выдан несообразно большой дивидент в 56 %». «Невзирая на дешевизну капиталов в Лондоне — 3 %» — «Ленаголдфилдс» взимала за ссуды Ленскому товариществу от 6 до $6^1/_2$ %.[154]

Необычно высокий дивиденд на акции Ленского золотопромышленного товарищества был результатом не только технического прогресса на приисках и разработки богатых месторождений, но и очень высокой степени эксплуатации рабочих. Удовлетворение требований рабочих накануне забаставки 1912 г. об увеличении на 33 % заработной платы «понизило бы прибыли Товарищества на сумму более миллиона трехсот тысяч рублей». Однако правление во главе с Альфредом и Александром Гинцбургами предпочло не идти на эти издержки и выдавало огромные суммы в дивидент акционерам: в 1908—1909 гг. — 2 млн. 775 тыс. р., а в 1909—1910 гг. — 4 млн. 234 тыс. р.[155] Погоня за прибылями обернулась трагедией на Ленских приисках, покрывшей позором и членов правления Ленского золотопромышленного товарищества. В августе 1912 г. заявили о своем выходе из правления «по независимым от них обстоятельствам» Н. И. Бояновский и В. Н. Липин. На общем собрании акционеров Ленского золотопромышленного товарищества, состоявшемся 28 сентября 1912 г., было объявлено о решении правления «выйти из дела в полном составе».[156] «Гинцбурги и особенно Альфред, — по утверждению Н. И. Бояновского, — почти бесконтрольно управлявшие делами товарищества», сложили свои полномочия.[157] Ленские события 1912 г. подвели черту и под предпринимательской деятельностью банкирского дома «И. Е. Гинцбург» в золотопромышленности. В списках лиц и учреждений, представлявших свои акции к общему собранию акционеров в годы первой мировой войны, нет уже ни банкирского дома «И. Е. Гинцбург», ни имен кого-либо из семьи Гинцбургов. Однако сохранились документы, свидетельствующие о том, что сыновья Горация — Александр, Альфред и Петр — получали в 1911—1914 гг. попудные с добычи золота на приисках, соответственно на Цветном и Подгорном, Спектральном и Эфемерном.[158]

Впрочем, к событиям 1912 г. Гинцбурги подошли, уже в значительной степени утратив свои прежние позиции как золотопромышленники. В канун предвоенного подъема в золотопромышленность Сибири стали активно вторгаться крупные акционерные банки и преуспевавшие банкирские дома. Создание «Ленаголдфилдс», как это ни парадоксально на первый взгляд, способствовало усилению влияния в Ленском золотопромышленном товариществе не столько английского капитала, сколько связанных с этим русско-английским предприятием представителей крупных петербургских банков — А. И. Путилова, А. И. Вышнеградского, В. И. Тимирязева.

К общему собранию акционеров Ленского золотопромышленного товарищества 26 июля 1911 г., проходившему под председательством А. И. Путилова, было представлено 26 648 акций, давивших право на 10 298 голосов, в том числе «Ленаголдфилдс» — 20 999 акций, Петербургским Международным банком — 700, В. А. Ратьковым-Рожновым — 605, банкирским домом «И. Е. Гинцбург» — 419, А. В. Ратьковым-Рожновым — 403, Российским золотопромышленным обществом — 388, банкирским домом «Кафталь, Гандельман и К^0» — 375, Г. Вавельбергом — 200, банкирским домом «Маврикий Нелькен» — 140, Русским Торгово-Промышленным банком — 131 акция.[159] В этом перечне представивших акции лиц и учреждений, опубликованном на страницах «Биржевых ведомостей», банкирский дом «И. Е. Гинцбург» стоит на четвертом месте, а ряд крупных банкирских домов отстает от него по числу представленных акций совсем ненамного. Если в начале своей деятельности в золотопромышленности Гинцбурги могли опираться на дружественные им банкирские дома Юга России, то в канун первой мировой войны они столкнулись с группой активных банкирских домов-конкурентов. М. А. Шоломсон, состоявший с 1910 по 1912 г. действительным членом Петербургской фондовой биржи, рассказывал представителям комиссии сенатора С. С. Манухина, что был свидетелем «бешеного азарта», с которым велась в эти годы «игра на повышение и понижение акций Ленского золотопромышленного товарищества». В декабре 1911 г. они стоили около 4000 р. Известный петербургский банкир и глава банкирского дома З. П. Жданов «неоднократно хвастал на бирже», что доведет их до 1500—2000 р. По мнению М. А. Шоломсона, заодно с Захарием Ждановым действовали банкирские дома «Маврикий Нелькен» и «Кафталь, Гандельман и К^0». М. А. Шоломсон готов был обвинить их в «организации ленской забастовки».[160]

В марте 1911 г. Русско-Азиатский банк создал специальный синдикат для покупки и продажи акций Ленского золотопромышленного товарищества.[161] На 10 % в нем приняло участие Петербургское отделение банкирского дома «Братья Джамгаровы», на 20 % — Русский Торгово-Промышленный банк, на 25 % — банкирский дом «Захарий Жданов и К^0», на 16 % — И. П. Манус.[162] Захарий Жданов через некоторое время вышел из синдиката и продал принадлежавшие ему акции, синдикат же просуществовал до 1917 г., и состав его менялся. Таким образом, в конечном счете контроль за движением акций Ленского золотопромышленного товарищества осуществляли Русско-Азиатский банк и, конечно, Петербургский Международный банк.

После отставки Гинцбургов в правление Ленского золотопромышленного товарищества вошли представители этих двух банков. Председателем его правления был избран Н. С. Авдаков. После его смерти в 1915 г. по рекомендации А. И. Вышнеградского и А. И. Путилова этот пост занял известный экономист профессор И. Х. Озеров. Он был рекомендован как человек, избранный «либеральной партией в члены Государственного совета» и имевший большое влияние «в либеральных кругах и благодаря этому также в рабочих кругах». «Рабочий класс, — наивно надеялись рекомендатели, — к которому принадлежит несколько тысяч служащих Ленского товарищества, — зная, что во главе Товарищества находится лицо, которое поддерживает, насколько возможно, их интересы, воздержится... в будущем от повторения прискорбных беспорядков, имевших место несколько лет тому назад».[163]

Итак, среди банкирских заведений в России пореформенного периода банкирский дом «И. Е. Гинцбург» занимает несомненно особое место. Не случайно современники видели в нем прямого преемника придворного банкирского дома барона А. Л. Штиглица. Разумеется, институт придворных банкиров умер с созданием Государственного банка и прекращением деловой активности Штиглицев, но в 1860—1880-е гг., до того как была создана и развилась система акционерных банков, правительство особенно нуждалось и было заинтересовано в капиталах и инициативе частных финансовых фирм. Они обеспечивали размещение иностранных и русских займов, служили каналами для связей с иностранными денежными рынками и банками, способствовали регулированию денежного обращения. Банкирский дом Гинцбургов выполнял все эти функции и активно участвовал в финансовых преобразованиях, связанных с реформами 1860-х гг.

Банкирский дом Гинцбургов с момента возникновения и до заката своей деятельности самым тесным образом был связан с правительством. Винные откупа, послужившие источником первоначального накопления для Гинцбургов, нельзя рассматривать как просто торговые операции, в результате которых накопленный торговый капитал превращается в банковский. Винные откупа — это получение доли от правительственных сборов с виноторговли. Для банкирского дома Гинцбургов характерны самые тесные связи с Государственным банком, финансировавшим предпринимательскую деятельность банкиров в золотопромышленности. В конечном счете эти операции оказались выгодными правительству, ибо принесли Государственному банку около 3 млн. р. прибыли,[164] не говоря уже о том, что золото, добытое на приисках, поступало на Монетный двор и обеспечивало систему денежного обращения.

Банкирский дом Гинцбургов был тесно связан с еврейской общиной. Эти связи проявлялись не только в их благотворительной деятельности. Отстаивание прав еврейского населения, разумеется в пределах либерального ходатайствования, стало семейной традицией Гинцбургов. Они участвовали в выработке законодательства 1860-х гг., предоставившего разным категориям евреев право жить за пределами черты оседлости, а когда «либеральный курс» Александра II в 1880-х гг. сменился националистически окрашенной политикой Александра III, пытались противостоять контрреформаторским правительственным актам. Уже в разгар первой мировой войны Александр Гинцбург хлопотал об оказании помощи беженцам евреям из Западной Польши и добивался отмены запрещения военных властей селиться евреям на дачах на берегу Финского залива.[165]

Гинцбурги играли значительную роль в культурной жизни столицы. Гораций Гинцбург был известным гебраистом, его сын Давид — ученым-востоковедом. Гораций Гинцбург поддерживал близкие отношения с издателем газеты «Порядок» М. М. Стасюлевичем и участвовал в финансировании газеты. В круг знакомых Гинцбургов входили В. В. Стасов, А. Г. Рубинштейн, И. С. Тургенев.

Гинцбурги принадлежали к кружку либерально настроенной столичной интеллигенции, включавшему в себя ученых, общественных деятелей и даже бюрократов. Гораций и его сыновья Давид и Александр были близкими знакомыми известного археолога и нумизмата, почетного члена Академии наук графа И. И. Толстого, занимавшего в октябре 1905— апреле 1906 г. пост министра просвещения, но затем отставленного от государственных дел.[166] Дневник И. И. Толстого регистрирует не просто частый обмен визитами с Гинцбургами, обсуждение политических новостей с Давидом и Александром Горациевичами, но и собрания единомышленников, участников «кружка 1905 г. о равноправии национальностей». Давид Гинцбург — непременный участник этих встреч на квартире И. И. Толстого весной 1907 г. В кружок входили также один из лидеров октябристов Ю. Н. Милютин, редактор «Петербургских ведомостей» Э. Э. Ухтомский, Э. Л. Радлов, П. П. Извольский.[167] 18 мая 1907 г., собравшись в очередной раз у И. И. Толстого, Д. Гинцбург, Ю. Н. Милютин и Э. Э. Ухтомский «утвердили... программную записку» «будущего общества» — «Кружок равноправия и братства». В записке говорилось о праве человека развивать «свои телесные силы... умственные способности и... нравственные качества» и о его обязанности «содействовать и другим в достижении той же полноты своих качеств и дарований». Участники кружка призывали «работать словом, письмом, делом в обществе, в школе, в законодательных учреждениях, в торговом мире, в управлениях, в судах», везде восстанавливать «мир, правду и справедливость», составлять новые «кружки, собираться для беседы, для мысли сообща, вносить свой дух в Университет, в Госуд. совет и Гос. думу, а также через преподавателей в среднюю и низшую школу».[168]

Проповедуя человеколюбие «на почве не вредящей другим широкой свободы и общей любви к Родине, к России», участники кружка подчеркивали, что, если на основе их программы «создастся Общество, оно должно носить общественно-научный характер, не затрагивая по возможности государственного строя и формы правления», так как провозглашенные ими идеалы «могут быть осуществляемы только постепенно, проникая в нравы, независимо от изменений, происходящих в государственном строительстве». Поэтому основатели кружка были готовы принять в него любое лицо, «исповедующее любые политические убеждения, от крайне правых до крайне левых»: сторонников «неограниченной монархии» и сторонников «учреждения в России пролетарской республики». Программа нравственного совершенствования общества должна была осуществляться на основе равноправия «всех народностей и племен, населяющих Россию». В программной записке специально было отмечено, что «принадлежность лица к любому вероисповеданию не может служить основанием для какого-либо ограничения в его общественно-гражданских и государственно-служебных правах», «каждый подданный русского государства, к какому бы племени он ни принадлежал, должен пользоваться всею полнотою гражданских прав», «евреям должно быть даровано равноправие со всеми остальными гражданами России во всех решительно отношениях», хотя «общегосударственным языком» признавался «только великорусский, литературный (язык Пушкина). . .».[169]

Давид Гинцбург размножил на гектографе составленную участниками кружка записку для рассылки ее единомышленникам.[170] Весной 1907 г. он в гуще либеральных диспутов, проходивших за обедами или чашкой чая, о необходимости государственных преобразований в России. Он принимает в своем доме вместе с И. И. Толстым бывшего директора Департамента полиции А. А. Лопухина, объявившего себя в 1907 г. «кадетом», порицавшего Думу за отсутствие «решительности и энергии» и предсказывавшего наступление «политического маразма в стране, когда будет потеряна всякая надежда на изменение режима и на улучшение».[171] Однако на страницах дневника И. И. Толстого Д. Гинцбург выглядит как человек, не придерживавшийся какой-то твердой политической программы и сосредоточившийся главным образом на проблеме равноправия евреев. Но и в этом его требования были весьма умеренны. К удивлению И. И. Толстого, Д. Гинцбург заявлял, что «евреи удовольствовались бы. . . даже тем, если бы с ними поступали на точном основании законов», существовавших до 1882 г., «отменив все циркуляры, особенно тайные, изданные „в пояснение" законов и вводящие полный произвол. . .».[172] Его привело в восторг производство в 1907 г. в офицеры («первый случай со времени царствования Александра II») еврея Столберга, «мелкого торговца из Киева», награжденного за участие в войне с Японией в отряде генерала Мищенко медалью на георгиевской ленте и четырьмя георгиевскими крестами.[173]

«В 9 часов утра, — записал в своем дневнике И. И. Толстой 28 августа 1907 г., — ко мне пришел Давид Гинцбург и просидел до 12 $^1/_2$ часов. Он ужасно плачется на положение евреев, но совершенно не имеет определенных планов относительно того, как помочь их горю. Я убедился, что, несмотря на хорошие качества Давида и его желание что-то сделать, он не способен ни на какое практическое выступление. Между тем помимо филантропического моего отношения к душимым специфическим законодательством 7 миллионам человеческих особей я считаю, что, пока в России не порешат с еврейским вопросом, нам не выбраться из трясины».[174]

Политические взгляды Горация Гинцбурга и его наследников во многом объясняются зависимостью их предпринимательского промысла от государства. В отличие от Штиглицев Гинцбурги не были придворными банкирами, однако это не мешало им вести финансовые дела герцога Гессенского и поддерживать самые тесные деловые связи с Министерством финансов и Государственным банком.

¹ The Jewish Chronicle. 1903. February 13. P. 15.
² ЦГИА СССР, ф. 40, оп. 1, д. 26, л. 5 и об.
³ См.: Рапорт Витебского губернского правления в Правительствующий сенат. 21 ноября 1848 г. // ЦГИА СССР, ф. 1343, оп. 39, д. 1066, л. 3. — См. также грамоты о присвоении потомственного почетного гражданства Габриэлю и Евзелю Гинцбургам (там же, л. 26 и 56).
⁴ Опись решенным и нерешенным делам Гинцбургов, возникшим около 1850 г. по Департаменту неокладных сборов // ЦГИА СССР, ф. 1405, оп. 68, д. 7595, л. 9 и об.

⁵ Всеподданнейший доклад министра финансов П. Ф. Брока «О награждении почетного гражданина Гинцбурга». 10 августа 1856 г. // Там же, ф. 560, оп. 38, д. 143, л. 73—74.

⁶ *Скальковский К.* Воспоминания молодости : 1843—1869. СПб., 1906. С. 109.

⁷ Всеподданнейший доклад министра финансов П. Ф. Брока «О награждении почетного гражданина Гинцбурга». 10 августа 1856 г. Л. 73—74.

⁸ Там же.

⁹ ЦГИА СССР, ф. 560, оп. 38, д. 143, л. 34.

¹⁰ Записка в Государственный совет министра внутренних дел С. С. Ланского и министра финансов А. М. Княжевича «О предоставлении евреям — купцам первой гильдии — права водворения торговли и промышленности во внутренних губерниях». 8 августа 1858 г. // ЦГИА СССР, ф. 821, оп. 9, д. 103, л. 384.

¹¹ Там же.

¹² Там же, л. 384 и об.

¹³ Выписка из журнала Государственного совета 14 января и 16 февраля 1859 г. о предоставлении евреям — купцам первой гильдии и евреям — иностранным подданным прав жительства и торговли вне черты оседлости // ЦГИА СССР, ф. 821, оп. 9, д. 103, л. 395—396.

¹⁴ Там же.

¹⁵ *Слиозберг Г. Б.* Барон Г. О. Гинцбург: Его жизнь и деятельность. Париж, 1933. С. 28.

¹⁶ Банкирский дом Гинцбургов заведовал финансовыми делами великого герцога Гессенского и его семьи. См.: *Слиозберг Г. Б.* Барон Г. О. Гинцбург. С. 42.

¹⁷ Товарищ министра иностранных дел — министру юстиции К. И. Палену, 5 мая 1870 г. // ЦГИА СССР, ф. 1405, оп. 68, д. 7595, л. 1 и об.

¹⁸ Товарищ министра иностранных дел — К. И. Палену, 3 апреля 1871 г. // Там же, л. 15.

¹⁹ Всеподданнейшая докладная записка министра финансов М. Х. Рейтерна «О награждении потомственного почетного гражданина Гинцбурга, Поллизена, Ненюкова, Полякова и Щербакова званием коммерции советника». 4 января 1875 г. // ЦГИА СССР, ф. 40, оп. 1, д. 26, л. 5 и об.

²⁰ Товарищ министра иностранных дел — К. И. Палену, 20 марта 1875 г. // Там же, ф. 1405, оп. 68, д. 7595, л. 21.

²¹ ЦГИА СССР, ф. 472, оп. 40 (194/2682), д. 31, л. 3 и об.

²² Там же, л. 10.

²³ Указатель действующих в империи акционерных предприятий и торговых домов. СПб., 1905. Т. 1. С. 1754.

²⁴ ЦГИА СССР, ф. 587, оп. 56, д. 1641, л. 1 и др.

²⁵ РО ГПБ, ф. 183, оп. 1, д. 45.

²⁶ *Слиозберг Г. Б.* Барон Г. О. Гинцбург. С. 26, 28—29, 35, 93.

²⁷ *Салтыков-Щедрин М. Е.* Собрание сочинений. В 20-ти т. М., 1977. Т. 20. С. 484.

²⁸ М. Е. Салтыков — С. М. Барацу, 19 марта 1884 г. // Салтыков-Щедрин М. Е. Собрание сочинений. М., 1977. Т. 19, кн. 2. С. 297.

²⁹ М. Е. Салтыков — Г. З. Елисееву, 20 марта 1885 г. // Там же. Т. 20. С. 157—158.

³⁰ М. Е. Салтыков — С. М. Барацу, 2 сентября 1885 г. // Там же. С. 218.

³¹ М. Е. Салтыков — С. М. Барацу, 2 октября 1885 г. // Там же. С. 228.

³² ЦГИА СССР, ф. 583, оп. 4, д. 228, л. 332. — На самую большую сумму — свыше 45 млн. р. — подписался Волжско-Камский банк. Из торговых или банкирских домов братья Елисеевы подписались на 4 млн. р., кроме того, Григорий Елисеев — на 2 млн., Степан Елисеев — на 1 млн 300 тыс., барон Штиглиц — на 2.5 млн., Г. Вавельберг — на 2 млн. р. с небольшим. На 1 млн р. подписались Петрококино, К. Фелейзен, Л. Полежаев (там же).

³³ Дневник государственного секретаря А. А. Половцова. В 2-х т. Т. 2. 1887—1892 гг. М., 1966. С. 416—417.

³⁴ Три последних самодержца: Дневник А. В. Богданович. М.; Л., 1924. С. 154.

³⁵ Там же. С. 156.

³⁶ Дневник государственного секретаря А. А. Половцова. В 2-х т. Т. 2. С. 449.

³⁷ *Слиозберг Г. Б.* Барон Г. О. Гинцбург. С. 128.

³⁸ Записка почетного гражданина с.-петербургского первой гильдии купца Евзеля Гинцбурга «Об ограничительных узаконениях о евреях». Август 1862 // ЦГИА СССР, ф. 821, оп. 9, д. 77, л. 8—17.

³⁹ Там же, л. 8 об.

⁴⁰ Там же, л. 9 об.

⁴¹ Там же.

⁴² Там же, л. 10.

⁴³ Там же.

5*

[44] Там же.

[45] Там же, л. 14.

[46] Там же, л. 15—16.

[47] М. А. Корф — П. А. Валуеву, 11 августа 1862 г. // ЦГИА СССР, ф. 821, оп. 9, д. 77, л. 7.

[48] А. А. Суворов — П. А. Валуеву, 4 сентября 1863 г. // Там же, л. 156—157.

[49] Там же.

[50] ЦГИА СССР, ф. 821, оп. 9, д. 77, л. 249.

[51] А. А. Суворов — П. А. Валуеву, 25 октября 1864 г. // ЦГИА СССР, ф. 821, оп. 9, д. 77, л. 217—218.

[52] П. А. Валуев — киевскому, подольскому и волынскому генерал-губернатору, 9 ноября 1864 г. // Там же, л. 215 и об.

[53] Киевский, подольский и волынский генерал-губернатор — П. А. Валуеву, 11 ноября 1864 г. // Там же, л. 216 и об.

[54] Справка об имении У. Е. Гинцбурга. 4 февраля 1891 г. // Там же, ф. 515, оп. 36, д. 634, л. 4.

[55] Прошение в Департамент уделов поверенного У. Е. Гинцбурга, потомственного почетного гражданина К. Г. Подмера. 21 января 1891 г. // Там же, л. 1—2.

[56] Записка о Могилянском имении барона Гинцбурга // Там же, л. 17—18.

[57] Там же.

[58] Гораций Гинцбург — князю Л. Д. Вяземскому, 21 января 1891 г. // ЦГИА СССР, ф. 515, оп. 36, д. 634, л. 1—2.

[59] Управляющий Киевской удельной конторой — в Департамент уделов, 11 июля 1892 г. // Там же, л. 26.

[60] Указатель действующих в империи акционерных предприятий и торговых домов. Т. 1. С. 1024.

[61] РО ГПБ, ф. 183, оп. 1, д. 1950, л. 23.

[62] Там же, л. 25, 27—28 об.

[63] Всеподданнейший доклад Д. А. Толстого. 3 февраля 1883 г. // ЦГИА СССР, ф. 821, оп. 9, д. 182, л. 8—11.

[64] Там же.

[65] Всеподданнейший доклад Д. А. Толстого. 18 апреля 1883 г. // Там же, л. 39—39 об.

[66] Докладная записка от московских фабрикантов и купцов. 25 апреля 1882 г. // Там же, л. 32—34.

[67] Там же.

[68] Там же.

[69] Там же.

[70] Н. Х. Бунге — Н. П. Игнатьеву, 5 мая 1882 г. // ЦГИА СССР, ф. 821, оп. 9, д. 181, л. 1 и об. — Записка эта отражала взгляды и самого Н. Х. Бунге, выступившего еще в апреле 1882 г. в Комитете министров против проекта временных правил, ограничивавших права еврейского населения, подготовленного Д. В. Готовцевым и министром внутренних дел Н. П. Игнатьевым. Об этом выступлении Бунге подробную и довольно сочувственную запись сделал в своем дневнике 20 апреля 1882 г. государственный секретарь Е. А. Перетц. Министр финансов подчеркнул, что преследование евреев сказалось на кредите России. «Как известно, — говорил Бунге, — Ротшильд объявил недавно во всеуслышание, что он не покупает русских государственных бумаг; такие слова Ротшильда имеют на всех европейских биржах чрезвычайный вес, и последствием их был необыкновенный упадок как бумаг наших, так и самого курса. В самое последнее время один молодой воинственный генерал (вероятно, намек на Скобелева) заявил, правда тоже во всеуслышание, что капиталов нам не нужно и что нечего церемониться с капиталистами. Но министр финансов так рассуждать не может; не может так смотреть на дело и Комитет министров. От государственных финансов и от неразрывно связанного с ними государственного кредита зависит благосостояние страны и ее величие. Потребности наши весьма велики. Нам нужны средства для внутреннего развития сравнительно молодой еще России, нуждающейся и в просвещении, и в путях сообщения, и в правильно устроенной юстиции, и в хорошо оплачиваемых должностных лицах по другим отраслям управления. На все это нужны большие деньги... Если же кредит наш, к крайнему прискорбию, отчасти потрясен принимавшимися в последнее время мерами, то несравненно более грустных последствий следует ожидать от утверждения проектированных по отношению к многомиллионному еврейскому населению крайне стеснительных правил, при действии которых евреям остается только одно — выселиться из России. Это было бы своего рода изгнание мавров из Испании. Не уподобляя вполне евреев маврам, стоящим, конечно, не-

сравненно выше по нравственным своим качествам, нельзя, однако, не предвидеть от выселения евреев чрезвычайных замешательств в экономическом нашем быту. С другой стороны, нужно иметь в виду и справедливость. Нельзя ограничивать права, чьи бы то ни было, посредством временных правил, обсуждаемых не в общем законодательном порядке, а наскоро в Комитете министров. Наша беда заключается, между прочим, в том, что у нас в весьма важных делах нет устойчивости, нет системы» (Дневник Е. А. Перетца (1880—1883). М.; Л., 1927. С. 130—131).

[71] Н. П. Игнатьев — Н. Х. Бунге, 8 мая 1882 г. // ЦГИА СССР, ф. 821, оп. 9, д. 181, л. 8—9.

[72] Московские ведомости. 1882. Май. № 128.

[73] Приговор собрания выборных Московского биржевого общества 10 мая 1882 г. // ЦГИА СССР, ф. 821, оп. 9, д. 181, л. 14 и об.

[74] Доклад Постоянной комиссии Московского биржевого общества по вопросу о торговых действиях, производимых в Москве евреями. 15 марта 1884 г. // Там же, л. 26—30.

[75] Приговор собрания выборных московского купеческого сословия. 14 мая 1884 г. // Там же, л. 21 и об.

[76] Н. Х. Бунге — К. И. Палену, 7 июня 1884 г. // Там же, л. 22—23 об.

[77] The Jewish Chronicle. 1903. February 13. P. 15.

[78] *Клячко Л. М.* За чертой // Еврейская летопись. М.; Л., 1926. Сб. 4. С. 130.

[79] Указатель действующих в империи акционерных предприятий и торговых домов. Т. 2. С. 1898.

[80] ЦГИА СССР, ф. 1418, оп. 1, д. 100, л. 1—2.

[81] Всеподданнейший отчет члена Государственного совета, сенатора, тайного советника С. С. Манухина по исполнению возложенного на него 27 апреля 1912 года расследования о забастовке на Ленских промыслах // ЦГИА СССР, ф. 1469, оп. 1, д. 36, л. 147.

[82] Компанейский акт купцов Павла Баснина и Петра Катышевцева. 5 июня 1864 г. // Там же, ф. 1418, оп. 1, д. 2, л. 1.

[83] Постановление Ленского золотопромышленного товарищества. 3 апреля 1871 г. // Там же, д. 1, л. 86—88.

[84] Постановление Ленского золотопромышленного товарищества. 21 мая 1871 г. // Там же, д. 2, л. 92—94.

[85] Протокол чрезвычайного общего собрания участников Ленского золотопромышленного товарищества. 6 октября 1873 г. // Там же, д. 3, л. 9.

[86] Там же; см. также: *Хроленок С. Ф.* Золотопромышленность Сибири (1832—1917). Иркутск, 1990. С. 68—79.

[87] Протокол общего собрания участников Ленского золотопромышленного товарищества. 1 декабря 1873 г. // ЦГИА СССР, ф. 1418, оп. 1, д. 3, л. 16.

[88] ЦГИА СССР, ф. 1418, оп. 1, д. 3, л. 33.

[89] Там же, ф. 821, оп. 9, д. 86, л. 39.

[90] А. В. Адлерберг — А. Е. Тимашеву, 20 сентября 1871 г. // Там же, л. 14.

[91] ПСЗ II. Т. Х. Отд. 2. № 9722.

[92] Там же. Т. XII. Отд. 1. № 9843.

[93] Там же. № 10242.

[94] М. Х. Рейтерн — А. Е. Тимашеву, 31 марта 1872 г. // ЦГИА СССР, ф. 821, оп. 9, д. 86, л. 35—36.

[95] Докладная записка поверенного от Гинцбурга о праве сего последнего на производство в Сибири золотого промысла. Не ранее 11 ноября 1871 г. // Там же, л. 39.

[96] Там же.

[97] М. Х. Рейтерн — А. Е. Тимашеву, 31 марта 1872 г. // Там же, л. 34—35.

[98] М. Х. Рейтерн — А. Е. Тимашеву, 16 марта 1873 г. // Там же, л. 80—81.

[99] Договор Г. Е. Гинцбурга с И. П. Катышевцевым об учреждении Иннокентьевского золотопромышленного дела Гинцбурга // Там же, ф. 1508, оп. 1, д. 1, л. 1—2.

[100] Краткая записка об устройстве управления золотопромышленным предприятием Г. О. Гинцбурга. Апрель 1872 г. // Там же, ф. 1418, оп. 1, д. 94, л. 8—14.

[101] Представление министра финансов М. Х. Рейтерна в Комитет министров «О порядке передачи в частные руки Березовского жильного месторождения золота». Июнь 1873 г. // Там же, ф. 37, оп. 5, д. 2121, л. 1—19.

[102] ЦГИА СССР, ф. 37, оп. 5, д. 2121, л. 105.

[103] Там же, л. 106—110.

[104] Там же, л. 169.

[105] Там же.

[106] Там же.

[107] Там же, л. 177.

[108] Там же, ф. 1418, оп. 1, д. 100, л. 1—2.

[109] Там же, ф. 1509, оп. 1, д. 14, л. 3—5.

[110] Там же.

[111] Там же, ф. 1418, оп. 1, д. 100, л. 1—27.

[112] Там же, л. 4.

[113] Протокол опроса Мориса-Эдуарда Эдуардовича Мейера, председателя правления акционерного общества «Ленское золотопромышленное товарищество», действительным статским советником В. Носовичем. 13 мая 1912 г. // ЦГИА СССР, ф. 1469, оп. 1, д. 8, л. 39.

[114] Отчет администрации над делами И. П. Катышевцева за 1872/73 год // Там же, ф. 1418, оп. 1, д. 84, л. 7—10.

[115] И. Д. Красносельский — Т. Е. Рафалович, 18 февраля и 16 июня 1881 г. // Там же, д. 462, л. 62.

[116] Текущие счета дома «Федор Рафалович и К^0» // Там же, д. 462, л. 33—34, 36—44; Текущий счет дома «Ефрусси и К^0» // Там же, д. 452, л. 90—97.

[117] Письмо администрации по делам торгового дома «Федор Рафалович и К^0» в главную контору Ленского золотопромышленного товарищества в Петербурге. 19 октября 1891 г. // Там же, д. 462, л. 453 и об.

[118] И. Д. Красносельский — в администрацию по делам торгового дома «Федор Рафалович и К^0» // Там же, л. 455.

[119] Текущий счет «Ефрусси и К^0» в Вене за период 1884/85 г. // Там же, ф. 4520, оп. 1, д. 452, л. 317—320, 343—348. — В 1893 г. администрация по делам банкирского дома «И. Е. Гинцбург» признала принадлежность банкирским домам «Ефрусси и К^0» в Вене, Ф. П. Родоконаки в Одессе и Э. Г. Розенберга в Киеве в совокупности 46 паев Ленского товарищества (ЦГИА СССР, ф. 1418, оп. 1, д. 342, л. 345).

[120] Договор о создании Ленского золотопромышленного товарищества. 10 декабря 1882 г. // ЦГИА СССР, ф. 1418, оп. 1, д. 6, л. 1—5.

[121] ЦГИА СССР, ф. 1418, оп. 1, д. 100, л. 1—2. — Стоимость паев колебалась в 1882 г. — 4200 р., позднее до 10 000 р. (там же, ф. 1469, оп. 1, д. 36, л. 147—148).

[122] Там же, ф. 1418, оп. 1, д. 100, л. 4—7.

[123] Там же, л. 9—11, 14.

[124] Там же.

[125] *Романов Б. А.* Россия в Маньчжурии : (1892—1906). Л., 1928. С. 591, 594.

[126] Там же. С. 399, 401, 451.

[127] Устав акционерного общества под наименованием «Ленское золотопромышленное товарищество» // Собрание узаконений и распоряжений правительства. СПб., 1896. № 46. 25 апреля.

[128] Протокол опроса директора-распорядителя Ленского золотопромышленного товарищества А. Г. Гинцбурга действительным статским советником В. Носовичем. 11— 13 мая 1912 г. // ЦГИА СССР, ф. 1469, оп. 1, д. 8, л. 15.

[129] Торгово-промышленная газета. 1897. 17 декабря. № 272.

[130] Указатель действующих в империи акционерных предприятий и торговых домов. Т. 1. С. 370.

[131] ЦГИА СССР, ф. 1418, оп. 1, д. 14, л. 9—11.

[132] Там же, д. 36, л. 147 об.

[133] Представление министра торговли и промышленности В. И. Тимирязева в Совет министров 6 июня 1909 г. «Об уменьшении основного капитала акционерного общества под названием „Ленское золотопромышленное товарищество"» // ЦГИА СССР, ф. 1418, оп. 1, д. 611, л. 23—26.

[134] Судьба Ленского золотопромышленного товарищества в эти годы в общих чертах прослежена в книге Я. И. Лившина «Монополии в экономике России» (М., 1961. С. 56—61).

[135] Объяснительная записка к прошению правления Ленского золотопромышленного товарищества от 25 августа 1908 г. за № 11251 о кредите // ЦГИА СССР, ф. 1418, оп. 1, д. 206, л. 8.

[136] Там же.

[137] Там же.

[138] Там же, л. 9.

[139] Там же.

[140] Протокол Особого совещания правления Ленского золотопромышленного товарище-

ства с участием приглашенных представителей акционеров торгового дома «И. Е. Гинцбург», торгового дома «Э. М. Мейер и К⁰» и Русского горнопромышленного товарищества с ограниченной ответственностью // ЦГИА СССР, ф. 1418, оп. 1, д. 206, л. 4.

[141] Там же, л. 4 об.

[142] Там же.

[143] Там же, л. 5.

[144] Объяснительная записка к прошению правления Ленского золотопромышленного товарищества от 25 августа 1908 г. за № 11251 о кредите // Там же, л. 8.

[145] Там же, л. 16.

[146] Протокол опроса члена правления Ленского золотопромышленного товарищества Н. И. Бояновского товарищем прокурора Петербургского окружного суда И. К. Смирновым. 11—13 мая 1912 г. // ЦГИА СССР, ф. 1469, оп. 1, д. 8, л. 25—34.

[147] Там же.

[148] Там же.

[149] Протокол опроса члена правления Ленского золотопромышленного товарищества Г. С. Шампаниера товарищем прокурора Петербургского окружного суда И. К. Смирновым. 13 мая 1912 г. // ЦГИА СССР, ф. 1469, оп. 1, д. 8, л. 35—36.

[150] Там же, л. 25—34.

[151] Там же, л. 34.

[152] ЦГИА СССР, ф. 1469, оп. 1, д. 8, л. 25—34.

[153] Там же.

[154] Там же.

[155] Там же.

[156] Доклад правления общему собранию акционеров Ленского золотопромышленного товарищества. 28 сентября 1912 г. // ЦГИА СССР, ф. 1469, оп. 1, д. 11, л. 17.

[157] ЦГИА СССР, ф. 1469, оп. 1, д. 8, л. 32—33.

[158] Там же, ф. 1418, оп. 1, д. 2815, л. 3—4; д. 2817, л. 3—4; д. 2814, л. 1.

[159] Биржевые ведомости. 1911. 27 июля. № 12445.

[160] Протокол опроса петербургского 2-й гильдии купца М. А. Шоломсона товарищем прокурора Петербургского окружного суда И. К. Смирновым. 16 мая 1912 г. // ЦГИА СССР, ф. 1469, оп. 1, д. 8, л. 4—5.

[161] ЦГИА СССР, ф. 630, оп. 2, д. 601, л. 6.

[162] Там же, л. 8, 20—22.

[163] Там же, д. 602, л. 213.

[164] Протокол опроса члена правления Ленского золотопромышленного товарищества Н. И. Бояновского товарищем прокурора Петербургского окружного суда И. К. Смирновым. 11—13 мая 1912 г. // Там же, ф. 1469, оп. 1, д. 8, л. 26.

[165] Дневник И. И. Толстого. Запись 20 марта 1915 г. Тетр. XXIII. С. 129. — «Около 9-ти приехал ко мне бар. Ал. Гинцбург посоветоваться, какие меры можно было бы принять для отмены запрещения военных властей евреям селиться на дачах на берегу Финского залива. Я дал ему совет отправиться лично в ставку вел. кн. Ник. Николаевича, испросивши по телеграфу аудиенции, и откровенно переговорить с верховным главнокомандующим, которого все наши министры так боятся. Я сказал ему, что он и дело евреев ничем не рискуют, а что даже при неудаче шаг его будет признан правильным и делающим ему честь». См. также запись 7 октября 1914 г. разговора с Александром Гинцбургом о помощи беженцам из Западной Польши (тетр. XXII. С. 27). Дневник И. И. Толстого цитируется по рукописи, хранящейся у Л. И. Толстой, любезно предоставившей автору возможность ознакомиться с ним.

[166] В 1913 г. И. И. Толстой был избран городским головой Петербурга и оставался в этой должности до февраля 1916 г. См.: *Толстая Л. И.* Воспоминания И. И. Толстого как исторический источник // Вспомогательные исторические дисциплины. Л., 1987. XIX. С. 201—203.

[167] Дневник И. И. Толстого. Запись в апреле 1907 г. Тетр. IV. С. 66.

[168] Там же. С. 109—111.

[169] Там же. С. 111—113.

[170] Там же. Запись 24 мая 1907 г. Тетр. IV. С. 124, 125.

[171] Там же. С. 88—89.

[172] Там же. Запись 14 апреля 1907 г. С. 41—42.

[173] Там же. Запись 1 мая 1907 г. С. 76—77.

[174] Там же. Запись 28 августа 1907 г. С. 216—217.

Глава четвертая

БРАТЬЯ ПОЛЯКОВЫ

ЖЕЛЕЗНОДОРОЖНЫЙ КОРОЛЬ САМУИЛ ПОЛЯКОВ

В первых числах апреля 1888 г. деловой мир Петербурга был взволнован неожиданной смертью двух известных железнодорожных предпринимателей и банкиров Антона Моисеевича Варшавского и Самуила Соломоновича Полякова. А. М. Варшавский разорился и повесился. Ходили слухи, что его собственный сын, женатый на Поляковой, «отказался снабдить его деньгами на уплату срочного векселя». С. С. Поляков «был поражен ударом на погребении Варшавского».

Невольный свидетель похорон С. С. Полякова, живший в здании Адмиралтейства, морской министр И. А. Шестаков сделал следующую запись в своем дневнике: «Могу свидетельствовать только, что, кроме царских похорон, мне никогда не случалось видеть такой массы народа, как на проводах Полякова. Все пространство от моего дома через Сенатскую площадь до моих окон было густо наполнено народом».[1]

А. М. Варшавский и С. С. Поляков не только были связаны деловыми и семейными узами, но и принадлежали к одному поколению и типу российских предпринимателей, начавших свою карьеру в начале 60-х гг., разбогатевших на винных откупах, военных заказах или железнодорожном строительстве и занявших видное место в столичном финансовом мире после того, как закон 1859 г. открыл возможности богатому еврейскому купечеству переселяться в крупные города, находившиеся за пределами черты оседлости.

Увиденная Шестаковым из окон его казенной квартиры и поразившая адмирала картина похорон его ближайшего соседа, владельца одного из самых фешенебельных особняков на Английской набережной, отражала глубокие перемены в жизни петербургского общества и России. Начавшееся в 60-е гг. бурное промышленное развитие и интенсивное железнодорожное строительство открыли новые возможности для накопления и приложения капиталов, развития банкирского промысла, встряхнули российское купечество и вытолкнули на поверхность развивавшегося буржуазного предпринимательства новый тип деловых людей.

А. М. Варшавский, как и А. И. Горвиц, принадлежали к южным откупщикам, переселившимся в Петербург уже после открытия банкирского дома «И. Е. Гинцбург».[2] Варшавский приобрел широкую и в то же время скандальную известность во время русско-турецкой войны 1877—1878 гг. вместе с компанией «Грегер, Горвиц и Коган», участвовавшей в снабжении армии продовольствием. «Грегер, Горвиц и Коган» выступали как комиссионеры и получали 10 % от стоимости поставок, причем «почти без всякого контроля этих цен и доставляемого количества». Варшавский подрядился поставить для полевого интендантства 7000 пароконных крестьянских подвод, а затем печеный хлеб для русской армии в Сан-Стефано. Прибыли были огромными, армия платила 3 р. золотом и 1 р. 65 к. бумажными деньгами за подводу в день.[3] По свидетельству С. Ю. Витте, подряды эти были устроены начальником штаба действующей армии генералом А. А. Непокойчицким, и «злые языки» говорили, что Непокойчицкий был чуть ли не пайщиком компании «Грегер, Горвиц и Коган» или получил от нее «соответствующее вознаграждение».[4]

А. М. Варшавский вместе с братьями М. и Л. Фридляндами участвовал в постройке Московско-Брестской железной дороги. Однако как железнодорожный делец он значительно уступал С. С. Полякову, старшему в клане известных банкиров-предпринимателей братьев Поляковых.

Все, что известно о начале карьеры С. С. Полякова, в основном опирается на два источника: воспоминания управляющего Министерством путей сообщения А. И. Дельвига, а также статьи и воспоминания К. А. Скальковского.[5] Согласно этим источникам, братья Поляковы происходили из семьи кустарей, живших в небольшом местечке близ г. Орши Могилевской губернии. С. С. Поляков был мелким откупщиком и подрядчиком, пока не устроился управляющим винокуренным заводом в имении министра почт и телеграфа графа И. М. Толстого, сдавшего Полякову, кроме того, «на оптовое содержание несколько близлежащих почтовых станций».[6] В отношениях между Поляковым и Толстым не было ничего необычного. Известно, что «члены Государственного совета, сенаторы и другие сановники тайно участвовали в откупах, имея паи».[7] Покровительство Толстого помогло Полякову выбиться в крупные подрядчики.

Огромные средства наживались Поляковым за счет казны, не только гарантировавшей железнодорожное строительство, но и субсидировавшей его на льготных условиях. Например, для сооружения Харьково-Азовской железной дороги Полякову был открыт кредит в размере 9 млн. р.[8] Особенно выгодным для подрядчиков было строительство дорог по заказу Военного министерства. Так, в июне 1877 г. был подписан Поляковым договор о постройке военной Бендеро-Галицкой железной дороги. Ее стоимость определялась в 5 млн. 550 тыс. метал. р. или в 8 546 153 кредит. р. Поляков получил право на приобретение и подвижного состава для дороги, причем в случае покупки паровозов и вагонов за границей ему разрешен был их беспошлинный ввоз.[9] Полякову удавалось добиваться и права беспошлинного ввоза из-за границы части материалов, необходимых для железнодорожного строительства.[10]

Во второй половине 60-х—начале 70-х гг. Поляков выступал уже в качестве учредителя, концессионера и, наконец, владельца ряда частных железных дорог, в том числе Курско-Азовской, Козлово-Воронежско-Ростовской, Царскосельской, Оренбургской, Фастовской и др.[11] Принято считать, что особенно крупный куш Поляков сорвал на строительстве Козлово-Воронежской железной дороги, воспользовавшись концессией, формально предоставленной на ее строительство воронежскому земству. По свидетельству А. И. Дельвига, Поляков бо́льшую часть акций, выпущенных в связи со строительством дороги, «оставил за собой», заложив их у берлинских банкиров, а на 500 тыс. р. акции были переданы И. М. Толстому в качестве «вознаграждения за содействие».[12]

К 1870 г. 32-летний коммерции советник С. С. Поляков уже состоял почетным членом или сотрудником многих попечительских обществ, успел приобрести репутацию мецената и был награжден орденом Св. Станислава 2-й степени. В значительной мере этой репутации способствовало открытие в Москве на Крымской площади в январе 1868 г. по инициативе М. Н. Каткова и на средства П. М. Леонтьева, С. С. Полякова и П. Г. Дервиза лицея в память цесаревича Николая.

Однако в общественных кругах к концу 1870-х гг. С. С. Поляков имел репутацию совсем иного рода. Многие из публицистов и писателей выставляли его как беззастенчивого и хищного дельца, не очень-то заботившегося о качестве строившихся им железных дорог. Особые заслуги в этом смысле принадлежат К. Скальковскому, еще в конце 1870-х гг. выступившему на страницах «Нового времени» со статьями, порочившими Полякова. «Отрицать энергии, ума и ловкости у Полякова нельзя, — писал К. Скальковский. — ... Но выстроенные им на живую нитку дороги были также в своем роде замечательны. Для получения концессии Азовской дороги он обещал земству 300 тысяч и построить рельсовый завод, но и завода не построил, ни земству денег не дал; для получения Воронежско-Ростовской дороги он также обошел Донское войско. Обе дороги имели целью развить каменноугольное дело, но долго возили уголь только из копей самого Полякова. Для постройки дорог Поляков валил, понятно, мерзлую землю, клал дурные маломерные шпалы, подвижной состав заказывал пресловутому Струсбергу».[13]

Пожертвованиями и благотворительностью Поляков стремился поддержать свою репутацию и в общественных, и в правительственных кругах. На его деньги в Ельце было основано и первое в России железнодорожное ремесленное училище.

18 ноября 1870 г. С. С. Поляков обратился к министру народного просвещения Д. А. Толстому с официальным предложением пожертвовать 200 тыс. р. серебром на учреждение в Ельце классической гимназии. Поляков писал, что уже заявлял об этом намерении елецкому земству при открытии железнодорожного училища, что «подготовка со временем действительно полезных деятелей на железнодорожном поприще не может ограничиться простым обучением ремеслам, необходимым для эксплуатации железных дорог», и, жертвуя деньги на строительство гимназии, он хочет участвовать в развитии «народного образования в крае, составляющем как бы центр железных дорог», построенных при его участии.[14]

В случае, если его пожертвование будет принято царем, Поляков брал на себя обязательство внести в Министерство народного просвещения акции Елецко-Орловской железной дороги по номинальной их цене и на сумму в 200 тыс. р. с тем, чтобы в течение первых пяти лет со дня открытия гимназии он имел право заменить их другими 5-процентными бумагами на ту же сумму. Поляков должен был ежегодно выплачивать 10 тыс. р. по купонам ценных бумаг, внесенных им земской думе, а они поступали в вечную и неотъемлемую собственность Министерства народного просвещения.[15]

Пожертвование столь значительной суммы на строительство классической гимназии в Ельце было актом, продиктованным не только заботами Полякова о просвещении жителей города, по счастливой случайности оказавшегося географическим центром его железнодорожного предпринимательства. Это был продуманный шаг, и Поляков связывал с ним надежду резко изменить свое общественное положение и, опираясь на поддержку Д. А. Толстого, получить баронский титул. Министр просвещения взялся хлопотать за это самым ревностным образом.

В самых первых числах декабря 1870 г. Д. А. Толстой был озабочен сбором сведений об имевших место в прошлом случаях пожалования дворянского достоинства лицам «еврейской веры».[16] Оказалось, что при рассмотрении Сенатом дел о дворянстве вероисповедание просителей не принималось во внимание. 7 декабря Д. А. Толстой был с докладом по делу Полякова у Александра II. Царская резолюция на всеподданнейшем докладе, записанная министром, звучала несколько неопределенно: «благодарить» Полякова за его пожертвования и «представить... к награде по непосредственному усмотрению его величества», когда будет разрешен Государственным советом отпуск сумм на учреждение в Ельце гимназии. В тот же день Д. А. Толстой известил Полякова о принятом решении, а тот в свою очередь сообщил министру 9 декабря о переводе пожертвованных ценных бумаг в распоряжение Министерства народного просвещения.[17]

Некоторая неопределенность царской резолюции объяснялась, видимо, тем, что Д. А. Толстой получил разрешение царя ходатайствовать перед Комитетом министров о пожаловании Полякову баронского достоинства, однако вопрос о форме его вознаграждения не был предрешен императором.

Между тем в печати известие о пожертвовании Полякова было воспринято по-разному. «Биржевые ведомости» и «Московские ведомости» не оставили без внимания меценатство Полякова, причем «Биржевые ведомости» даже приглашали публику благодарить его за щедрость. Это приглашение встретило довольно своеобразный отклик на страницах сатирического журнала В. С. Курочкина «Искра», опубликовавшего 13 декабря 1870 г. письмо одного из жителей г. Ельца. В письме утверждалось, что Поляков обязался перед елецким земством еще в апреле 1868 г. внести 200 тыс. р. на учреждение в городе гимназии за разрешение строить дорогу от Ельца до Орла, но обещание свое не выполнил, и в Ельце потеряли уже было надежду получить эту сумму, особенно после того, как харьковское земство начало по суду требовать от Полякова обещанные ему деньги. «Так, стало быть, благодарить г. Полякова не за что: разве за то только, что мы счастливее харьковцев и без суда получили денежки», — заключал свой рассказ елецкий корреспондент «Искры».[18]

Заметка эта была учтена в Министерстве народного просвещения, но, видимо, она не остановила Д. А. Толстого. 11 января 1871 г. он представил в Комитет министров пространную записку, содержавшую ходатайство «о пожаловании коммерции советнику Полякову с нисходящим от него потомством баронского достоинства Российской империи».[19] В записке были названы уже имевшие место случаи пожалования этого титула представителям торгового и финансового мира. В частности, Д. А. Толстой упомянул имена банкира А. Л. Штиглица, получившего титул барона в 1826 г. по ходатайству министра финансов за содействие правительству в заключении займа, варшавского банкира А. Френкеля, отмеченного той же наградой в 1857 г. по представлению военного министра, К. Фелейзена, ставшего бароном в 1864 г. за труды по сооружению дороги из Петербурга в Ораниенбаум с ветвью в Красное Село.

Кроме того, Д. А. Толстой представил в Комитет министров выдержки из свода законов, а также из соответствующих постановлений Сената, свидетельствовавшие, что евреи, пользовавшиеся «правом поступления как на учебную и медицинскую службу, так и на общую граждан-скую. . . по достижении известных чинов» имели право и на получение личного или потомственного дворянства.[20]

На случай успешного исхода дела министр заготовил и проект именно-го высочайшего указа Сенату о пожаловании С. С. Полякову баронского достоинства. Ходатайство Д. А. Толстого рассматривалось на двух за-седаниях Комитета министров — 19 января и 2 февраля 1871 г. — и было отклонено на том основании, что Поляков был представлен к почетному титулу «не за государственную заслугу или службу», а за пожертвование, «хотя и весьма значительное». Комитет министров принял решение хода-тайствовать о награждении Полякова орденом Св. Владимира 3-й степе-ни, установленным для нехристиан, с правами, которые предоставлялись орденами лицам купеческого звания.[21]

Хлопоты Толстого в пользу Полякова были только одним из свиде-тельств существовавших несомненно особых отношений между главой крупного клана предпринимателей и министром просвещения. Отношения эти, по всей видимости, имели гораздо более глубокие корни. Так, на-пример, с помощью Министерства народного просвещения А. А. Краев-ский начал издавать в 1863 г. газету «Голос»,[22] выражавшую взгляды «либеральной бюрократии» и закрытую правительством в 1884 г.[23] В то же время Краевский поддерживал самые тесные отношения с семьей Поляковых. «Вы для меня роднее более, чем родной, — писал в ноябре 1883 г. из Парижа С. С. Поляков А. А. Краевскому. — Искренне вас люблю от всего сердца, да я иначе и любить не могу. Не проходит день, час, чтобы я не думал о вас».[24] Известие о закрытии «Голоса» привело Полякова в состояние глубокого расстройства. «Я никак не могу при-мириться с мыслью, чтобы „Голос“ так и не существовал, меня это, право, больше мучает, чем вас», — жаловался Поляков. В том же письме он предлагал Краевскому финансовую помощь. «Подойдет ли вам, — писал он, — ежели организовать анонимное товарищество, уплатить Вам за типографию 50 тыс., а затем, чтобы Вы остались участником в 25 %, хотя не знаю, насколько могу обставить это дело, будучи в Париже. Но на всякий случай, ежели это может быть подходящим, попытаюсь, попро-бую».[25]

Дружба с Краевским и поддержка «Голоса», подвергавшегося со стороны правительства гонениям за либерализм, не мешали Поляковым прибегать к услугам такого влиятельного и ультраконсервативного органа печати, как «Московские ведомости». По свидетельству А. А. Абазы и Б. Н. Чичерина, Поляковы платили М. Н. Каткову ежегодно значитель-ную сумму за статьи, печатавшиеся в его газете.[26] Б. Н. Чичерин, в частности, утверждает, что Поляковы уплатили Каткову 5 тыс. р. за содействие «учреждению Моршанско-Сызранской линии».[27] Существует также предположение, что энергичные выступления Каткова в пользу строительства железнодорожной линии Курск—Харьков—Азов (сооружение ее началось в 1886 г.) были также инспирированы С. С. Поляковым.[28]

В январе 1885 г. С. С. Поляков, воспользовавшись, видимо, особыми отношениями с редакцией «Московских ведомостей», опубликовал в газете пространный проект выкупа в казну всех частных железных дорог.[29] Состояние железнодорожного хозяйства России выглядело в нем в самом неутешительном виде. Поляков отмечал несогласованность действий разных железнодорожных обществ, отсутствие единых норм, определявших их правовое положение и условия эксплуатации, несовершенство тарифной системы на железных дорогах, подрывавшее положение России на европейских хлебных рынках, значительные расходы правительства по гарантиям на доходность дорог, достигавшие 14 млн. р. в год. Поляков писал о тщетности попыток правительства и железнодорожных обществ увеличить доходность дорог ввиду начавшегося с 1877 г. падения стоимости кредитного рубля и призывал принять неотложные меры для прекращения потерь, вызванных его обесценением, и «приведения в порядок» железнодорожного дела.

Поляков предсказывал радикальное улучшение экономического положения страны в случае, если правительство выкупит в казну все железные дороги и объединит их в одном Обществе государственных российских железных дорог. В проекте содержалось наивное обещание, что правительству даже не потребовалось бы для этого денег, а достаточно было бы заменить по соглашению с железнодорожными обществами принадлежавшие им различные акции акциями или облигациями вновь созданного объединенного Общества железных дорог, а с нежелающими приобретать новые акции рассчитаться, выдав им облигации на соответствующие суммы. Хотя в конечном счете проект предусматривал передачу всего железнодорожного дела в руки правительства, Поляков заявлял, что успех его реорганизации «может быть скорее и вернее достигнут при совокупных усилиях правительства и частной предприимчивости», и считал необходимыми эти совместные действия по крайней мере в течение ближайших 15 лет.[30]

25 февраля 1885 г. «Московские ведомости» поместили еще одну статью Полякова «К проекту выкупа железных дорог и возвращения казне лежащего на них долга». В ней он давал дополнительные разъяснения некоторых частей своего проекта и утверждал, что его реализация позволит покончить с бюджетным дефицитом.

Печать встретила проект Полякова без особенного энтузиазма. Его опубликование дало повод газетам припомнить былые железнодорожные аферы автора, преданные гласности еще в 1879 г. правительственной комиссией под председательством барона К. Г. Шернваля. «Русские ведомости» обвиняли Полякова в том, что он «как великий мастер разных финансовых и железнодорожных дел желает явно „провести публику" и одновременно „провести дорогу к государственному казначейству"». «Такой злоумышленный проект, — заключала газета, — может вызвать лишь публичное негодование».[31]

С. С. Поляков не ограничился выступлением на страницах «Московских ведомостей», а представил свой проект в более развернутом виде в Министерство финансов. В частности, уточнению подверглись отношения предпринимателей и казны при устройстве единого Главного общества российских железных дорог. За правительством должно было быть закреплено 52 % голосов в правлении нового Общества, и в него должны были войти все «железнодорожные деятели» для обучения правительственных чиновников в течение 15 лет искусству управления дорогами.[32]

Однако и в правительственных сферах проект Полякова был отвергнут с порога. Министр путей сообщения К. Н. Посьет находил заслуживающей внимания мысль о сосредоточении «всех железных дорог в руках одного владельца», но считал неприемлемым предложение о передаче их в ведение акционерного общества, заинтересованного только в получении прибыли, а не в развитии народного хозяйства.[33] Министр финансов Н. Х. Бунге признал поляковский проект «совершенно несостоятельным» с финансовой точки зрения.[34]

Судя по всему, Бунге противостоял и другому финансовому мероприятию, затеянному Поляковыми совместно с Катковым в 1886 г., когда дни Бунге как министра финансов уже были сочтены, а Катков уверенно продвигал на это место своего ставленника И. А. Вышнеградского. В ноябре 1886 г. в Общем собрании Государственного совета обсуждалось представление Бунге о слиянии Общества взаимного поземельного кредита с Дворянским банком. Вышнеградский выступил с предложением об отсрочке решения по этому вопросу. Дело в том, что Поляковы сделали попытку фактически прибрать Общество взаимного поземельного кредита к рукам через принадлежавший им Московский Земельный банк. Катков состоял крупным акционером этого банка. Задуманный ими совместный проект позволил бы, по выражению А. А. Абазы, «нажить порядочно за счет казначейства».[35] Согласно этому проекту, Московский Земельный банк принимал на себя весь долг Общества взаимного поземельного кредита по выпущенным им в обращение закладным листам с «обязательством изъять из обращения все металлические закладные листы Общества в течение десяти лет посредством тиражей или покупкою этих листов на бирже, по усмотрению правления банка».[36]

Заемщики Общества взаимного поземельного кредита автоматически должны были стать заемщиками Московского Земельного банка. Ссуды, выданные им из Общества на кредитную валюту, переходили (по правилам, утвержденным царем 12 мая 1881 г.) в Московский Земельный банк без изменений сроков их погашения и платежей по ним процентов и погашения. Числившаяся за заемщиками к моменту перехода сумма долга в металлической валюте записывалась бы за ними в Московском банке в кредитных рублях. Ссуды, переведенные таким образом в Московский Земельный банк, должны были быть погашены в течение 57 лет «посредством постоянных ежегодных взносов кредитными рублями в размере шести процентов с остатка долга ко времени перехода».[37] Для изъятия из обращения металлических закладных листов Общества Московский Земельный банк должен был выпустить 3-процентные закладные листы с премией на сумму, превышающую на 25 % номинальную сумму закладных листов (т. е. из расчета 120 кредит. р. за 100 метал. р.), с погашением тиражами в течение 57 лет.[38]

Лица, желавшие погасить свои долги досрочно, должны были внести в Московский Земельный банк наличными деньгами по 125 кредит. р. за 100 метал. р. Банк в свою очередь обязался использовать эти суммы для выкупа заложенных в Государственном банке ценных бумаг под обеспечение выпуска 3-процентных закладных листов. Все капиталы Общества взаимного поземельного кредита должны были быть переданы в распоряжение Московского Земельного банка и записаны на счет особого запасного капитала.

Московский Земельный банк рассчитывал образовать вспомогательный капитал в размере 5 млн. р. за счет правительственной поддержки. Этот капитал должен был оставаться в распоряжении банка в течение 10 лет до погашения долга на металлическую валюту. После же десятилетнего срока сумма эта либо должна была быть возвращена правительству, либо по специальному соглашению с Министерством финансов оставлена за банком «для выдачи краткосрочных ссуд русским земледельцам Западного края для обеспечения им покупок имений» и для улучшения их состояния.[39] Принимая на себя долг и обязательства Общества взаимного поземельного кредита, Московский Земельный банк намерен был составить дополнительный акционерный капитал в размере 7 млн. р., соответствовавший одной двадцатой части переходивших к нему ссуд Общества. Банк рассчитывал иметь складочный и запасной капитал в размере более 15 млн. р.[40]

Разработанный Поляковыми проект не состоялся — он был провален Бунге и Абазой.[41]

С грандиозными проектами выкупа в казну железных дорог и поглощения Общества взаимного поземельного кредита Поляковы несомненно связывали надежды поправить свое финансовое положение и привлечь к себе еще раз внимание правительства. «... Дела идут ничего, — писал С. С. Поляков в ноябре 1883 г. из Парижа А. А. Краевскому. — Еще года 3—4 — и мы расплатимся с долгами, тогда благодать будет, хорошо. Я. С. и Л. С. в Петербурге, вероятно, свиделись с ними».[42] Упомянутые в письме Я. С. и Л. С. — это младшие братья С. С. Полякова Яков и Лазарь, к 1883 г. они не только были известны своим сотрудничеством с ним в деле железнодорожного строительства, но и возглавляли собственные торговые дома.

Имеющиеся в нашем распоряжении документы, к сожалению, не содержат сведений, позволяющих точно определить условия и характер сотрудничества всех трех братьев Поляковых. Были ли они компаньонами в пределах какого-то из созданных ими торговых или банкирских домов, или каждый из них образовывал свои собственные торговые дома, привлекая в качестве совладельцев только членов своей семьи? Если обратиться к духовному завещанию С. С. Полякова, то в нем нет прямого указания на совместное с братьями владение принадлежавшими ему или им ценностями, хотя речь идет о постоянном сотрудничестве всех трех братьев. «На память любимым моим братьям, вместе со мною всю жизнь трудившимся Якову и Лазарю, а равно зятьям моим Джеймсу барону Гиршу, Леону Абрамову Варшавскому, Georges Saint Paul оставляю каждому по 200 свидетельств на заложенные акции Общества Курско-Харьково-Азовской железной дороги. Каждое свидетельство по номинальной сумме 125 р. металлических».[43] Эта выдержка из завещания не дает основания говорить о совместной работе в пределах банкирского дома. С. С. Поляков назвал Л. С. Полякова своим душеприказчиком, но душеприказчиками названы также сын Даниил и зять Л. А. Варшавский.[44] В духовном завещании отмечалось, что все имущество было нажито С. С. Поляковым самостоятельно. «Родового имущества у меня нет, — свидетельствовал Поляков, — все, что имею, трудовое, мною самим приобретенное».[45] Оставшееся после смерти С. С. Полякова имущество оценивалось в 31 425 546 р., из которых на недвижимость приходилось 532 050 р. (очевидно, стоимость дома на Английской набережной). Наличные деньги исчислялись только 8943 р. 30 к., в то время как стоимость процентных бумаг достигала 30 895 553 р. 10 к. Общая сумма наследства, подлежавшая оплате пошлиной, составила 16 360 200 р.[46] Именно эта сумма и стала известна широкой публике и была названа в некрологе. Из завещания не вполне ясно, какие именно бумаги держал С. С. Поляков кроме акций Общества Курско-Харьково-Азовской дороги. Их он завещал не только братьям и зятьям, но и своей жене Д. Т. Поляковой (8000 акций номинальной стоимостью в 1 млн р.). Сыну Даниилу Поляков завещал кроме недвижимого имущества «все акции Общества южнорусской каменноугольной промышленности», однако неясно, насколько значительным был пакет этих акций. Остальные ценные бумаги наряду с наличными деньгами были разделены Поляковым между родственниками в следующей пропорции: жене — 16 %, сыну — 36, двум дочерям — по 16 каждой, внуку и внучке — 8 % с правом распоряжаться завещанным им капиталом по достижении сорокалетнего возраста, а до этого срока пользоваться только доходами.[47]

Таким образом, завещание не содержит следов того, что С. С. Поляков или его дети были официальными компаньонами в составе одного торгового или банкирского дома вместе с братьями Я. С. и Л. С. Поляковыми. В балансах банкирского дома, принадлежавшего Лазарю Полякову, на сентябрь 1907 г. Я. С. и Д. С. Поляковы упомянуты как русские корреспонденты без обеспечения.[48]

Д. С. Поляков остался правопреемником в железнодорожных делах своего покойного отца. С. С. Поляков незадолго до смерти получил разрешение Министерства финансов конвертировать облигации Козлово-Воронежско-Ростовской и Орловско-Грязской железных дорог, чтобы затем конвертировать облигации Курско-Харьково-Азовской железной дороги. 4 % облигации двух первых дорог были выпущены в 1887 г. на берлинском рынке.

В связи с проведением этой операции министр финансов потребовал, чтобы в качестве ее обеспечения С. С. Поляков сделал залог выпускаемыми 4-процентными облигациями на сумму 525 тыс. метал. р. К концу 1888 г. правительство вернуло Поляковым часть залога в размере 225 тыс. р., оставив у себя 300 тыс. р. до окончания всех конверсий. После смерти отца Д. С. Поляков, «желая по мере сил своих» постепенно осуществить и окончить «все разнообразные» его «предположения», отправился за границу для переговоров с берлинскими банкирами, при помощи которых заключал займы С. С. Поляков, однако столкнулся с трудностями, вызванными изменившимися финансовой конъюнктурой и политическими обстоятельствами.[49] Тем не менее в 1889 г. с помощью голландских и берлинских банков были выпущены новые 4-процентные займы Козлово-Воронежско-Ростовской и Орловско-Грязской железных дорог, а в 1888 и 1889 гг. — два 4-процентных займа Курско-Харьково-Азовской железной дороги.

Д. С. Поляков, унаследовав от своего отца некоторую часть его состояния, не унаследовал титул «железнодорожного короля», пожалованный ему молвой. Эпоха железнодорожного грюндерства миновала. В 1891 г. Орловско-Грязская, а в 1894 г. Курско-Харьково-Азовская дороги перешли в казну, а Козлово-Воронежско-Ростовская дорога влилась в Общество Юго-Восточных железных дорог.

ТОРГОВЫЙ ДОМ ЯКОВА ПОЛЯКОВА

Если Самуил Поляков вошел в историю российского предпринимательства прежде всего как железнодорожный магнат и грюндер и железнодорожное строительство явилось для него одним из главных источников обогащения, то Яков и Лазарь Поляковы известны как владельцы торговых домов, широко занимавшиеся банковскими операциями.

Яков Соломонович Поляков начинал свою деловую карьеру как купеческий сын, состоявший с 1860 по 1864 г. при капитале своего отца, первой гильдии оршанского купца Соломона Лазаревича Полякова. С 1864 по 1869 г. Яков Поляков имел собственное свидетельство оршанского первой гильдии купца. По решению Екатеринославской казенной палаты от 16 ноября 1868 г. он был перечислен вместе с семейством в таганрогские первой гильдии купцы.[50] 9 июня 1871 г. Яков Поляков был награжден орденом Св. Станислава 3-й степени и в сентябре того же года возведен в потомственное почетное гражданство.[51] В 1870 г. он открыл собственный торговый дом в Таганроге. С этого времени Таганрог стал опорным пунктом его предпринимательской деятельности. Мы располагаем единственным источником, содержащим более или менее общую ее характеристику за период с 1870 по 1896 г., источником несколько неожиданного происхождения.

К 1896 г. Яков и Лазарь Поляковы были уже действительными статскими советниками. Однако душу их смущал, видимо, пример покойного барона Евзеля Гинцбурга и его сыновей, получивших благодаря великому герцогу Гессен-Дармштадтскому баронский титул. Братья Поляковы решили воспользоваться для получения баронского титула своими связями в Персии, где они не только развернули коммерческую деятельность, но и состояли на службе у шаха. К 1896 г. Яков имел звание персидского генерального консула в Таганроге, а Лазарь — персидского генерального консула в Москве. В 1896 г. братья подали в Министерство финансов на имя С. Ю. Витте прошение об исходатайствовании «императорского соизволения» на пользование ими и их потомками баронским титулом, пожалованным каждому из них Насер эд-Дин-шахом. Поляковы ссылались на шахские фирманы, выданные Якову в январе 1890 г., а Лазарю —

в марте 1894 г. Задуманная братьями Поляковыми операция потерпела неудачу. Оказалось, что в Персии не только не было баронского титула, но и не было титула, который бы ему соответствовал. В Петербурге с иронией отнеслись к прошениям братьев Поляковых и оставили их без последствий. Однако благодаря этой курьезной истории сохранилась поданная Я. С. Поляковым С. Ю. Витте записка о 25-летней деятельности его торгового дома в Приазовском крае и г. Таганроге.[52]

Документ этот, разумеется, рисует деятельность Я. С. Полякова в самых радужных тонах, особенно его заслуги в сфере благотворительной: он открыл в своем имении на берегу Азовского моря спасательную станцию для Общества оказания помощи на водах, содержал за свой счет в течение 22 лет православного священника с причтом в единственной сельской православной церкви на Азовском побережье, находившейся как раз в его имении, открыл бесплатную школу для крестьянских детей, состоял председателем Таганрогского управления Общества Красного Креста, создавшего на свои средства во время русско-турецкой войны пять лазаретов в Таганроге для оказания помощи больным и раненым воинам. Вместе с тем на страницах этого уникального в своем роде документа, даже с поправками на неизбежные преувеличения, Я. С. Поляков предстает как несомненно крупный предприниматель и банкир.

Прежде всего Я. С. Поляков ставил себе в заслугу «развитие угольного дела на юге России». По его версии, до 1870 г. разработка угольных богатств Донецкого кряжа почти не велась и составляла всего несколько миллионов пудов в год. В результате стоимость угля доходила на ближайших от шахт станциях железной дороги до 16—18 к. за пуд и пароходы, плававшие по Черному и Азовскому морям, пользовались «исключительно английским углем».[53] Поляков одним из первых в своем имении Краснополье устроил хорошо оборудованные угольные шахты, отправлял за свой счет инженеров за границу для изучения шахтерского дела и «оказал огромные услуги вообще всему южному краю и, в частности, пароходному движению по Черному и Азовскому морям». «Пароходы отапливаются теперь, — отмечалось в записке, — исключительно донецким углем и антрацитом вместо английского угля».[54]

Я. С. Поляков называл себя одним из первых учредителей каботажного Азовского пароходства, существовавшего без правительственных субсидий и обладавшего «перевозочными средствами до 15 млн. пудов в течение навигации для заграничного отпуска хлеба от гг. Ростова и Таганрога до Таганрогского рейда». До 1870 г. для разгрузки судов на Таганрогском рейде использовался парусный каботаж, причем цена за доставку товаров от рейда до Таганрога и Ростова составляла 15 к. с пуда, вдвое дороже, чем стоила доставка этих товаров от Таганрогского рейда до заграничных портов, на разгрузку стоявшего на рейде заграничного судна требовалось 10—15 дней. С введением парового каботажа время разгрузки судов сократилось до 2—3 дней, а цена доставки подешевела на 1—2 к. с пуда.[55]

С 1874 г. Я. С. Поляков владел приморским имением Новомарийское в 12 верстах от Таганрога, где вел образцовое сельское хозяйство с паровыми молотилками, сеялками, жатвенными машинами. Он выстроил элеватор для очистки хлеба и механическую мастерскую, действовавшую «силою ветряного привода». Принадлежавшая ему экономия считалась образцовой в Приазовском крае «по благоустройству, рациональному ведению хозяйства и правильному счетоводству». Кроме того, Поляков одним из первых начал увеличивать озимые посевы ржи и пшеницы как гарантию от неурожаев, в то время как местные землевладельцы обычно сеяли яровые хлеба.[56] В своем хозяйстве Поляков увлекался лесоразведением и имел рощу, занимавшую более 50 десятин. В записке министру финансов он специально подчеркивал, что на его предприятиях «исключительно русский люд имеет постоянную службу и работу в числе до 2000 человек».[57]

Особое место в предпринимательской деятельности Я. С. Полякова занимали банкирский промысел и учредительство. Поляков называл себя учредителем не только Донского Земельного и Петербургско-Азовского Коммерческого банков, но и Азовско-Донского Коммерческого банка с отделениями во всех портах Азовского и Черного морей и на Кавказе и утверждал, что как учредитель этих банков он способствовал развитию торговли в самом крае, вывозу товаров из Приазовья за границу и финансированию землевладельцев.[58] Донской Земельный банк открыл свои действия в январе 1873 г., и Я. С. Поляков был не только его учредителем и хозяином, но и постоянным председателем правления банка вплоть до 1903 г.,[59] когда в результате банкротства Я. С. Полякова Азовско-Донской банк завладел пакетом акций Донского Земельного банка.[60]

Азовско-Донской Коммерческий банк открыл свои действия в 1877 г. Поскольку курс на иностранную валюту определялся Петербургской биржей, Азовско-Донской банк вынужден был прибегать к посредничеству петербургских банков для сбыта иностранных векселей, покупки и продажи процентных бумаг, переводных операций. Это посредничество обходилось ему довольно дорого. Кроме того, для обеспечения местной торговли, особенно осенью и зимой, во время повышенного спроса на ссуды под зерно, банк был заинтересован в том, чтобы иметь свое представительство в таком «центре крупного денежного обращения», как Петербург, для того чтобы «расширить свои операции по ссудам под хлеб».[61] В связи с этим Я. С. Поляков начал хлопотать в 1886 г. о том, чтобы Азовско-Донской банк мог перенести правление из Таганрога если не в столицу, то хотя бы в Ростов-на-Дону и чтобы ему было разрешено открыть в Петербурге свое отделение. Однако Министерство финансов отклонило прошение правления Азовско-Донского банка, предложив Я. С. Полякову открыть в Петербурге новый коммерческий банк для посреднических операций с Азовско-Донским банком.[62] Эту функцию стал выполнять созданный Я. С. Поляковым Петербургско-Азовский банк. К работе в банке он привлек своих сыновей Л. Я. и С. Я. Поляковых.[63] Петербургско-Азовский банк открыл свои отделения в Брюсселе и ряде городов России, в том числе в 1890 г. в Минске.[64] В 1895 г. Я. С. Поляков укрепил свое положение в Минске, скупив акции Минского Коммерческого банка.[65]

С наступлением общего финансового кризиса, начавшегося еще в 1898 г., прежде всего пошатнулось положение принадлежавшего Я. С. Полякову Петербургско-Азовского банка. Ему была оказана правительственная помощь и в то же время приняты меры к постепенной его ликвидации.[66]

6*

В 1890 г. была сделана попытка слить Петербургско-Азовский банк с Азовско-Донским и перенести его правление в Петербург, в чем ему до тех пор отказывало Министерство финансов. Эта попытка потерпела в 1900 г. неудачу из-за «неблагоприятного состояния биржи и денежного рынка». Тогда Я. С. Поляков выступил с проектом «ликвидации СПб.-Азовского Коммерческого банка при посредстве Минского Коммерческого банка и при участии и содействии Государственного банка».[67] Но и этот проект не состоялся. Министерство финансов содействовало передаче принадлежавших Петербургско-Азовскому банку отделений созданному в 1901 г. на французские капиталы Северному банку. 4 октября 1901 г. было подписано соглашение о переходе к Северному банку отделений Петербургско-Азовского банка в Баку, Борисоглебске, Воронеже, Ельце, Козлове, Казани, Москве, Минске, Новочеркасске и Твери.[68] Брюссельское отделение Петербургско-Азовского банка перешло к Société française de banque et des dépôts в Брюсселе. Была создана ликвидационная комиссия по делам Петербургско-Азовского банка, уступившая часть активов его петербургской конторы Азовско-Донскому Коммерческому банку.[69]

Крах предприятий Я. С. Полякова в Петербурге отразился и на его финансовых операциях и предпринимательской деятельности за пределами России, носившей в значительной мере авантюрный характер. Это в первую очередь относится к предприятиям Я. С. Полякова в Персии, где он был особенно активен в начале 1890-х гг.

В январе 1891 г. действительный статский советник В. Д. Хлебников представил в Министерство финансов проект устава учреждавшегося им акционерного предприятия «Ссудное общество Персии» с капиталом в 1 млн 250 тыс. р. Общество должно было способствовать устройству разного рода фабричных, промышленных заведений и складов.[70] Проект В. Д. Хлебникова встретил одобрение в министерствах финансов и иностранных дел. Последнее потребовало, однако, внесения некоторых изменений в проект устава Общества, в частности, для того чтобы оно «сохранило чисто русский характер» и «иностранные подданные не могли быть владельцами акций», было предложено выпустить именные акции, а не акции на предъявителя.[71]

11 июня 1891 г. И. А. Вышнеградский представил проект устава вновь создаваемого акционерного предприятия на утверждение Комитета министров. По рекомендации Министерства финансов оно было названо «Торгово-промышленное и ссудное общество в Персии». Его основной капитал в размере 1 млн. 250 тыс. метал. р. разделили на 10 тыс. акций по 125 метал. р. каждая. Из общего числа акций $2/5$ выпускались на предъявителя, а $3/5$ оставались именными.[72] Предусматривалось, что не менее четырех директоров правления, а также директор-распорядитель должны были быть русскими подданными.[73]

25 июня 1891 г. Комитет министров рассмотрел проект устава, а 5 июля он был утвержден императором.[74] Однако из-за внутренних событий в Персии Общество не работало и первое общее собрание акционеров состоялось только 3 мая 1892 г. На нем директорами правления были избраны И. В. Друри (занимавший в 1898 г. пост председателя

правления Петербургско-Азовского банка), Л. А. Рафалович, Н. А. Стефиница, О. В. Ландау и Г. И. Рубинштейн.[75]

Однако 30 декабря 1894 г. правление Русско-Персидского торгово-промышленного общества (окончательный вариант названия), так и не развернувшего свою деятельность, приняло решение о его ликвидации.[76] Представленный к собранию 30 декабря 1894 г. список акционеров Русско-Персидского торгово-промышленного общества, явившихся на общее собрание 30 декабря 1894 г., свидетельствует о том, что Общество к моменту своей ликвидации фактически находилось в руках Я. С. Полякова и его сыновей:[77]

Фамилия	Число акций	Число голосов	Расписки акционеров
В. Д. Хлебников	750	75	В. Хлебников
Я. С. Поляков	6210	621	По доверенности Я. С. Полякова
Л. Я. Поляков	1500	150	и за себя Л. Поляков
С. Я. Поляков	300	30	С. Поляков
Л. А. Рафалович	300	30	Л. Рафалович
И. В. Друри	750	75	И. В. Друри
Л. Н. Нисселович	190	19	Л. Н. Нисселович
	10000	1000	

При окончательной ликвидации Общества, состоявшейся 26 февраля 1897 г., владельцем всех 10 тыс. акций оказался Я. С. Поляков, в связи с чем ликвидационной комиссии не было нужды даже созывать общего собрания.

Судя по всему, Я. С. Поляков был фактическим хозяином Русско-Персидского торгово-промышленного общества с его возникновения, ибо известно, что еще в 1890 г. Я. С. Поляков приобрел концессию сроком на 75 лет на устройство в Персии банка с правами заниматься ссудными операциями под залог ценных бумаг, векселей и товаров и организовывать аукционы. Капитал банка был определен в 6 млн. франков, из которых 1 млн должен был быть внесен концессионером в течение первых шести месяцев, а остальные — последовательными взносами в сроки, установленные администрацией банка. По условиям концессии 10 % чистой прибыли от банковских операций должны были поступать в казну, 25 — в пользу учредителей и 65 % — в пользу акционеров. За дарованное банку право устраивать аукционные продажи в Тегеране Поляков должен был особо по истечении каждого года платить шахскому правительству тысячу туманов.[78]

Созданный в мае 1891 г. банк Я. С. Полякова первоначально был назван «Ссудное общество Персии». Он так и не развернул своих операций.[79] Трудно предположить, что весной 1891 г. почти одновременно были образованы два ссудных общества Персии, одно — по инициативе В. Д. Хлебникова, а второе — Я. С. Полякова. Скорее всего, мы имеем дело с какими-то махинациями Я. С. Полякова вокруг одного и того же предприятия.

Так или иначе, 1 мая 1894 г. Государственный банк уже вступил в управление Ссудным обществом Персии, переименованным к тому времени в Ссудный банк Персии.[80] Я. С. Поляков получил от русского правительства 225 тыс. р. за уступку всех акций на сумму в 5 млн. франков, или 1 млн

250 тыс. метал. р. (которые к моменту продажи банка считались оплаченными на 2 млн. франков), инвентаря, концессии и устава, а также в возмещение расходов «по обзаведению и устройству».

Таким образом, с 1894 г. Ссудный банк Персии начал действовать в Тегеране формально как частное учреждение, а в действительности как филиал русского Государственного банка, не только оплатившего расходы, связанные с покупкой банка, но и предоставившего его администрации в виде оборотного капитала 375 тыс. р. В 1902 г. Ссудный банк был переименован в Учетно-ссудный банк Персии. Он стал основным орудием в политике экономического проникновения России в Персию, провозглашенной в конце 1890-х гг. Министерством финансов. На заседании Комитета финансов 4 апреля 1894 г., утвердившего предложение министра финансов С. Ю. Витте о приобретении акционерного дела Я. С. Полякова, были определены основные задачи вновь образованного банка: содействовать «развитию активной торговли русских в Персии, сбыту туда русских фабрикатов, распространению среди персидского населения российских кредитных билетов, а равно вытеснению из Персии английских произведений».[81]

Услуги, оказанные Я. С. Поляковым правительству в Персии, не спасли его от краха. К кануну русско-японской войны он утрачивает влияние в деловом мире. Несмотря на значительный размах предпринимательской деятельности в 1880—1890-е гг., Я. С. Поляков не оставил в истории российского предпринимательства такого следа, как его младший брат Л. С. Поляков.

БАНКИРСКИЙ ДОМ ЛАЗАРЯ ПОЛЯКОВА

Лазарь Соломонович Поляков, самый богатый из братьев, возглавлявший в течение многих лет крупный банкирский дом в Москве, начинал свою карьеру как купец, не объявивший о своем собственном капитале. Лазарь Поляков состоял в оршанском купечестве с 1860 по 1864 г. при капитале своего отца, купца первой гильдии Соломона Лазаревича Полякова, а с 1864 по 1869 г. — при капитале брата, купца первой гильдии Якова Соломоновича. В 1869 г. Яков Поляков был перечислен из оршанских в таганрогские купцы первой гильдии. Это дало право Лазарю Полякову именоваться таганрогским первой гильдии купеческим братом.[82] Принадлежность в течение десяти лет к купеческому сословию и пребывание в первой гильдии способствовали тому, что в августе 1870 г. Лазарь Поляков был возведен в потомственные почетные граждане. Непосредственным поводом к тому послужило награждение его в марте 1870 г. орденом Св. Станислава 3-й степени за участие в сооружении Курско-Харьковской железной дороги, разумеется, совместно с С. С. Поляковым. Прошло всего два года, и Лазарь Поляков за усердие и труды был награжден орденом Св. Анны 3-й степени. В 1871 г. он наконец получил от своего имени свидетельство московского купца первой гильдии,[83] а в 1873 г. объявил об открытии в Москве банкирского дома.[84]

Как и старшие братья, Л. С. Поляков широко занимался благотворительностью. Уже в 1868 г. он избран почетным членом Рязанского губернского попечительства детских приютов, а в 1869 г. — членом Арбатского отделения попечительства о бедных в Москве.[85] За участие в учреждении нескольких коммерческих и земельных банков, в строительстве железных дорог и обширной лесной торговле Л. С. Поляков в 1874 г. был произведен в коммерции советники.[86]

Вторая половина 1870-х—начало 1880-х гг. были периодом быстрого развития предпринимательской и общественной деятельности Л. С. Полякова, приносившей ему награды и чины. В 1874 г. за пожертвования на детские приюты он был награжден орденом Св. Станислава 2-й степени, год спустя от правительства шаха получил орден Льва и Солнца. В 1877 г. новая награда — орден Св. Анны. В 1880 г. «за особые труды и усердие по Антропологической выставке в Москве» Поляков получил чин статского советника, два года спустя — орден Св. Владимира 4-й степени. В июне 1883 г. Поляков — уже действительный статский советник. В том же году он утвержден в звании турецкого генерального консула в Москве, а в 1890 г. становится персидским генеральным консулом. В 1886 г. за заслуги по Министерству внутренних дел Поляков награжден орденом Св. Владимира 3-й степени, а в 1896 г. — орденом Св. Станислава 1-й степени.[87]

1 января 1898 г. исполнилось 25 лет со дня основания Л. С. Поляковым банкирского дома в Москве. К этому времени его операции и влияние распространились далеко за пределы Московского промышленного района.

Банкирский дом был центром управления большой группой банков, железнодорожных, промышленных и торговых обществ. Л. С. Поляков состоял председателем совета Петербургско-Московского банка. Он был учредителем, главным акционером и фактическим распорядителем Московского Международного торгового, Южно-Русского Промышленного, Орловского Коммерческого, Московского и Ярославско-Костромского земельных банков. Л. С. Поляков владел 11 тыс. (из 40 тыс.) акций Московского Международного банка, он председательствовал в совете банка, а в его состав входили также двое его сыновей — Александр и Исаак. В Южно-Русском банке Л. С. Полякову принадлежало 16.5 тыс. акций (из 25 тыс.), и в этом случае в правление входили его сыновья Александр и Исаак, а сам он был держателем 11 тыс. акций (из 20 тыс.). Он был председателем правления этого банка, а кандидатом в члены правления значился его сын Михаил, председательствовавший также в правлении Ярославско-Костромского Земельного банка. Сам Л. С. Поляков и его сын Исаак входили в правление Московского Земельного банка.[88]

Л. С. Поляков был главным, а в некоторых случаях «почти исключительным акционером» целого ряда довольно крупных предприятий. К ним принадлежали, например: Московское товарищество резиновой мануфактуры (основной капитал около 2 млн. р., Л. С. Поляков — председатель правления, И. Л. Поляков — член правления и один из директоров); Московское лесопромышленное товарищество (основной капитал 2 млн. р., Л. С. Поляков — председатель правления, А. Л. Поляков — член правления); Московское домовладельческое и строительное общество (основной капитал 500 тыс. р.); Московское общество для сооружения и эксплуатации подъездных железных путей в России (И. Л. и А. Л. Поляковы — директора и члены правления, акционерный и облигационный капитал 8 300 400 р.); Коммерческое страховое общество (Москва, основной капитал 1 млн р., М. Л. Поляков — директор и член правления); конные железные дороги в Воронеже; конные железные дороги в Минске.[89] При содействии Л. С. Полякова были учреждены завод Рязанского товарищества для производства сельскохозяйственных орудий, предприятия Московского товарищества чернавских писчебумажных фабрик.[90]

Л. С. Поляков сделал попытку заняться и золотопромышленным делом. В 1878—1879 гг. по соглашению с Опекунским управлением над имениями и делами графа Александра Александровича и графини Софьи Васильевны Апраксиных Л. С. Поляков вел разведку золотых приисков в Нерчинском округе, в районе р. Бальджи, оказавшуюся неудачной.[91]

К началу 1890-х гг. предпринимательство братьев Поляковых приняло международный характер. Особенного внимания заслуживает учредительская деятельность Л. С. Полякова.

В 1890 г. он основал Персидское страховое и транспортное общество первоначально с акционерным капиталом в 2 млн. франков (175 тыс. р.). Л. С. Поляков, однако, не собирался сам эксплуатировать полученную концессию, а рассчитывал найти контрагента и пытался несколько раз вступить в соглашение с какой-нибудь русской страховой или транспортной компанией, но всякий раз неудачно, пока судьбой поляковской концессии не заинтересовалось Министерство финансов.

В 1901 г. по инициативе Министерства финансов транспортная компания «Надежда», получив из Государственного банка на льготных условиях долгосрочную ссуду, приобрела на 2.4 млн. франков акции дополнительного выпуска Персидского страхового и транспортного общества, которые дали ей право иметь $3/4$ голосов на общих собраниях Общества. Затем в январе 1902 г. С. Ю. Витте распорядился скупить все акции Персидского страхового и транспортного общества на средства Учетно-ссудного банка, но, так как Поляков отказался уступить свою часть акций (первый выпуск на 2 млн. франков) по приемлемой для Министерства финансов цене, Учетно-ссудный банк приобрел только те акции, которые принадлежали компании «Надежда», получив тем самым $3/4$ голосов на общем собрании.[92]

Расходы, связанные с приобретением акций Общества Полякова, оказались необременительными для Государственного казначейства. Уплатив держателям акций второго выпуска 180 120 р., оно одновременно получило в свое ведение кассу Общества, в которой значились поступления первого взноса в размере 180 тыс. р. Таким образом, «фактические издержки» на приобретение предприятия свелись к уплате правительством компании «Надежда» незначительной суммы в возмещение комиссионных расходов, которые были сделаны ею в связи с покупкой акций Полякова в 1901 г.[93] $3/4$ голосов, полученных Министерством финансов, оказались достаточными, чтобы изменить состав правления и завладеть страховым и транспортным Обществом Полякова.[94]

Похожая судьба постигла и другое его предприятие в Персии. Еще в 1893 г. Персидское страховое и транспортное общество Л. С. Полякова приобрело концессию на строительство дороги Энзели—Казвин. В связи с этим было образовано Общество Энзели-Казвинской дороги, получившее в 1895 г. право продолжить дорогу до Тегерана и Хамадана.

Общество располагало акционерным капиталом в 1.5 млн. р. Из 15 тыс. акций 12 350 принадлежали банкирскому дому Л. С. Полякова. В 1895, 1897 и 1898 гг. Обществу были разрешены выпуски 4.5-процентных облигаций общей стоимостью в 4.1 млн. р. Все они были полностью приобретены Государственным казначейством по цене 96 % за 100 %. В 1900 г. Обществу был разрешен выпуск облигаций еще на 900 тыс. р. Таким образом, к 1902 г. казначейство уже скупило значительную часть акций Общества Энзели-Тегеранской дороги, однако это не удовлетворило министра финансов С. Ю. Витте, и по его предложению в 1902 г. Государственное казначейство приобрело еще на 5.2 млн. р. привилегированных акций Общества, выпущенных для консолидации долгов и обмена прежних выпусков облигаций на 5 млн. р. В результате к концу 1902 г. из всех акций на сумму в 6.7 млн. р. правительство имело акции на 5.2 млн. р., или 77 % общего количества, и стало «фактическим хозяином дела».[95] Весь контроль над деятельностью Общества Энзели-Тегеранской дороги оказался сосредоточенным в руках министра финансов. На общем собрании акционеров 2 октября 1902 г. на Л. С. Полякова оказали давление, старый состав правления подал в отставку, было принято решение о перенесении правления Общества из Москвы в Петербург, а новый его состав был избран по указанию министра финансов.[96]

Министерство финансов захватило только жизнеспособные предприятия Л. С. Полякова в Персии. Несколько иной оказалась судьба созданного там Поляковым Товарищества для торговых операций.

В 1889 г. Л. С. Поляков приобрел за несколько тысяч франков у бельгийского подданного Дени концессию на монопольное производство спичек в Персии. Концессия была оценена в 320 тыс. р., и было учреждено Товарищество промышленности и торговли в Персии и Средней Азии с основным капиталом в 400 тыс. р. Паи Товарищества поступили к Полякову, а разница в 80 тыс. р. была записана в долг его банкирской конторе. Этот долг так никогда и не был возвращен Товариществу. Затем в Тегеране была построена спичечная фабрика. 200 тыс. р. на ее постройку Поляков взял в Московском Международном банке. Товарищество с самого начала не имело оборотных средств и материалов для производства спичек, так как поблизости от фабрики не было лесов.[97] Тем не менее в 1892—1893 гг. Поляков решил не свертывать производство, а увеличил основной капитал Товарищества до 1 млн.р. для того, чтобы оно могло заниматься «комиссионерством» по обмену персидских и русских товаров и изделий. Тогда же в Тегеране было открыто отделение Московского Международного банка специально для финансирования поляковских предприятий.[98] Увеличение основного капитала Персидского товарищества было произведено за счет Международного банка, которому Поляков передал паи Товарищества.

Комиссионные операции Товарищества оказались несостоятельными и на первых же порах принесли свыше полумиллиона убытков. В связи с этим в 1893 г. Товарищество решило заняться торговыми операциями с хлопком.

Между тем Персидское товарищество продало спичечную фабрику и концессию на производство спичек Страховому обществу, также принадлежавшему Л. С. Полякову и уплатившему за эту сделку своими облигациями. Однако вскоре обнаружилось, что облигации эти оказались неправильно выпущенными. Страховое общество вскоре прекратило по ним платежи, и сделку пришлось аннулировать. В результате этих трюков Полякова убытки Товарищества не сократились, а возросли и составили 530 тыс. р., которые были записаны долгом за Поляковым.

Убытки Персидского товарищества Л. С. Поляков постарался замаскировать с помощью новых афер. Он выхлопотал утверждение устава Перновской мануфактуры, которая в действительности никогда не существовала. Постройка фабричного здания производилась на средства Московского Международного банка, потерявшего на этой операции около миллиона рублей, и так и не была завершена. Поляков продал Перновской мануфактуре три хлопчатобумажных завода, принадлежавших Персидскому товариществу и оцененных по балансу Товарищества всего в 340 тыс. р. Благодаря этой сделке были списаны с баланса Товарищества убытки в 530 тыс. р.[99]

В 1893 г. Персидское товарищество занялось покупкой за свой счет среднеазиатского хлопка и продажей его в Москве. В этой операции активное участие принял Московский Международный банк. Банк и Персидское товарищество действовали настолько сообща, что правление Товарищества перешло в помещение банка, кроме того, для удобства совместных действий в хлопковой операции были открыты отделения банка в Бухаре и Коканде, а банк стал отпускать Товариществу по нескольку миллионов рублей на закупку хлопка без всякого обеспечения.

Результаты торговли хлопком для Персидского товарищества оказались еще более неудачными и убыточными по сравнению с прежними операциями. Уже в первые годы убытки составили 300 тыс. р. В 1896 г. Персидское товарищество, чтобы покрыть убытки, занялось спекуляцией с американским хлопком, «продавая его по так называемым контрактам in blanco на Ливерпуль, Александрию и Нью-Йорк с целью получения разницы к сроку контрактов».[100] Поначалу дело пошло успешно, но затем опять последовала неудача, и с августа 1900 по март 1901 г. Московский Международный банк вынужден был выплатить около 3 млн. р. по обязательствам Персидского товарищества.[101]

Московский Международный банк одновременно понес убытки и на целом ряде других сомнительных операций: он задолжал 2 млн. р. на субсидировании нескольких фабрик в Ревельском районе через посредство учрежденного на его деньги Балтийского банка; Международный банк потерял миллион рублей на строительстве мануфактуры около Пернова, 600 тыс. — на спекуляции на серебре, около 2 млн. — на разных специальных сделках, осуществлявшихся через банкира Шкафа, бежавшего за границу, до 600 р. — на торговых операциях с Челябинским, Либавским, Пензенским и Евпаторийским отделениями банка, а также значительные суммы на субсидировании предприятий в Лондоне, Париже, спекуляциях и товарных операциях за свой счет в иностранных отделениях.

Чрезвычайные убытки банка, достигшие более чем 13 млн. 400 тыс. р., особенно по операциям Персидского товарищества (4 млн. 500 тыс. р.), вызвали возмущение акционеров, обратившихся в Особенную канцелярию по кредитной части с жалобой на незаконные действия членов совета и правления банка. $^3/_4$ акций Международного банка (около 30 тыс. штук) находились мелкими партиями в руках небогатого класса держателей.[102] Акционеры банка требовали, чтобы Л. С. Поляков, члены правления и совета банка за нарушение устава были привлечены к имущественной ответственности.[103] Из числа противоуставных операций особенные злоупотребления были связаны с Персидским товариществом. Вопреки уставу банка деньги выдавались Персидскому товариществу бессрочно и без соответствующего обеспечения (бланковый кредит), а решение о выдаче денег принималось «по настоянию Полякова» без участия совета и правления банка. Весь риск, связанный с операциями Товарищества, «падал исключительно на акционеров» Московского Международного банка, в то время как сам Л. С. Поляков «за все время убыточных действий Товарищества получал... дивиденды, выведенные по отчетам в сумме 500 тыс. р.».[104]

Московский Международный торговый банк, понесший большие потери в результате операций Л. С. Полякова в Персии и разного рода его предпринимательских авантюр в России, не был исключением среди других банков, контролировавшихся Поляковым. Свидетельством тому может служить история Московского лесопромышленного товарищества, учрежденного Поляковым еще в 1882 г. с целью ведения под контролем Лесного департамента лесного хозяйства и обработки лесных материалов для внутренней и заграничной торговли.[105]

Л. С. Поляков использовал свое положение в Московском Земельном банке для того, чтобы Товарищество могло приобретать сельские имения, заложенные в этом банке, и получать от него «сотни тысяч в виде дополнительных ипотечных займов». «С другой стороны, близость Л. С. Полякова к Московскому Международному, Орловскому Коммерческому и Южно-Русскому Промышленному банкам позволила ему отчуждать по неимоверно высокой цене принадлежащие лично ему имения путем уступки их Товариществу под векселя, кои немедленно реализовывались Л. С. Поляковым путем учета» в этих банках.[106]

Основной капитал Лесопромышленного товарищества был определен в 2 млн. р., разделенных на 2000 паев (по 1000 р. каждый), из них 500 паев принадлежали Р. П. Поляковой, а остальные 1500 — Л. С. Полякову. К 1904 г. из 2000 паев 1855 были заложены: 500 — в Государственном банке, 1000 — в Орловском Коммерческом банке, 355 — в Московском Международном торговом банке. Московское лесопромышленное товарищество задолжало к 1904 г. по векселям, выданным Л. С. Полякову и переучтенным им в банках, 2940 тыс. р., из них в портфеле Государственного банка находились 470 тыс. р., Южно-Русского Промышленного банка — 1050 тыс., Московского Международного банка — 690 тыс., Орловского Коммерческого банка — 455 тыс. р. Площадь принадлежавших Товариществу лесных дач и имений определялась в 255 091 десятину. По балансу на 1 января 1904 г. их стоимость составляла около 8 млн. р., а по оценке Министерства финансов, произведенной в 1901 г., — 12 700 тыс. р.[107]

В целях скорейшей ликвидации Лесопромышленного товарищества в 1903 г. представители Московского Международного торгового, Южно-Русского Промышленного и Орловского Коммерческого банков образовали особое совещание для урегулирования расчетов с Л. С. Поляковым, в правление Товарищества были введены уполномоченные этих банков, а затем и представитель Государственного банка, при Московской конторе которого еще в 1902 г. было образовано особое совещание по делам Л. С. Полякова.[108]

Сложная система поляковских предприятий и банков, тесно связанных и зависимых друг от друга, не выдержала натиска мирового экономического кризиса. К началу 1900-х гг. пошатнулись дела не только Я. С. Полякова, но и Л. С. Полякова. Он обратился за помощью к Государственному банку, прося о выдаче ему от 4 до 6 млн. р. под акции Московского Международного торгового, Южно-Русского Промышленного, Орловского Коммерческого и Петербургско-Московского банков.[109] Это привлекло пристальное внимание Министерства финансов и самого С. Ю. Витте к банкирскому дому и предприятиям Л. С. Полякова. Еще летом 1900 г. Витте докладывал Николаю II о «весьма шатком положении банкиров Поляковых» и о своем беспокойстве за судьбу поляковских банков.

В связи с начавшимся резким колебанием цен дивидендных бумаг на Петербургской бирже Министерство финансов 20 октября 1899 г. образовало синдикат из крупных банков и банкирских домов для вмешательства в биржевую конъюнктуру и регулирования цен. Первоначально предельная сумма затрат синдиката была определена в 5 млн. 350 тыс. р. Доля участия в синдикате таких крупных банков, как Волжско-Камский, Русский для внешней торговли, Петербургский Международный, Петербургский Учетный и ссудный, Петербургский Частный коммерческий, достигала 500 тыс. р. Примечательно, что столь же значительным было участие в синдикате петербургских банкирских домов — «Г. Вавельберг» и «Э. М. Мейер и К⁰».[110] Остальные члены синдиката внесли меньшие суммы, но не ниже 100 тыс. р. Минимальный взнос сделали банкирский дом «Лампе и К⁰» и Петербургско-Московский Коммерческий банк.[111]

Таким образом, один из банков, связанных с Поляковым, участвовал, хотя и в сравнительно незначительном размере, в предпринятой правительством попытке остановить уже охвативший Петербургскую биржу финансовый кризис. Между тем остальные поляковские банки сами оказались жертвой наступившего кризиса и над ними нависла угроза приостановки платежей. Осенью 1901 г. С. Ю. Витте подготовил специальный доклад Николаю II о необходимости принятия мер к спасению поляковских банков. Витте возлагал ответственность за критическое положение Московского Международного торгового, Южно-Русского Промышленного и Орловского Коммерческого банков на самого Л. С. Полякова. В Министерстве финансов считали, что участие Полякова в таком большом количестве предприятий требовало «огромных для частного лица капиталов», в то время как оно главным образом было основано на кредите. Собственный капитал Полякова составлял всего 5 млн. р., кроме того, он владел недвижимостью в 4 млн. р., процентными бумагами на 1.5 млн. р. и акциями на 38 млн. р. По сведениям С. Ю. Витте, задолженность Л. С. Полякова к 1901 г. составляла по векселям и ссудам под бумаги около 41 млн. р. и под недвижимость 2 млн. р., т. е. все имевшиеся у него ценные бумаги были заложены, а в наличности оставались только бумаги, не имевшие цены, и «всякое более или менее крупное требование кредиторов о сокращении задолженностей» могло «привести

Полякова к банкротству». «Хотя в числе этих кредиторов, — писал Витте Николаю II, — есть вкладчики, доверившие Полякову до 3.3 млн. р., тем не менее я считаю недопустимою выдачу Полякову средств для расчета с кредиторами или для поддержания принадлежащих ему промышленных предприятий, так как подобная выдача угрожала бы серьезными убытками Государственному банку».[112]

В то же время, по мнению министра финансов, было просто необходимо оказать поддержку трем поляковским банкам. «Иначе дело обстоит с частными банками, — писал Витте, — в прочности коих кроме акционеров заинтересованы все вкладчики, на сумму 21.5 млн. р. в Московском Международном банке с 29 отделениями, 4 $\frac{1}{3}$ млн. р. в Южно-Русском банке с 7 отделениями и 13 млн. р. в Орловском банке с 21 отделением. Приостановка платежей этими банками, существующими уже около 30 лет, не только разорила бы множество вкладчиков, разбросанных по всей России, но и нанесла бы сильный удар всему частному кредиту, подорвав и без того пошатнувшееся доверие к частным банкам».[113] Витте просил царя разрешить Государственному банку «в общем порядке» открыть всем трем поляковским банкам кредиты под ценности, не принимавшиеся в обеспечение по ссудам, а в случае надобности установить над банками правительственный контроль и ввести в состав их правлений или советов чиновников Министерства финансов. Доклад Витте был представлен Николаю II товарищем министра В. Н. Коковцовым в императорском поезде в Гамбурге. 9 сентября 1901 г. Николай II одобрил предложение Витте, но отметил, что поддержка поляковских банков должна носить временный характер.[114]

К концу ноября 1901 г. Министерство финансов располагало уже более точными данными о состоянии дел коммерческих банков Л. С. Полякова. Стало известно, что все 58 отделений этих банков вели свои операции весьма удовлетворительно. Правления же затратили 19.1 млн. р., т. е. свыше $\frac{2}{3}$ всех акционерных капиталов (27 млн. р.), на кредиты Л. С. Полякову и его промышленным предприятиям, вложив, таким образом, значительные средства «в сомнительные, а отчасти безнадежные активы».[115] По мнению Витте, вероятные потери этих банков во всяком случае должны были превысить 12 млн. р. или совокупность запасных (7 млн. р.) и $\frac{1}{4}$ основных капиталов (5 млн. р.) и, следовательно, по уставам банков они должны были либо пополнить свои капиталы, либо приступить к ликвидации дел. Витте считал, что неспособность банков выплачивать дивиденды в прежнем размере и сокращение доходов Полякова как главного акционера неминуемо должны были повлечь за собой приостановку ими платежей. Все это окончательно убедило Витте в необходимости открыть поляковским банкам чрезвычайные кредиты и ввести вплоть до 1904 г. в состав их правлений представителей Министерства финансов.[116]

Обострение кризисного состояния банкирского дома Л. С. Полякова вынудило его владельца согласиться на проведение ревизии чиновниками Государственного банка и Особенной канцелярии по кредитной части. В результате ее Министерство финансов имело уже на 1 декабря 1901 г. полную и достаточно точно отражавшую положение дел картину состояния банкирского дома Л. С. Полякова (в тыс. р.):[117]

Актив	Балансо-вая стоимость	Оценка ревизо-ров	Пассив	
Процентные бумаги и акции	39518	26446	Залог бумаг в России	27763
Имущество недвижимое	4164	4164	Залог бумаг за границей	3717
Учтенные векселя	5196	5142	Залог недвижимого имущества	2286
Долги за разными лицами	1282	901	Переучет векселей	4197
Ссуды до востребования	1051	900	Текущий счет и вклады	4001
Прочие активы	263	162	Долги собственным промышлен-ным предприятиям	5505
Уплачено процентов и расходы	2039		Долги разным местам и лицам	851
			Прочие пассивы	193
			Основной капитал	5000
Итого	53513	37715		53513

Таким образом, при собственном капитале в 5 млн. р. банкирский дом Л. С. Полякова владел преимущественно в виде банковых и промышленных акций ценными бумагами на сумму 39 млн. р., недвижимым имуществом на 4.2 млн. р., кроме того, было выдано промышленным предприятиям по учету их векселей и в виде ссуд свыше 6 млн. р. Необходимые для этих затрат средства лишь в незначительной части были получены в виде вкладов (4 млн. р.), но в основном в результате залога ценных бумаг (31.5 млн.р.) и недвижимого имущества (2.3 млн. р.), а также позаимствований у собственных промышленных предприятий (5.5 млн. р.). Процентные бумаги и акции были заложены: за границей — ценные бумаги, пользовавшиеся спросом, в частности акции Киево-Воронежской железной дороги, в русских банках — акции земельных и коммерческих банков Л. С. Полякова, а в собственных банках Полякова — акции его предприятий, не принимавшиеся в залог другими банками.[118]

Ревизия установила, что показанная по балансу банкирским домом Л. С. Полякова оценка большей части бумаг и других статей актива значительно, на 15.8 млн. р., превышала их действительную стоимость. Из этого следовало, что банкирский дом не только утратил весь основной капитал (5 млн. р.), но и не был в состоянии погасить кредиторские претензии на 10.8 млн. р.[119] Витте считал, что только часть этой суммы, не более ее половины, могла бы быть погашена за счет принадлежавшего Полякову имущества, а поэтому финансовая помощь ему была бы неизбежно связана с потерями для Государственного банка. «По моему личному мнению, — писал Витте в декабре 1901 г. в докладе Николаю II, — если крушение названного банкирского дома и вызвало бы временное осложнение в положении некоторых предприятий, преимущественно Московского района, то едва ли оно могло бы на продолжительное время отразиться существенно неблагоприятным образом на решении торгово-промышленного дела империи».[120] Для принятия окончательного решения о способах поддержки Л. С. Полякова и его предприятий Витте получил 13 декабря 1901 г. разрешение царя на созыв экстренного заседания Комитета финансов с участием министров внутренних дел и юстиции. От представителей делового мира был приглашен председатель Московского биржевого комитета Н. А. Найденов.[121]

Судьба поляковского дела вызвала довольно оживленные прения на заседаниях Комитета финансов 14 и 17 декабря, отразившие, надо полагать, разное отношение в правительственных сферах к целесообразности государственной поддержки терпящих бедствие промышленных и банковских предприятий и, в частности, самого Л. С. Полякова. У Поляковых, естественно, оказалось много влиятельных ходатаев и защитников, в том числе хорошо известный издатель «Гражданина» В. П. Мещерский, пытавшийся убедить Витте и найти способ спасти Поляковых от разорения. Однако обращение Мещерского только привело министра финансов в состояние глубокого раздражения. Для того чтобы помочь Полякову, «нужно, — писал Витте Мещерскому, — к тем 2 $^1/_2$ млн. р., которые по его милости казна теряет на его вкладчиков, уплатить еще миллионы ему и его акционерам, что, конечно, не может быть сделано без государя. Все это ясно как божий день. Он этого и добивается, — жаловался Витте на Полякова, — придумывая различные способы, чтобы меня втянуть на этот путь. Он же меня извел, потому что мне нелегко делать то, что мне велит долг, конечно, это мне неприятно и неприятно отказывать вашим и многим другим за него ходатайствам».[122]

Витте попал в затруднительное положение. На него оказывали давление многие влиятельные покровители Л. С. Полякова, требуя срочной финансовой поддержки московского банкира, но министру финансов, конечно, хорошо было известно о глубокой и окрашенной антисемитскими чувствами личной неприязни к семейству Поляковых самого царя.

Эти обстоятельства сказались на поведении и позиции, занятой Витте во время заседания Комитета финансов 14 и 17 декабря 1901 г. Всю ответственность за банкротство Витте возложил на Л. С. Полякова, обвинив его в непомерном и неосмотрительном расширении операций сравнительно с имевшимися в его распоряжении капиталами. Витте не без основания подчеркивал, что тактика получения новых оборотных средств для промышленных предприятий путем залогов и перезалогов ценных бумаг еще была допустима в период подъема, но в условиях начавшегося кризиса и плохой биржевой конъюнктуры она сразу же поставила банкирский дом перед угрозой несостоятельности.[123] Витте рисовал довольно мрачную картину будущего поляковских предприятий, если им не будет оказана поддержка со стороны Государственного банка. Заграничные и русские банки должны были оставить за собой заложенные у них Поляковым бумаги. Таким образом, акции поляковских банков оказались бы в чужих руках, в то время как акции поляковских предприятий перешли бы в собственность поляковских же банков, где они были заложены. Векселя промышленных предприятий должны были бы быть в подавляющей части опротестованы. Из-за отсутствия оборотных средств большинство предприятий вынуждено было бы остановить свою деятельность. Наконец, рядовым вкладчикам оставалось либо ожидать восстановления дел дома с помощью администрации, либо в случае объявления несостоятельности дома и открытия конкурса довольствоваться тем, что они получили бы из общей конкурсной массы наравне с другими кредиторами.

Все это, по мнению Витте, еще больше усугубило бы напряженное положение на внутреннем денежном рынке и отразилось бы на заграничном кредите. Нарисовав мрачную перспективу развития кризиса поляковских предприятий, Витте в то же время заявил, что не считает положение банкирского дома вовсе безнадежным, поскольку «главные», связанные с ним предприятия — «три коммерческих банка, два земельных и Лесопромышленное общество» — представляются ему «солидными и жизнеспособными».[124] Министр финансов определенно дал понять, что банкирскому дому можно было бы помочь «ликвидировать» обреченные на гибель дела и избежать тяжелых последствий надвигавшейся несостоятельности, но это потребовало бы от Государственного банка весьма значительных затрат — от 5 до 6 млн. р. При ежегодном валовом доходе банка от 27 до 33 млн. р. Витте считал такие потери допустимыми, но только для достижения важных общегосударственных целей.

В конечном счете позиция Витте сводилась к тому, что если бы речь шла не о банкирском доме Л. С. Полякова, а о каком-то другом предприятии, то он в подобной ситуации считал бы отказ от его поддержки «с точки зрения финансовой политики и экономической пользы. . . крупной ошибкой». Но в данном случае, поскольку во главе дела «стоит крупный еврейский банкир», он, Витте, «затруднился бы столь же категорически признать необходимость поддержки этого дела».[125]

Государственный контролер П. Л. Лобко, министр внутренних дел Д. С. Сипягин и министр юстиции Н. В. Муравьев решительно высказались против какой бы то ни было помощи Л. С. Полякову и за то, чтобы дела дома были «предоставлены естественному течению». Особенно резкую позицию занял Муравьев, заявивший, что помощь Полякову не оправдывалась бы «ни с нравственной стороны», так как Поляков сам повинен в случившемся и действовал «исключительно в целях наживы», «ни соображениями политическими, ибо Л. С. Поляков представляет старинную еврейскую фирму, давно укоренившуюся в Москве и являющуюся там могучим центром и оплотом еврейства». «Предоставление ей привилегированного положения казенной поддержки, — утверждал Муравьев, — которою не воспользовались многие русские фирмы, не соответствовало бы общим видам правительства».[126]

Председатель Комитета финансов Д. М. Сольский, а также члены комитета Ф. Г. Тернер, А. П. Иващенков и П. А. Сабуров высказались безоговорочно за оказание финансовой помощи Л. С. Полякову, подчеркнув, что принадлежность «дома еврейской фирме не может служить препятствием к оказанию ему поддержки» ради устранения общих «неблагоприятных разорительных» последствий приостановки им платежей. Кроме того, Тернер обратил внимание членов Комитета финансов на то, что несостоятельность Полякова может привести к тому, что концессия на «имеющий большое политическое значение шоссейный путь в Персии от Энзели до Тегерана» может «перейти в руки иностранных капиталистов».[127] К позиции Сольского, Тернера, Иващенкова и Сабурова присоединился и председатель Московского биржевого комитета Н. А. Найденов.

Комитет финансов собрался на заседания 14 и 17 декабря в экстренном порядке. Однако прошло более недели, прежде чем 25 декабря Николай II ознакомился с его журналом и принял решение.

Царь явно остался недоволен результатом работы Комитета финансов и предложил ему вернуться к обсуждению вопроса о возможности «устранить» разом и «местный» в его понимании экономический кризис, вызванный крушением крупного банкирского дома, и самого Л. С. Полякова, «освободив» тем самым Москву «от еврейского гнезда».[128]

Едва ли могут быть сомнения в том, что решение это подсказал Николаю II не Витте или кто-нибудь другой, а «внутренний голос» — последняя инстанция в механизме управления империей, неподвластная влиянию даже самых убедительных доводов.[129] Что же касается Витте, то непоследовательность и двойственность его поведения в поляковском деле была вызвана тем, что министр финансов, зная отношение Николая II к клану Поляковых и такого рода делам, соответственно выстраивал и свою линию поведения.[130]

26 декабря 1901 г. Комитет финансов вновь собрался специально для обсуждения царской резолюции, а в соответствии с ней и способов отстранения от дел Л. С. Полякова. Предложенные членами Комитета разного рода проекты, например передача всех дел банкирского дома особой правительственной ликвидационной комиссии или Южно-Русскому банку или, наконец, преобразование дома в акционерное общество, по разным причинам были отвергнуты. Большинство членов Комитета, а именно Сольский, Тернер, Иващенков и Сабуров, остановились на решении, принятом ими на заседаниях 14 и 17 декабря, но во избежание недоразумений условились объявить Л. С. Полякову, что помощь дому будет оказана с целью постепенной ликвидации его дел. Участники совещания были убеждены, что даже при самых благоприятных обстоятельствах Поляков едва ли сумеет сохранить значительную часть своих состояний, а соответственно и «выдающееся положение в деловых сферах Москвы». Тем не менее Витте, примкнув к мнению большинства, все-таки подстраховал себя оговоркой, что «не может безусловно поручиться» за это. 28 декабря царь согласился с мнением большинства, поручив министру финансов стремиться «к тому, чтобы торговый дом Полякова был в конце концов устранен от дел».[131]

Для ведения дел Л. С. Полякова и его предприятий было образовано Особое совещание при Московской конторе Государственного банка. Оно получило право кредитовать банкирский дом для выплаты по вкладам и текущим счетам, а также для оплаты его долгов заграничным, а затем и русским банкам (кроме поляковских банков), предоставлять необходимые средства жизнеспособным предприятиям, и в течение 1902 г. некоторые суммы были выданы и на содержание банкирского дома и самого Полякова. Главная же задача Особого совещания состояла в реализации активов банкирского дома с целью погашения его долга Государственному банку и в постепенной ликвидации его дел.

В течение 1902 и 1903 гг. Государственный банк предоставил банкирскому дому Л. С. Полякова 19.6 млн. р. из 5 % годовых.[132] Вместе с кредитами Полякову, полученными до 1902 г. на общих основаниях, сумма выданных ему Государственным банком ссуд составила 22.5 млн. р.

В качестве обеспечения этих денег Государственный банк принял все ценные бумаги банкирского дома (кроме заложенных в поляковских банках), находившиеся в Московской конторе банка на хранении в залоге, бумаги жены Л. С. Полякова Р. П. Поляковой и векселя некоторых промышленных предприятий Полякова с бланком банкирского дома на сумму в 17.6 млн. р. Кроме того, в дополнительное обеспечение были приняты соло-векселя банкирского дома. Таким образом, была осуществлена ликвидация пассивных счетов. Между тем из-за ухудшения к середине 1903 г. биржевой конъюнктуры реализация активов дома затянулась и шла довольно медленно. Под влиянием политических осложнений на Дальнем Востоке к 1904 г. было продано ценных бумаг только на 3.5 млн. р., оплачено векселей и ссуд под бумаги на 1.6 млн. и реализовано других активов на 0.2 млн. р.[133]

В конце 1904 г. Л. С. Поляков сделал попытку освободиться от стягивавшейся все туже долговой петли и возбудил ходатайство: во-первых, о выдаче ему на оборотные средства удержанных Государственным и частными банками доходов (свыше 4 млн. р.) от принадлежавших банкирскому дому ценных бумаг; во-вторых, об объединении всех долгов банкирского дома Московскому Международному торговому, Южно-Русскому Промышленному и Орловскому Коммерческому банкам в сумме до 20 млн. р. с переводом их на Государственный банк; в-третьих, о рассрочке на 15 лет объединенного в результате этой операции долга с освобождением от уплаты по нему процентов в течение первых пяти лет и понижении затем их размера до 3 %. Одновременно Р. П. Полякова обратилась с просьбой в Государственный банк о возвращении ей процентных бумаг, принятых в обеспечение долга ее мужа, и подала жалобу на действия представителей Государственного и частных банков в Московском лесопромышленном товариществе.[134]

Ходатайства Л. С. Полякова и его жены по просьбе министра финансов В. Н. Коковцова обсуждались в совете Государственного банка, признавшем состояние дел банкирского дома «совершенно безнадежным», а его дефицит достигающим 1 млн. р. в год. В связи с этим совет банка высказался против удовлетворения просьб Л. С. и Р. П. Поляковых и в пользу ликвидации дел дома независимо от согласия на то его владельца. В. Н. Коковцов также признавал, что удовлетворение ходатайств Поляковых равносильно возрождению активной деятельности дома за счет Государственного банка. Однако министр финансов, и эта его позиция встретила поддержку Николая II, считал необходимым «при чрезвычайных обстоятельствах, обусловленных событиями на Дальнем Востоке», вести ликвидацию дел Поляковых с «надлежащей постепенностью и осторожностью».[135]

Подготовленное по этому поводу В. Н. Коковцовым еще 22 января 1905 г. представление Комитету финансов было вынесено на его обсуждение только 20 апреля, т. е. почти три месяца спустя. Шел уже второй год войны. С началом военных действий золотой запас империи начал таять просто на глазах. Еще в марте 1904 г. правительство вынуждено было созвать специальное заседание Комитета финансов для обсуждения общего финансового положения России и принять меры к сохранению устойчивости денежного обращения, сократив, в частности, операции Государственного банка.[136] Банкротство Л. С. Полякова оказалось далеко на втором плане перед лицом реально нараставшего кризиса всей финансовой системы России. Известный парадокс состоял в том, что общий финансовый и политический кризис в какой-то мере оказался на руку Л. С. Полякову, ибо отвлек внимание правительства и замедлил ликвидацию дел его банкирского дома. На заседании Комитета финансов 20 апреля 1905 г. В. Н. Коковцов призвал не ставить в вину Государственному банку слишком медленную реализацию активов дома Л. С. Полякова и заявил о возможности несколько снизить размер процента по выдававшимся ему ссудам, например до 4.5 или даже до 4.[137] Комитет финансов принял решение, чтобы «впредь до окончания военных действий на Дальнем Востоке и улучшения условий денежного рынка по заключении мира» ликвидация дел банкирского дома «велась с особой осторожностью и тою постепенностью, которая указана будет министром финансов».[138] Ему же было предоставлено право окончательно определить размер процентов по кредитам Л. С. Полякову. Комитет финансов счел необходимым временно сохранить без изменения существовавшую организацию банкирского дома и продлить до 1908 г. срок полномочий представителей Министерства финансов в поляковских банках. Все просьбы Поляковых были отклонены. Комитет финансов лишь предоставил министру финансов право возвратить Р. П. Поляковой полученные от нее в обеспечение долга ценные бумаги, но при условии полного погашения выданных ей ссуд вместе с начисленными на них процентами. 5 мая 1905 г. Николай II утвердил решение Комитета финансов, и оно было принято к исполнению.[139]

Между тем ликвидация поляковского дела приняла затяжной характер. В связи с плохой рыночной конъюнктурой в течение трех лет, с сентября 1904 г. по сентябрь 1907 г., было продано принадлежавших Л. С. Полякову ценных бумаг только на 55.9 тыс. р., оплачено учтенных векселей на 92 тыс. р. и реализовано прочих активов на 6.7 тыс. р. Положение же дома за это время резко ухудшилось из-за обесценения имущества Полякова и увеличения задолженности, вызванного недостатком доходов для покрытия начисленных по долгам процентов. 5 марта 1908 г. Комитет финансов вновь вернулся к обсуждению судьбы поляковских предприятий на основе представленных советом Государственного банка материалов. На этот раз на обсуждение был вынесен проект слияния трех поляковских коммерческих банков (Московского Международного торгового, Южно-Русского Промышленного и Орловского Коммерческого) в одно кредитное учреждение с капиталом в 7.5 млн. р. Предполагалось, что слияние это должно было произойти на основании постановления общих собраний акционеров банков. Поэтому передача дела в Комитет финансов мотивировалась исключительно заинтересованностью в нем Государственного банка как основного кредитора и «залогодержателя» акций этих банков на крупную сумму (по балансовой стоимости свыше 7 млн. р.).[140]

Тем не менее сам факт обсуждения поляковского дела в Комитете финансов на этот раз вызвал возражения одного из его членов — И. Я. Голубева. В марте 1906 г. Комитет финансов, бывший до того строго секретным учреждением без точного определения круга занятий, подвергся реорганизации. По высочайше утвержденному положению 28 марта 1906 г. он был преобразован в высшее совещательное учреждение для предварительного рассмотрения вопросов государственного кредита, денежного обращения и финансовой политики.[141]

И. Я. Голубев склонен был относить поляковское дело к области частного кредита и коммерческих операций Государственного банка и на этом основании требовал его передачи в Совет министров. Однако большинство членов Комитета финансов считало, что «если к положению личных дел Полякова можно относиться с полным безразличием, то всякое мероприятие, направленное к предупреждению несостоятельности (поляковских. — *Б. А.*) банков, должно заслуживать особого внимания». По сведениям управляющего Государственным банком, Московский Международный, Южно-Русский Промышленный и Орловский Коммерческий банки имели почти на 40 млн. р. вкладов и обслуживали своими филиалами 67 пунктов, причем «во многих местностях» являлись «единственными кредитными учреждениями».[142] Принудительная ликвидация этих банков должна была нанести ущерб их многочисленным клиентам, поколебать доверие к частным кредитным учреждениям и принести значительные убытки Государственному банку как кредитору Л. С. Полякова. По сообщению министра финансов, «один только слух» о предстоящем слиянии банков «вызвал интерес к делу со стороны московских капиталистов, возбуждающих уже теперь ходатайства о разрешении новому банку дополнительного выпуска акций на 2.5—3 млн. р.», которые они готовы были приобрести, слух этот повлек за собой повышение курса акций Московского Международного банка с 46 до 59 р., Орловского Коммерческого — со 108 до 135 и Южно-Русского Промышленного — с 48 до 72 р.[143]

Комитет финансов пришел к заключению, что вопрос об основаниях слияния Московского Международного, Южно-Русского Промышленного и Орловского Коммерческого банков не подлежит «его обсуждению и должен быть разрешен общеустановленным порядком», на общих собраниях акционеров, и сделал Государственному банку ряд рекомендаций на случай, если такое слияние состоится: «...а) перевести на новый банк кредиты, открытые трем означенным банкам, без их увеличения; б) принять в свой портфель в обеспечение долга торгового дома Полякова вместо акций трех банков на соответственную сумму акции соединенного банка и в) оставить в составе правления нового банка представителя Министерства финансов с возложением на него исключительно контрольных, но отнюдь не распорядительных функций, продлив впредь до слияния банков полномочия нынешних представителей», и, наконец, «предоставить министру финансов установить порядок и постепенность дальнейшей ликвидации торгового дома Л. С. Полякова».[144]

Однако Л. С. Поляков отнюдь не собирался расставаться с находившимися под его влиянием банками и прилагал отчаянные усилия для того, чтобы сохранить свое влияние. С этой целью Поляков попробовал перехватить у Министерства финансов инициативу в операции, предусматривавшей создание Соединенного банка. Поляков добился свидания с министром иностранных дел А. П. Извольским, поставил его в известность о готовившейся операции и предложил привлечь японские капиталы для выпуска акций Соединенного банка, конечно, при условии открытия его «отделений в различных пунктах Японии», что, по утверждению Полякова, должно было оказать «громадные услуги» развитию коммерческих и финансовых отношений России с Японией.[145] Предложение Полякова если не заинтересовало, то по крайней мере привлекло к себе внимание А. П. Извольского, и он 8 января 1908 г. обратился к министру финансов В. Н. Коковцову с просьбой дать заключение о возможности такой финансовой операции. Попытка Полякова заручиться поддержкой министра иностранных дел вызвала только раздражение В. Н. Коковцова. А. П. Извольский назвал Полякова в своем письме «известным финансовым деятелем». «Считаю долгом передать, — ответил на это В. Н. Коковцов, — что состояние Полякова не только утрачено, но пассив его по долгам Государственному банку значительно превышает его актив, и если до сих пор несостоятельность Полякова не последовала, то единственно потому, что настоящий момент представляется крайне неудобным для реализации залогов, обеспечивающих его долг банку. Слияние трех поляковских банков действительно намечалось как один из способов урегулирования дел этих кредитных учреждений, причем, однако же, необходимо считаться с тем, что новому банку будет предстоять погашение Государственному банку задолженности трех объединяемых банков, достигающей ныне огромной суммы 23 млн. р. Едва ли проектируемая Поляковым организация может дать необходимые для сего погашения ресурсы, особенно если иметь в виду, что сверх погашения долга Государственному банку придется еще изыскивать средства на образование оборотного капитала нового банка... Намеченная г. Поляковым комбинация, — резюмировал В. Н. Коковцов, — принадлежит к числу тех фантастических планов, которые были уже предлагаемы этим бывшим некогда крупным финансовым деятелем для восстановления расстроенного его положения, так как трудно даже понять, какие выгоды могли бы получить иностранные капиталисты от приобретения за крупную сумму погашения долга Государственному банку слабых кредитных учреждений, ибо без такого погашения я никоим образом не выразил бы моего согласия на переустройство этих учреждений».[146]

В. Н. Коковцов, кроме того, считал совершенно недопустимым открытие отделений Соединенного банка в Японии и на Дальнем Востоке, ибо видел в этом угрозу захвата «японцами торгово-промышленной деятельности на нашей дальневосточной окраине».[147]

Попытки Л. С. Полякова сохранить ведущую роль в создании Соединенного банка и вернуть утраченные им права свободно распоряжаться принадлежавшими ему прежде капиталами и имуществом потерпели неудачу. Не помогли и подававшиеся Поляковым в 1909, 1910 и 1911 гг. протесты и жалобы на действия Государственного банка. Всякий раз они признавались «не заслуживающими внимания» и «несостоятельными», и Совет министров отклонял их.[148]

В 1912 г. Л. С. Поляков «стал настойчиво домогаться», чтобы ему было разрешено в течение определенного срока произвести расчеты «по долгу банкирского дома» Государственному банку и вернуть себе хотя бы находившееся в залоге недвижимое имущество (четыре дома в Москве и пять имений). В. Н. Коковцов дал согласие на это при условии выплаты Поляковым 1.5 млн. р.[149]

29 ноября 1912 г. Л. С. Поляков выплатил незначительную сумму и выкупил находившееся в залоге недвижимое имущество. Однако в ответ на ходатайство признать все расчеты его банкирского дома законченными ему было объявлено, что за ним остается 1 416 691 р. 48 к. долга Государственному банку и на 8 243 803 р. 08 к. неуплаченных процентов по основ-

ному долгу. Обеспечением капитального долга Полякова и процентов по нему «служили лишь просроченные с ноября 1910 г. и неопротестованные соло-векселя банкирского дома на сумму 20.8 млн. р. Из имевшихся соло-векселей часть (на сумму 1.1 млн. р.) должна была утратить силу за истечением вексельной пятилетней давности в течение декабря 1915 г., остальная же часть (на сумму 19.7 млн. р.) — в течение 1916 г.».[150] В связи с этим в конце 1913 г. Государственный банк намерен был возобновить с Поляковым переговоры по поводу его долга, но они не состоялись. В январе 1914 г. Поляков скончался, так и не закончив расчеты с Государственным банком.[151]

В декабре 1915 г. Московская контора Государственного банка вчинила иск в Московском коммерческом суде к банкирскому дому Л. С. Полякова всего в сумме 9 660 494 р. 55 к. Иск предусматривал наложение ареста на имение в Черноморской губернии (136 десятин), состоявшее в общем владении Л. С. Полякова с другими лицами, на принадлежавшие ему четыре участка в Москве, в Сокольничьей роще, на постройки, находившиеся в Московском уезде близ ст. Пушкино, на земле, арендованной у Удельного ведомства, на процентные бумаги и наличные деньги, находившиеся в разных кредитных учреждениях.[152]

В январе 1916 г. сын Л. С. Полякова М. Л. Поляков обратился «с прошением к верховной власти» о признании расчета, произведенного его отцом с Государственным банком, законченным и о прекращении взыскания по иску. 4 октября 1916 г. состоялось заседание Совета министров, рассмотревшее прошение М. Л. Полякова и отклонившее его. Совет министров принял решение о необходимости произвести обследование всех ценностей, принадлежавших Л. С. Полякову, в том числе находившихся за границей, для того чтобы взыскать с М. Л. Полякова как опекуна над имуществом своего отца его долг Государственному банку.[153] Однако операция по сбору сведений об имуществе и ценностях Л. С. Полякова, в которую управляющий Государственным банком попытался вовлечь даже агента Министерства финансов в Париже А. Г. Рафаловича, потерпела неудачу. Государственному банку не удалось получить никаких новых данных об оставленных Л. С. Поляковым процентных бумагах или недвижимости.[154]

Между тем 16 сентября 1917 г. после неоднократных попыток затянуть дело или прекратить его М. Л. Поляков обратился в Государственный банк с предложением выплатить в счет долга своего отца 1 млн р.: 100 тыс. р. сразу, а остальные 900 тыс. р. — в течение 10 лет. Обеспечением исправного платежа долга должны были служить 4000 акций Персидского страхового и транспортного общества, 10 000 акций Энзели-Тегеранской дороги и векселя М. Л. Полякова.[155]

18 сентября 1917 г. М. Л. Поляков внес 100 тыс. р. в счет погашения долга на предложенных им условиях. Однако Отдел местных учреждений Государственного банка, рассмотревший 16 октября 1917 г. предложения М. Л. Полякова, принял их с некоторыми поправками. М. Л. Поляков должен был уплатить Государственному банку остаток капитального долга в размере 1 416 691 р. 48 к. «и во всяком случае не менее 1 млн. р.», остальная часть капитального долга и проценты по нему должны были быть сняты со счетов банка «по безнадежности взыскания», «обусловлен-

ная к платежу сумма» могла быть рассрочена только на 5 лет с условием погашения каждый год равными частями, на отсроченные суммы начислялось 6 % годовых. В качестве гарантии своевременной уплаты долга М. Л. Поляков должен был представить Государственному банку более надежное обеспечение вместо предложенных им акций Персидского страхового и транспортного общества и Энзели-Тегеранской дороги.[156]

20 октября 1917 г. предложения Отдела местных учреждений Государственного банка должны были рассматриваться в совете банка.[157] Однако его решение уже не могло оказать серьезного влияния на судьбу поляковского долга. Временное правительство доживало последние дни. 25 октября 1917 г. поставило последнюю точку в затянувшейся более чем на 15 лет тяжбе Государственного банка с его несостоятельным должником.

Братья Поляковы занимали исключительное положение в предпринимательском мире 1870—1890-х гг. как железнодорожные дельцы, учредители банков и разного рода предприятий. В литературе утвердилась традиция рассматривать Поляковых как представителей московского банковского мира. Действительно, Москва была штаб-квартирой банкирского дома Лазаря Полякова, а Московский Международный банк — одним из самых крупных и влиятельных поляковских банков. Однако Яков Поляков учредил торговый дом в Таганроге, а свои банковские операции осуществлял на юге России через Азовско-Донской банк и в столице через Петербургско-Азовский банк. Самуил Поляков имел свою штаб-квартиру в Петербурге. Здесь, на Английской набережной, почти рядом стояли два особняка, принадлежавшие один Самуилу (д. 6), а другой Лазарю (д. 12) Поляковым, они символизировали факт сотрудничества и свидетельствовали о том, что московский банкир Лазарь Поляков также имел свой опорный пункт в столице. Поляковские банки с их отделениями размещались во многих крупнейших городах России — в Москве, Петербурге, Таганроге, Минске, Ярославле, Рязани, Орле. Поляковские дороги связывали центр России с югом и Донецким бассейном. Возникла целая предпринимательская империя Поляковых, границы которой далеко простирались за пределы Москвы и Московского промышленного района. По своему происхождению и характеру операций поляковские предприятия во многом отличались от московских банков. Поляковская группа образовывала, как отметил еще в 1917 г. И. И. Левин, «своего рода концерн»,[158] распространявший свое влияние на разные отрасли промышленности. «При выяснении чрезвычайно сложных взаимоотношений банковых, железнодорожных, промышленных, торговых и страховых поляковских предприятий, — писал И. И. Левин, — в конце концов друг у друга заложенных и друг друга контролирующих, натыкаешься в буквальном смысле на своего рода... систему иерархии банков, насаждающих, организующих и направляющих национальное производство».[159]

Как и Гинцбурги, Поляковы самым тесным образом были связаны с правительством и правительственной политикой. Государственный банк являлся главным кредитором и железнодорожного строительства, и многих других предприятий Поляковых. Предпринимательская деятельность Поляковых за пределами России служила интересам имперской политики царского правительства в Персии, Турции и на Балканах.

Характерны в этом отношении попытки Гинцбургов и Поляковых через своих представителей и при поддержке правительства добиться в начале 1880-х гг. концессии в Болгарии на строительство железной дороги София—Рущук и на учреждение в Софии национального банка.[160] Это были попытки играть на имперских интересах правительства и, конечно, использовать их к своей выгоде. В начале 1880-х гг. Самуил Поляков, выступая с проектами железнодорожного строительства на Балканах и в Турции, опирался на поддержку влиятельного обер-прокурора Синода К. П. Победоносцева.[161] В декабре 1886 г. через К. П. Победоносцева Александру III было передано письмо С. С. Полякова, представлявшее собой план секретного приобретения акций турецких и болгарских железных дорог с помощью синдиката банков и при посредничестве голландской биржи. Создание синдиката должно было придать всему делу «вид исключительно частного интереса», «а затем, через некоторое время, с такою же осторожностью и втихомолку русское правительство могло бы приобрести эти акции в свои руки». Обращение к императору через К. П. Победоносцева С. С. Поляков объяснял исключительной секретностью предлагавшейся им операции. Он упрекал русское Министерство иностранных дел в полной неспособности держать в секрете и вести дела подобного рода. По утверждению Полякова, оно «только мешало устройству на иностранных рынках тех важных для политики коммерческих операций, которые иностранцы, напротив того, совершают на нашем рынке свободно и беспрепятственно. Наша Донецкая дорога перешла вся в руки немцев, — писал С. С. Поляков, — успевших скупить акции, и управляется из Берлина, а мы не могли устроить нигде подобной операции».[162]

Упрекая русское Министерство иностранных дел в недальновидности и пассивности, С. С. Поляков предостерегал Александра III, что железные дороги в Европейской Турции и Болгарии, находившиеся «в аренде у компании австрийских капиталистов», могут попасть «в английские руки». Железнодорожный делец и предприниматель демонстрировал завидное понимание задач и методов империалистической экспансии. «Владеть железными дорогами на Востоке, — писал он, — значит владеть фактически страною. Итак, для нас было бы великою силой, когда бы железные дороги в Турции, Болгарии, Сербии и пр. могли бы быть в русских руках».[163]

Проект С. С. Полякова вызвал сочувствие у Александра III, однако не получил финансовой поддержки правительства, и ему пришлось довольствоваться поощрительным вниманием со стороны царя и К. П. Победоносцева. Однако С. С. Поляков, заручившись сотрудничеством своего зятя барона Джеймса Гирша, продолжал пристально следить за конъюнктурой, складывавшейся вокруг железнодорожного строительства не только в Турции, но и в Персии, и незадолго до смерти в самом конце января 1887 г. попытался в очередной раз вызвать интерес к этой проблеме у своих высокопоставленных покровителей.[164] Впрочем, реальными концессионерами в Персии стали уже, как мы видели, братья С. С. Поляковы Яков и Лазарь. Несмотря на постепенный развал империи Поляковых, начавшийся в годы кризиса, они не утратили полностью свое влияние в принадлежавших им прежде банках. В Соединенном банке, в частности, по данным И. Ф. Гиндина, сын Лазаря Полякова А. Л. Поляков не только состоял в числе членов правления, но и возглавлял в нем влиятельную группу.[165]

В 1908 г. в разгар своей тяжбы с Государственным банком Л. С. Поляков за свою коммерческую и благотворительную деятельность был награжден чином тайного советника.[166]

Грубые и антисемитские резолюции Николая II, оставленные на полях журналов Комитета финансов в период кризиса банкирского дома Л. С. Полякова, не исключали покровительственного отношения царя к отдельным членам семейства Поляковых. Так, внук Я. С. Полякова Владимир Лазаревич Поляков (1880—1956 гг.) в ноябре 1897 г. был возведен в потомственное дворянство «с правом на внесение в дворянскую родословную книгу, в третью часть оной». В мае 1898 г. «в виде совершенного исключения» он был допущен к конкурсу для поступления в Институт инженеров путей сообщения, а в 1904 г. причислен к управлению генерального комиссара Всемирной выставки в Сан-Луис.[167] Получив образование инженера-путейца, В. Л. Поляков входил затем в состав правления Сибирского Торгового банка,[168] а после Октября 1917 г. был финансовым советником британского посольства в Петрограде.[169]

---

[1] Дневник И. А. Шестакова // ЦГАВМФ, ф. 26, д. 7, л. 46. — Дневниковая запись И. А. Шестакова не противоречит официальным сообщениям печати. А. М. Варшавский умер 4 апреля 1888 г., а смерть С. С. Полякова последовала 7 апреля утром, во время похорон А. М. Варшавского. «Новое время» сообщало об «огромном стечении публики на Невском проспекте в день похорон Полякова 12 апреля и о том, что на выносе тела присутствовало много высокопоставленных лиц, в том числе министр народного просвещения И. Д. Делянов». См.: Новое время. 1888. 5(18), 8(20), 13(25) апреля.

[2] Интересную картину переселения в столицу после 1859 г. большой группы предпринимателей из южных и западных губерний России дают воспоминания некоего Н. Н. («Из впечатлений минувшего века. Воспоминания среднего человека»), опубликованные в т. 7 за 1914 г. и т. 8 за 1915 г. журнала «Еврейская старина». Автор в 60-е гг. был некоторое время доверенным лицом банкирского дома «И. Е. Гинцбург», в период русско-турецкой войны служил в конторе компании «Грегер, Горвиц и Коган», а в начале 80-х гг. — в правлении Либаво-Роменской железной дороги у А. И. Зака. «В выходцах из черты оседлости, — писал Н. Н., — происходила полная метаморфоза: откупщик превращался в банкира, подрядчик — в предпринимателя высокого полета, а их служащие — в столичных денди... образовалась фаланга биржевых маклеров («зайцев»), производивших колоссальные воздушные обороты». В Петербурге, по утверждению Н. Н., появилось «новое, культурное ядро еврейского населения: возникла новая, упорядоченная община взамен прежней, управлявшейся николаевскими солдатами». Н. Н. приводил по этому поводу рассуждения одного петербургского еврея старожила: «Что тогда был Петербург? Пустыня; теперь же ведь это Бердичев!» (Еврейская старина. 1915. Т. 8. С. 187—188).

[3] Еврейская старина. 1915. Т. 8. С. 187—188.

[4] *Витте С. Ю.* Воспоминания. М., 1960. Т. 1. С. 317.

[5] *Дельвиг А. И.* Мои воспоминания. М.; Л., 1930. Т. 2; *Скальковский К.* 1) Воспоминания молодости : (1843—1869). СПб., 1906; 2) Наши государственные и общественные деятели. СПб., 1891. С. 265—271. — Эти источники использованы в статье А. П. Погребинского «Строительство железных дорог в пореформенной России и финансовая политика царизма : (60—90-е годы XIX в.)» (Ист. зап. 1954. Т. 47. С. 149—180), а также в книге А. М. Соловьевой «Железнодорожный транспорт России во второй половине XIX в.» (М., 1975. С. 103—104).

[6] *Скальковский К.* Воспоминания молодости : (1843—1869). С. 103.

[7] Там же. С. 106.

[8] ЦГИА СССР, ф. 268. оп. 1, д. 485, л. 74—75.

[9] Там же, ф. 583, оп. 4, д. 287, л. 388—389, 451—453.

[10] Там же, ф. 20, оп. 5, д. 222, л. 3.

[11] *Скальковский К.* Воспоминания молодости : (1843—1869). С. 104.

[12] Там же.

[13] *Скальковский К.* Наши государственные и общественные деятели. СПб., 1891. С. 266—267. — Приведенная характеристика была опубликована К. Скальковским в 1891 г., после смерти С. С. Полякова и после известной катастрофы царского поезда в октябре 1888 г. под Харьковом, при Борках, отразившейся на репутации Полякова как железнодорожного строителя и в правящих кругах.

[14] ЦГИА СССР, ф. 733, оп. 162, д. 892, л. 1—2.

[15] Там же, л. 3—5.

[16] Там же, л. 7.

[17] Там же, л. 10.

[18] Искра. 1870. 13 декабря. № 50.

[19] ЦГИА СССР, ф. 733, оп. 162, д. 892, л. 34—48.

[20] Там же, л. 38—43.

[21] Выписки из журнала Комитета министров 19 января и 2 февраля 1871 г. // ЦГИА СССР, ф. 733, оп. 162, д. 892, л. 56—59.

[22] *Лейкина-Свирская В. Р.* Интеллигенция в России во второй половине XIX века. М., 1971. С. 221.

[23] *Зайончковский П. А.* Российское самодержавие в конце XIX столетия : (политическая реакция 80-х—начала 90-х годов). М., 1970. С. 227.

[24] С. С. Поляков — А. А. Краевскому, 6(18) ноября 1883 г. // РО ГПБ, ф. 391, оп. 1, д. 637.

[25] Там же.

[26] Из рассказа А. А. Абазы, записанного А. А. Половцовым в своем дневнике, видно, что размер ежегодного взноса Поляковых составлял 35 тыс. р. Б. Н. Чичерин в своих воспоминаниях «Москва сороковых годов» называл другую сумму — 10 тыс. Подробнее об этом см.: *Зайончковский П. А.* Российское самодержавие в конце XIX столетия. С. 73.

[27] *Зайончковский П. А.* Российское самодержавие в конце XIX столетия. С. 73; *Чичерин Б. Н.* Москва сороковых годов. М., 1929. С. 179.

[28] *Крутиков В. В.* Источники по социально-экономической истории Украины периода капитализма (1861—1900). Днепропетровск, 1980. Ч. 1. С. 107—108.

[29] *Поляков С.* Проект выкупа железных дорог и возврата казне лежащего на них долга // Московские ведомости. 1885. 15 января.

[30] Там же.

[31] *Гордеенко Е.* О переустройстве железнодорожного дела в России по проекту С. С. Полякова // Русские ведомости. 1885. 10 апреля. Прил.; см. также: *Марков Н. Л.* Чего желает г. Поляков в своем проекте выкупа железных дорог государством. М., 1885.

[32] *Погребинский А. П.* Строительство железных дорог в пореформенной России и финансовая политика царизма. С. 170; см.: Проект выкупа от разных обществ всех железных дорог России для подчинения их непосредственному ведению правительства, для возврата правительству всей суммы долга, состоящего ныне за железными дорогами, и для поднятия в связи с осуществлением проекта ценности кредитных рублей // ЦГИА СССР, ф. 268, оп. 3, д. 61, л. 66—74.

[33] К. Н. Посьет — Н. Х. Бунге, 31 марта 1882 г. // Там же, л. 82.

[34] Н. Х. Бунге — К. Н. Посьету, 8 апреля 1885 г. // Там же, л. 88.

[35] Дневник государственного секретаря А. А. Половцова. В 2-х т. Т. 1. 1883—1886 гг. М., 1966. С. 453—454.

[36] Проект Московского Земельного банка о переводе металлических займов Общества взаимного поземельного кредита на кредитную валюту с платежами шести процентов годовых с суммы остатка долга // ЦГИА СССР, ф. 1152, оп. 10, 1886 г., д. 565, л. 104—105 об.

[37] Там же.

[38] По 3-процентным закладным листам правление Московского Земельного банка предполагало отчислять на каждую сотню 3 % по купону, 0.6 % на погашение, 0.8 % на уплату премии и 0.4 % в пользу банка, что составило бы на каждые 100 кредит. р. 4.8 % в год, а на 125 кредит. р. 6 % годовых. Таким образом, взнос заемщиков по 6 % номинальной цены остатка металлического долга вполне покрывал бы платежи по купонам, погашение, премии и расходы банка по кредитным листам (ЦГИА СССР, ф. 1152, оп. 10, 1886 г., д. 565, л. 104—105 об.).

[39] ЦГИА СССР, ф. 1152, оп. 10, 1886 г., д. 565, л. 105.

[40] Там же.

[41] Дневник государственного секретаря А. А. Половцова. Т. 1. С. 453—454.

[42] С. С. Поляков — А. А. Краевскому, 6(18) ноября 1883 г. // РО ГПБ, ф. 391, оп. 1, д. 637.

[43] ЦГИА СССР, ф. 626, оп. 1, д. 1073, л. 217—224.

[44] Там же.

[45] Там же.

[46] Там же.

[47] Там же.

[48] ЦГИА г. Москвы, ф. 450, оп. 8, д. 617, л. 90.

[49] Отношение Д. С. Полякова в Особенную канцелярию по кредитной части Министерства финансов. 1 декабря 1888 г. // ЦГИА СССР, ф. 268, оп. 1, д. 1341, л. 65—70 об.

[50] Свидетельство Таганрогской городской думы. 7 июня 1871 г. // Там же, ф. 1343, оп. 39, д. 3800, л. 6 и об.

[51] Там же, л. 11.

[52] Там же, ф. 720, оп. 2, д. 1209, л. 2.

[53] Там же.

[54] Там же, л. 3 и об.

[55] Там же, л. 14 и об.

[56] Там же, л. 5—6.

[57] Там же, л. 6 и об.

[58] Там же.

[59] *Шибеко З. В.* Минск в конце XIX—начале XX в. Минск, 1985. С. 48.

[60] Указатель действующих в империи акционерных предприятий и торговых домов. СПб., 1905. Т. 2. С. 1838.

[61] *Левин И. И.* Акционерные коммерческие банки в России. Пг., 1917. Т. 1. С. 292.

[62] Там же.

[63] Состав правления Петербургско-Азовского Коммерческого банка на 1898 г. // ЦГИА СССР, ф. 601, оп. 1, д. 1, л. 1.

[64] *Шибеко З. В.* Минск в конце XIX—начале XX в. С. 48.

[65] *Левин И. И.* Акционерные коммерческие банки в России. Т. 1. С. 298.

[66] Всеподданнейший доклад С. Ю. Витте «О принятии особых мер в отношении некоторых частных банков». Не позднее 9 сентября 1901 г. // ЦГИА СССР, ф. 1405, оп. 539, д. 325, л. 1—5.

[67] *Левин И. И.* Акционерные коммерческие банки в России. Т. 1. С. 299.

[68] Там же. С. 299—300.

[69] Там же. С. 300.

[70] Прошение В. Д. Хлебникова И. А. Вышнеградскому. 12 января 1891 г. // ЦГИА СССР, ф. 20, оп. 4, д. 3709, л. 1—17.

[71] Н. К. Гирс — И. А. Вышнеградскому, 19 апреля 1891 г. // Там же, л. 20—21.

[72] Представление министра финансов И. А. Вышнеградского в Комитет министров «Об учреждении Торгово-промышленного и ссудного общества в Персии». 11 июня 1891 г. // Там же, л. 47—49.

[73] Там же, л. 47 и об.

[74] Выписка из журнала Комитета министров 25 июня и 9 июля 1891 г. // Там же, л. 50—53.

[75] Там же, л. 66.

[76] Протокол чрезвычайного общего собрания акционеров Русско-Персидского торгово-промышленного общества. 30 декабря 1894 г. // Там же, л. 79 и об.

[77] Там же, л. 80.

[78] *Ананьич Б. В.* Российское самодержавие и вывоз капиталов. 1895—1914 гг. : (по материалам Учетно-ссудного банка Персии). Л., 1975. С. 15.

[79] Там же.

[80] Там же.

[81] Там же.

[82] Свидетельство Таганрогской городской думы. 16 мая 1870 г. // ЦГИА СССР, ф. 1343, оп. 39, д. 3797, л. 3 и об.

[83] ЦГИА СССР, ф. 40, оп. 1, д. 26.

[84] Там же, ф. 20, оп. 2, д. 1209, л. 2.

[85] Формулярный список о службе почетного члена Московского совета детских приютов Л. С. Полякова. 1893 г. // ЦГИА СССР, ф. 20, оп. 2, д. 1185, л. 14—21.

[86] Там же.

[87] Там же.

[88] Всеподданнейший доклад С. Ю. Витте «О принятии особых мер в отношении некоторых частных банков». Не позднее 9 сентября 1901 г. // ЦГИА СССР, ф. 1405, оп. 539, д. 325, л. 1—2; см. также: Указатель действующих в империи акционерных предприятий и домов. Т. 1, 2.

[89] Данные об основном капитале и участии представителей семьи Поляковых в правлениях банков и обществ приводятся на 1904 г. См.: Указатель действующих в империи акционерных предприятий и домов. Т. 1, 2.

[90] ЦГИА СССР, ф. 20, оп. 2, д. 1185, л. 26.

[91] Там же, ф. 1102, оп. 3, д. 183, л. 4.

[92] См.: *Ананьич Б. В.* Российское самодержавие и вывоз капиталов. 1895—1914 гг. С. 72—73.

[93] Там же. С. 73.

[94] Там же. С. 73—74.

[95] Там же. С. 71.

[96] Там же. С. 71—72.

[97] Г. В. Зелинский (представитель Министерства финансов в Московском Международном банке) — Э. Д. Плеске (директору Особенной канцелярии по кредитной части), 17 октября 1902 г. // ЦГИА СССР, ф. 587, оп. 56, д. 1665, л. 37 и об.

[98] Там же.

[99] Там же, л. 39.

[100] Там же, л. 39 об.—40.

[101] Там же, л. 40 об.

[102] Там же, л. 42 об.

[103] Там же, л. 34.

[104] Там же, л. 41.

[105] Справка о деятельности Московского лесопромышленного товарищества. 1904 г. // ЦГИА СССР, ф. 587, оп. 56, д. 1665, л. 55—59.

[106] Там же, л. 55.

[107] Там же, л. 56.

[108] Там же; см. также л. 49.

[109] Всеподданнейший доклад С. Ю. Витте «О принятии особых мер в отношении некоторых частных банков». Не позднее 9 сентября 1901 г. // ЦГИА СССР, ф. 1405, оп. 539, д. 325, л. 1—5.

[110] Участие в синдикате банкирских домов «Г. Вавельберг» и «Э. М. Мейер и К⁰» на одинаковых условиях с крупнейшими банками страны свидетельствует, очевидно, о весьма значительной роли этих домов в финансовой жизни империи. Кроме этих домов в синдикат вошли также банкирский дом «И. В. Юнкер и К⁰» (250 тыс. р.) и «Лампе и К⁰» (100 тыс. р.) (ЦГИА СССР, ф. 587, оп. 56, д. 324, л. 10 об.).

[111] ЦГИА СССР, ф. 587, оп. 56, д. 324, л. 10 и об.

[112] Всеподданнейший доклад С. Ю. Витте «О принятии особых мер в отношении некоторых частных банков». Не позднее 9 сентября 1901 г. // ЦГИА СССР, ф. 1405, оп. 539, д. 325, л. 2 об.—3.

[113] Там же, л. 4.

[114] Там же, л. 4—5.

[115] Всеподданнейший доклад С. Ю. Витте «О принятии особых мер в отношении некоторых частных банков». 23 ноября 1901 г. // ЦГИА СССР, ф. 587, оп. 56, д. 296, л. 57—60.

[116] Там же, л. 60—61.

[117] Журнал Комитета финансов. 14 и 17 декабря 1901 г. // Там же, ф. 563, оп. 2, д. 439, л. 4 и об.

[118] Там же, л. 4 об.—5.

[119] Там же, л. 5.

[120] Всеподданнейший доклад С. Ю. Витте «О внесении на обсуждение Комитета финансов вопроса об оказании правительственного воспособления банкирскому дому Лазаря Полякова» 13 декабря 1901 г. // Там же, л. 1—3.

[121] Журнал Комитета финансов. 13 декабря 1901 г. // Там же, л. 4—12.

[122] С. Ю. Витте — В. П. Мещерскому, б. д. // Там же, ф. 1622, оп. 1, д. 1018, л. 172. Журнал Комитета финансов. 14 и 17 декабря 1901 г. // Там же, ф. 563, оп. 2, д. 439, л. 4—12.

[124] Там же, л. 6—7.

[125] Там же, л. 7—12.

[126] Там же, л. 8 об.—9.

[127] Там же, л. 11.

[128] «Обсудить вопрос, — гласила царская резолюция. — Нельзя ли, устранив Полякова, помочь Государственным банком, согласно мнения председателя и большинства. Москва была бы освобождена от еврейского гнезда, внутренний (местный) экономический кризис мог бы быть устранен» (ЦГИА СССР, ф. 563, оп. 2, д. 439, л. 4).

[129] Уступая советам только «внутреннего голоса» и вопреки «самым убедительным доводам» П. А. Столыпина, Николай II в декабре 1906 г., как известно, провалил подготовленное Советом министров решение об исключении из законодательства ряда существовавших для евреев ограничений. См.: *Ананьич Б. В.* Россия и международный капитал. 1897—1914 : Очерки истории финансовых отношений. Л., 1970. С. 199.

[130] Заметим, кстати, что Б. А. Романов, обращая внимание на известную самостоятельность Николая II в определении курса как внутренней, так и внешней политики накануне русско-японской войны, приводил в качестве одного из примеров процитированную выше резолюцию царя (*Романов Б. А.* Россия в Маньчжурии (1892—1906): Очерки по истории внешней политики самодержавия в эпоху империализма. Л., 1928. С. 397).

[131] Журнал Комитета финансов. 26 декабря 1901 г. // ЦГИА СССР, ф. 563, оп. 2, д. 439, л. 13—16.

[132] Государственным банком было затрачено: на выплату текущих счетов и вкладов и процентов по ним — 9.5 млн. р., на оплату долгов заграничным корреспондентам и процентов по этим долгам — 3.0 млн., на оплату долгов и процентов частным банкам (кроме банков Полякова) и прочих расходов — 7.1 млн. р. (ЦГИА СССР, оп. 2, д. 520, л. 3).

[133] ЦГИА СССР, ф. 563, оп. 2, д. 520, л. 3 и об.

[134] Представление В. Н. Коковцова в Комитет финансов «О мерах к ликвидации торгового дома Л. С. Полякова». 22 января 1905 г. // ЦГИА СССР, ф. 563, оп. 2, д. 439, л. 17—20 и об.

[135] Там же.

[136] *Ананьич Б. В.* Россия и международный капитал. 1897—1914. С. 103—104.

[137] Журнал Комитета финансов. 20 апреля 1905 г. // ЦГИА СССР, ф. 563, оп. 2, д. 439, л. 21—26.

[138] Там же.

[139] Там же.

[140] Журнал Комитета финансов. 5 марта (утвержден утром 4 апреля 1908 г.) // Там же, л. 27—28.—Более подробные сведения о балансе и имуществе банкирского дома Л. Полякова см. ниже: Приложение II.

[141] Там же, л. 28 об.—31.

[142] Там же, л. 32 об.

[143] Там же, л. 33 об.

[144] Там же, л. 34 и об.

[145] А. П. Извольский — В. Н. Коковцову, 8 января 1908 г. // Там же, ф. 587, оп. 56, д. 1671, л. 7 и об.

[146] В. Н. Коковцов — А. П. Извольскому, 12 января 1908 г. // Там же, л. 1—2.

[147] Там же.

[148] Записка Отдела местных учреждений Государственного банка в совет Государственного банка к заседанию 20 октября 1917 г. по делу Л. С. Полякова. 16 октября 1917 г. // Там же, оп. 40, д. 35, л. 365—370.

[149] Там же, л. 366 и об.

[150] Там же, л. 367.

[151] Там же, л. 367. — Л. С. Поляков умер 12 января 1914 г. в Париже, на пути из Биаррица в Россию, на 73-м году жизни. См.: Голос Москвы. 1914. 14 января.

[152] ЦГИА СССР, ф. 587, оп. 40, д. 35, л. 367 об.—368.

[153] Там же, л. 368 об.

[154] Там же.

[155] Там же, л. 368—369.

[156] Там же, л. 369.

[157] Там же.

[158] *Левин И. И.* Акционерные коммерческие банки в России. Т. 1. С. 298.

[159] Там же. С. 298.

[160] См. анонимное сочинение: Russie et Bulgarie : Les Causes Occultes de la Question Bulgare. Paris, 1887. P. 13—14; см. также: *Hallgarten G. W. F.* Imperialismus vor 1914. Die soziologischen Grundlagen der Aussenpolitik europäischer Grossmächte vor dem Ersten Weltkrieg. München, 1963. Bd 1. S. 237—244.

[161] С помощью К. П. Победоносцева С. С. Поляков прокладывал дорожку к сердцу Александра III еще в бытность того наследником, предлагая разного рода пожертвования: то 25 тыс. р. и даже земли на берегу Азовского моря для постройки училища русского Добровольного флота, то 22 тыс. на строительство подводной лодки, то 30 тыс. на учреждение женской рукодельни. См.: С. С. Поляков — К. П. Победоносцеву, 14 марта 1880 г. // К. П. Победоносцев и его корреспонденты. М.; Пг., 1923. Т. 1, полутом 1. С. 26. — На то, что Поляковы пользовались поддержкой Победоносцева, обращает также внимание французский историк Рене Жиро. Опираясь на материалы из архива Лионского кредита (досье Горловка), Жиро пишет о Лазаре Самуиловиче Полякове как предпринимателе, основавшем в 1872 г. Общество южнорусской каменноугольной промышленности. Здесь, впрочем, мы имеем дело либо с опечаткой, либо с причудливым совмещением в одном лице Самуила и Лазаря Соломоновичей Поляковых. Скорее всего, речь идет все-таки о Лазаре Соломоновиче Полякове (*Girault René*. Emprunts Russes et investissements Francais en Russie. 1887—1914. Paris, 1973. P. 265).

[162] К. П. Победоносцев и его корреспонденты. Т. 1, полутом 2. С. 576—577.

[163] Там же.

[164] С. С. Поляков — К. П. Победоносцеву, 29 января 1887 г. // К. П. Победоносцев и его корреспонденты. Т. 1, полутом 2. С. 734—735.

[165] *Гиндин И. Ф.* Московские банки в период империализма (1900—1917 гг.) // Ист. зап. 1956. Т. 58. С. 99—100.

[166] Голос Москвы. 1914. 14 января. — К этому времени Л. С. Поляков был широко известен своей благотворительной деятельностью. Он «учредил стипендии почти во всех высших и некоторых средних учебных заведениях Москвы», содержал ремесленные классы в Орше. В Музее изящных искусств имени Александра III «учредил особый зал своего имени», был председателем Еврейского хозяйственного правления, членом-учредителем Московского отделения Русского технического общества, состоял в благотворительном тюремном комитете, Братолюбивом обществе и т. д. (там же.).

[167] См. личные документы В. Л. Полякова и его семьи: ЦГИА СССР, ф. 1102, оп. 3, д. 181, л. 3—8.

[168] См.: *Тарновский В. В.* История Сибирского Торгового банка: (1872—1917 гг.) // Материалы по истории России в период капитализма. М., 1976. С. 168. (Тр. ГИМ; Вып. 46). — В. Л. Поляков в этой публикации ошибочно назван В. Б. Поляковым.

[169] О деятельности В. Л. Полякова в 1917—1918 гг. и его связях с одним из крупных представителей финансовой олигархии предреволюционной России («русским Вандербильтом») К. И. Ярошинским см.: *Фурсенко А. А.* Русский Вандербильт // Вопросы истории. 1987. № 10. С. 186—188. — См. также книгу М. Кеттла: *Kettle M.* The Allies and the Russian Collapse. London, 1981. — По данным М. Кеттла, ссылающегося на дело В. Л. Полякова в архиве газеты «Таймс», потомок крупных русских банкиров был человеком, хорошо известным на Флит-Стрит, печатался в разных английских газетах и журналах, а с 1924 по 1936 г. был корреспондентом «Таймс» (*Kettle M.* The Allies and the Russian Collapse. P. 138).

Глава пятая

БАНКИРСКИЙ ДОМ «БРАТЬЯ РЯБУШИНСКИЕ»

История торгового дома Рябушинских восходит к началу XIX в. Михаил Рябушинский пришел в Москву из деревни двенадцатилетним мальчиком еще до Отечественной войны 1812 г. и начал торговать вразнос. В шестнадцать лет он уже имел в Москве свою лавку. Нашествие французов разорило его, и он вынужден был поступить на чужую службу, но затем опять поправил свои дела. Его сын Павел Михайлович, родившийся в 1820 г., начал с того, что вместе с матерью торговал скупным товаром, развозя его по деревням, но затем открыл свою «фабричку», выросшую «в фабрику в Голутвинском переулке».[1] В 1840-х гг. Рябушинские — уже миллионеры. К этому времени относится начало их занятий банкирскими операциями.

Рябушинские были старообрядцами и значились принадлежавшими к расколу по Рогожскому кладбищу, т. е. «к поповщинской секте». Михаил Яковлевич Рябушинский к началу 1850-х гг. — известный в Москве купец третьей гильдии, работавший вместе со своими сыновьями Павлом и Василием Михайловичами.[2] После смерти отца братья, получив «наследственный и нераздельный капитал», заявили себя в 1859 г. купцами второй гильдии. В 1860 г. они перешли в первую гильдию, в 1861 г. — во вторую, в 1863 г. — опять в первую.[3]

Пробыв в первой гильдии пятнадцать с половиной лет, братья Рябушинские сделали в 1879 г. попытку получить для себя и своих детей потомственное почетное гражданство. Сенат отказал им в этой просьбе, ибо на основании секретного высочайшего повеления от 10 июня 1853 г. раскольникам, к какой бы секте они ни принадлежали, отличия и почетные титулы давались только в виде исключения.[4] Многолетние хлопоты Рябушинских увенчались успехом 11 июля 1884 г., когда им наконец-то была выдана грамота Александра III о «возведении их с семействами в потомственное почетное гражданство».[5]

В 1867 г. Павел и Василий Михайловичи открыли в Москве Торговый дом в виде полного Товарищества и под фирмой «П. и В. Братья Рябушинские». В 1869 г. они купили у московского купца Шилова открытую им в 1858 г. близ Вышнего Волочка бумагопрядильную фабрику. В 1874 г. выстроили там же ткацкую, а в 1875 г. — красильно-отбельную и аппретурную фабрики.[6]

После смерти брата, последовавшей 21 декабря 1885 г., Павел Михайлович «выделил остальных наследников Василия Рябушинского» и остался единственным и полноправным владельцем дома.[7] В 1887 г. он реорганизовал торговый дом в Товарищество мануфактур П. М. Рябушинского с сыновьями с основным капиталом в 2 млн. р., разделенным на 1000 именных паев. В это время на фабриках Рябушинских уже работало 1200 человек. Товарищество мануфактур П. М. Рябушинского с сыновьями стало владельцем бумагопрядильной, ткацкой, красильной, отбельной и аппретурной фабрики при с. Заворове Тверской губернии Вышневолоцкого уезда, а также предприятием, торгующим мануфактурными товарами, пряжей и ватой в Москве, на Биржевой площади, в собственном доме.[8]

15 июня 1894 г. с разрешения Комитета министров основной капитал Товарищества был увеличен вдвое.[9] В этот момент из 1000 паев Товарищества 787 принадлежали П. М. Рябушинскому, что давало ему 10 голосов на общем собрании пайщиков, 200 паев (10 голосов) — его жене А. С. Рябушинской, 5 паев (1 голос) — старшему сыну П. П. Рябушинскому, 5 паев (1 голос) — коломенскому мещанину К. Г. Климентову. Таким образом, 997 паев находились в руках четырех лиц, остальные три пая были в руках у трех держателей (у каждого по одному), не имевших права голоса. В связи с увеличением основного капитала в 1895 г. были выпущены еще 1000 паев по 2 тыс. р. каждый. Все они были приобретены П. М. Рябушинским, ставшим, таким образом, обладателем 1787 паев из 2000.[10] К 1897 г. основной капитал Товарищества официально составлял 4 млн. р., а запасной — 1 млн 680 тыс. р.[11]

П. М. Рябушинский умер 21 декабря 1899 г., пережив своего брата на 14 лет. Его восемь сыновей — Павел, Сергей, Владимир, Степан, Николай, Михаил, Дмитрий и Федор — получили многомиллионное наследство. Отец завещал им по 200 паев Товарищества каждому (стоимостью в 2 тыс. р. пай) с причитавшимися на них дивидендами. Кроме того, каждый из сыновей получил по 400 тыс. р. в процентных бумагах или наличными деньгами.[12] К чрезвычайному собранию акционеров 19 апреля 1901 г. братья были держателями 1593 паев: Павел — 253, Сергей — 255, Владимир — 230, Степан — 255, Николай — 200, Михаил — 200, Дмитрий — 200.[13] Старший сын Павел стал директором-распорядителем Товарищества.[14]

Значительным событием в развитии дела Рябушинских явилось поглощение ими Харьковского Земельного банка.[15] С самого основания Харьковского Земельного банка в 1871 г. и до 1901 г. председателем его правления бессменно был крупный представитель южнозаводской промышленности, харьковский первой гильдии купец и коммерции советник А. К. Алчевский. Он появился в Харькове в 1867 г. и открыл чайную лавку.[16] Мало кому известный мещанин из Сум очень скоро приобрел репутацию первого по предприимчивости человека на юге России.[17] В 1868 г. А. К. Алчевский — в числе учредителей Харьковского Торгового банка. Это был первый в России акционерный банк, созданный по частной инициативе, ибо ранее его основанный Петербургский Частный банк был создан при помощи правительства.[18] В 1895 г. А. К. Алчевский отказался от должности члена правления Харьковского Торгового банка, однако продолжал принимать «живое участие в ведении его дел» и оставил в составе правления своего племянника В. Н. Алчевского.[19]

Харьковский Торговый банк был первым крупным делом А. К. Алчевского. В 1871 г. он учредил Харьковский Земельный банк — первое в России учреждение ипотечного кредита такого типа.[20] По свидетельству современников, А. К. Алчевский в это время еще не располагал значительными капиталами и, скорее, был «душою дела», а устав банка был составлен управляющим Харьковской конторой Государственного банка И. В. Вернадским.[21] Однако уже вскоре подавляющее число акций банка принадлежало А. К. Алчевскому, членам его семьи и родственникам.[22] А. К. Алчевский «являлся полным фактическим распорядителем обоих банков», между ними установилась самая тесная связь. «Земельный банк переливал огромные суммы в торговый, а оттуда они шли на поддержку разных предприятий Алчевского».[23]

В сентябре 1875 г. на землях, находившихся в личной собственности А. К. Алчевского, было основано Алексеевское горнопромышленное общество с правлением в Харькове. В 1895 г. Алчевский выступил в числе основателей Донецко-Юрьевского металлургического общества с правлением в Петербурге и вошел в его дирекцию.[24]

В период промышленного подъема 1890-х гг. предприятия Алчевского стали широко привлекать иностранные капиталы и достигли своего расцвета. В 1896 г. на праздновании 25-летия Харьковского Земельного банка Алчевский выступил с большой речью о перспективах развития промышленного Юга. «Мы должны упомянуть о том светлом для всего обширного нашего государства явлении, которое сказалось за последнее время в пробуждении нашего Донецкого бассейна, — говорил он. — Прилив иностранных капиталов, преимущественно бельгийских, знаменует новую эру этого края... Этот быстрый и решительный подъем промышленности вызывает у некоторых опасения относительно захвата этого края иностранцами, но эти иностранцы вместе с капиталом несут свою опытность и знание металлургического дела, которых, к сожалению, нет пока у наших капиталистов и предпринимателей».[25]

В период промышленного подъема А. К. Алчевский был «почти единственным собственником Алексеевского горнопромышленного общества», ему принадлежало около 1/3 акций Земельного и Торгового банков и другие ценные бумаги. Состояние Алчевского предположительно оценивалось в это время в 12 млн. р.[26]

Картина резко изменилась с наступлением экономического кризиса, уже в начале 1901 г. охватившего предприятия Алчевского. Пытаясь спастись от банкротства, он предпринял попытку получить правительственный заказ на рельсы для Донецко-Юрьевского металлургического общества, а также добиться в Министерстве финансов разрешения на выпуск облигаций на 8 млн. р. под залог имущества принадлежавших ему предприятий.[27] В апреле 1901 г. он приехал в Петербург хлопотать через Особенную канцелярию по кредитной части о проведении задуманной им операции. Однако министр финансов С. Ю. Витте отказал Алчевскому в предоставлении заказа и не дал разрешения на выпуск облигаций, хотя Алчевский надеялся разместить их в Бельгии.

7 мая 1901 г. А. К. Алчевский отправил с Варшавского вокзала в Петербурге последнее свое письмо одному из служащих Харьковского Земельного банка и бросился под поезд.[28] Человек, еще вчера считавшийся миллионером, «оставил после себя имущества на 150 тысяч при задолженности в 19 млн.».[29]

Гибель А. К. Алчевского послужила сигналом для объявления о крахе его предприятий. Проведенная Министерством финансов 22—31 мая 1901 г. ревизия Харьковского Земельного банка вскрыла несостоятельность и грубые злоупотребления, допущенные членами правления и ревизионной комиссии. 3—13 июня была проведена ревизия Харьковского Торгового банка. 15 июня он был признан несостоятельным должником. Затем последовал крах связанного с харьковскими банками Екатеринославского Коммерческого банка. 24 июня 1901 г. была учреждена правительственная администрация для Донецко-Юрьевского металлургического общества.[30]

Еще до завершения ревизии Харьковского Торгового банка министр финансов 8 июня 1901 г. получил разрешение императора на созыв под председательством лица, назначенного Министерством финансов, чрезвычайного общего собрания акционеров Харьковского Земельного банка для рассмотрения его дел и выбора нового состава правления.

Обращение министра финансов за «высочайшим разрешением» на созыв чрезвычайного собрания акционеров носило необычный характер. По правилам созыв такого собрания мог быть осуществлен либо по решению правления банка, либо по требованию акционеров, располагавших в совокупности 100 голосами. В обоих случаях о дне собрания должно было быть объявлено за шесть недель. Но Витте спешил, и в его всеподданнейшем докладе был оговорен даже срок назначения чрезвычайного собрания акционеров — не позднее 25 июня.[31]

13 июня, в день завершения ревизии Харьковского Земельного банка, министр финансов подготовил представление в Комитет министров об упорядочении дел банка. В нем Витте подчеркивал, что средства Земельного банка, не только свободные, но и те, что были необходимы для погашения его срочных обязательств по оплате купонов и вышедших в тираж закладных листов, в общей сумме почти на 5.5 млн. р., были помещены в Харьковском Торговом банке, оказавшемся несостоятельным. Кроме того, Харьковский Земельный банк заложил в разных кредитных учреждениях и у частных лиц закладные листы на сумму в 6 763 500 р., предъявленные в сверхсрочное погашение и подлежавшие уничтожению, а также кредитные бумаги запасного капитала на 2 727 325 р. Наконец, Харьковский Земельный банк понес убытки по своим обычным операциям в размере 785 475 р. По подсчетам министра финансов, разница между обязательствами банка и его средствами определялась в сумме до 7.5 млн. р. Однако поскольку предстоял «перевод одной краткосрочной ссуды, числившейся на большом земельном имуществе, из Харьковского Земельного банка в Государственный банк» с выдачей под это имущество промышленной ссуды в размере 1 млн 500 тыс. р. с процентами, то Витте считал достаточным открыть Харьковскому Земельному банку кредит в размере 6 млн. р., чтобы он мог рассчитаться по своим срочным обязательствам.[32] 20 июня 1901 г. Николай II утвердил решение Комитета министров об открытии Харьковскому Земельному банку кредита в Государственном банке в размере 6 млн. р. для оплаты срочных обязательств и назначении специального уполномоченного Министерства финансов для наблюдения за действиями правления Харьковского Земельного банка до окончания расчетов по этому кредиту.[33]

Итак, помощь, которой домогался у правительства А. К. Алчевский, была оказана вскоре после его смерти. На этот раз Министерство финансов и Комитет министров проявили завидную оперативность, вытаскивая из кризиса Харьковский Земельный банк, хотя всего за месяц до этого не пошевельнули пальцем, чтобы спасти его от несостоятельности. Отказав в поддержке А. К. Алчевскому, С. Ю. Витте заявил о готовности финансировать новое правление банка, ибо ему, конечно, хорошо было известно, что дела лопнувшего предприятия передаются в руки влиятельного московского торгового дома братьев Рябушинских.

Рябушинские кредитовали Харьковский Земельный банк по крайней мере с 1880-х гг., причем на более выгодных условиях, чем это делали некоторые другие банки, например Московский Торговый. По свидетельству служащих бухгалтерии Харьковского Земельного банка, через их руки проходили миллионные операции с Рябушинскими.[34] Крах предприятий А. К. Алчевского грозил Рябушинским потерей «около пяти миллионов рублей, заложенных на юге, в Харькове».[35] Владимир и Михаил Рябушинские немедленно выехали в Харьков с большим штатом своих помощников для «спасения» Харьковского Земельного банка.[36]

Самоубийство А. К. Алчевского повлекло за собой резкое снижение цены акций Харьковского Земельного банка. В течение двух или трех недель их стоимость упала с 450 до 125 р. Рябушинские стали скупать эти акции, и в результате на чрезвычайном собрании акционеров, длившемся два дня, 25 и 26 июня 1901 г., им удалось собрать большинство голосов и захватить в свои руки дела банка. В члены правления были избраны В. П. и М. П. Рябушинские. В. П. Рябушинский стал председателем правления банка. М. П. Рябушинский вспоминал позднее, что он оказался самым молодым в мире директором большого банка. В 1901 г. он только что достиг совершеннолетия, ему исполнился 21 год.[37] На общем собрании акционеров Харьковского Земельного банка в марте 1902 г. было избрано его правление в составе трех братьев Рябушинских — Владимира, Павла и Михаила — и двух их родственников — В. Корнева и М. Антропова.[38]

На чрезвычайном собрании акционеров 25 и 26 июня 1901 г. Рябушинские не только завладели Харьковским Земельным банком, но и добились возбуждения уголовного дела против бывших членов его правления. Их обвинили в совершении займов за счет банка под залог процентных бумаг запасного капитала, залоге в других банках и продаже закладных листов, представленных в досрочное погашение ссуд и подлежавших поэтому немедленному погашению, сокрытии убытков банка с помощью фиктивных счетов и балансов и, наконец, в прямом обмане акционеров: в отчетах банка было заявлено о полной реализации акций IX и X выпусков, тогда как в действительности часть этих акций оставалась нереализованной.[39]

Начались судебный процесс и война Рябушинских с бывшими членами правления банка. Отчаянное сопротивление Рябушинским оказала М. А. Любарская-Письменная, жена действительного статского советника Е. В. Любарского-Письменного, члена правлений обоих харьковских банков и председателя правления Екатеринославского Коммерческого банка. М. А. Любарская-Письменная, бывшая, по язвительному замечанию М. П. Рябушинского, многие годы «первой дамой Харькова» и не желавшая расставаться с этим положением, открыла против Рябушинских кампанию в издававшейся ею газете «Харьковский листок».[40] Газета обвиняла Рябушинских в том, что они привезли с собой два вагона подставных акционеров и с их помощью захватили правление Харьковского Земельного банка, нарушив закон о несовместимости в одном лице кредитора и должника, затем воспользовались своим новым положением и получили из кассы банка 2 млн. р., ссуженных в свое время банку на не вполне законных основаниях, и отказались предъявить собранию акционеров документы, на основании которых были заключены эти сделки.[41] В обвинениях содержался очевидный намек на то, что Рябушинские сами принимали участие в сомнительных операциях с Харьковским Земельным банком, а когда банк потерпел крах, то они поспешили отправить за решетку своих партнеров по операциям, захватить банк и замести следы своей причастности к нарушению законов. Тяжба Рябушинских с М. А. Любарской-Письменной затянулась на несколько лет.[42] Ей удалось добиться того, что С. Ю. Витте в результате вынужден был представить по этому делу Николаю II «подробный мотивированный доклад» и сознаться в опрометчивости, необдуманности своих «распоряжений в отношении харьковских банков», а также признать, «что в действиях членов правления банков отсутствует преступление и что отступления от устава банка, совершенные ими, — результат общего несчастья: финансово-промышленного кризиса...».[43]

Однако эти запоздалые признания министра финансов ничего не стоили. Е. В. Любарский-Письменный, второй после А. К. Алчевского по влиянию член правления Харьковского Земельного банка, не дожил до конца затянувшейся тяжбы, а его жена в конечном счете вынуждена была покинуть Харьков и уехать в Париж, где, по утверждению внимательно следивших за ее судьбой Рябушинских, «погибла, зарезанная своим сутенером».[44]

Передав в руки Рябушинских Харьковский Земельный банк, Министерство финансов последовательно продолжало оказывать им необходимую помощь. 11 января 1902 г. Витте вновь решил вынести вопрос о банке на обсуждение Комитета министров.[45] 15 января состоялось его заседание, удовлетворившее основные просьбы нового правления Харьковского Земельного банка.[46]

Харьковскому Земельному банку было разрешено произвести обмен всех прежних акций на новые, а также сделать дополнительный выпуск акций на 1.4 млн. р. Товарищество мануфактур П. М. Рябушинского с сыновьями внесло в Московскую контору Государственного банка залог в размере 3.1 млн. р. и «взяло на себя гарантию обмена акций Харьковского Земельного банка и нового их выпуска». Взамен этого Товарищество получило право «оставить за собой неразобранные новые акции по цене 105 р. за акцию независимо от их биржевой цены».[47] Комитет министров разрешил Харьковскому Земельному банку уже в 1902 г. возобновить операции по выдаче ссуд и выпуску закладных листов, не дожидаясь завершения операций по обмену и дополнительному выпуску акций.[48]

Таким образом, уже к середине 1902 г. Харьковский Земельный банк вышел из кризиса и начал заниматься регулярными операциями. Владимир и Михаил Рябушинские провели два года в банке, работая каждый день, включая воскресенья, с 10 ч утра до 7 ч вечера и затем с 9 ч вечера до полуночи.[49] Однако игра стоила свеч. Успех в Харькове укрепил положение Товарищества мануфактур П. М. Рябушинского с сыновьями.

Еще до возвращения в Москву участников харьковской экспедиции братья Рябушинские начали обсуждать вопрос легализации своих банкирских операций за счет средств, оставленных отцом.

По каким-то причинам за неделю до смерти П. М. Рябушинский внес существенное изменение в свое духовное завещание. Первоначально он собирался все свое недвижимое имущество и паи оставить жене, но затем передумал и завещал паи сыновьям на определенных условиях. Они должны были пойти на увеличение основного капитала Товарищества за счет дополнительного выпуска паев. Новые паи поступали в собственность сыновей пропорционально числу паев, уже имевшихся в их распоряжении. Операцию предполагалось осуществить в течение пяти лет,[50] а в случае ее неудачи деньги должны были быть поделены поровну.[51] «У старших четырех братьев было больше паев, чем у младших четырех», им было выгодно увеличение основного капитала Товарищества, и они поспешили 19 апреля 1901 г. провести общее собрание пайщиков и принять решение о дополнительном выпуске паев. 25 апреля 1902 г. правление Товарищества мануфактур П. М. Рябушинского с сыновьями обратилось в Министерство финансов с прошением разрешить ему увеличить основной капитал за счет нового выпуска 2750 паев на том условии, чтобы каждый пай был оплачен наличными деньгами в размере 2000 р. и, кроме того, по каждому паю была уплачена особая премия в размере 840 р., зачисляемая в запасной капитал. В результате этой операции основной капитал Товарищества должен был возрасти до 9 млн. 500 тыс. р. (1000 паев первого выпуска по 2 тыс. р. каждый, 1000 паев второго выпуска по 2 тыс. р. каждый и 2750 паев нового выпуска по 2 тыс. р. каждый).[52] Запасной капитал также должен был возрасти на 2 млн. 310 тыс. р.[53]

В поданном ими прошении Рябушинские обращали внимание министра финансов на то, что этот капитал должен был пойти на расширение фабрики и банкирских операций, давно введенных в практику покойным учредителем Товарищества П. М. Рябушинским. В связи с этим они просили министра финансов разрешить им официально заниматься банкирскими операциями и «в соответствии с законоположениями для частных банкирских контор» внести необходимые изменения в устав Товарищества и именовать его впредь не Товариществом мануфактур, а просто Товариществом П. М. Рябушинского с сыновьями.

Таким образом, братья намерены были превратить Товарищество мануфактур в банкирскую контору. Однако этот замысел потерпел неудачу. 15 мая 1902 г. прошение было доложено министру финансов и отклонено им. Для ведения банкирских операций братьям предложено было открыть отдельный банкирский дом.

На вторичное обращение Товарищества в Министерство финансов об увеличении основного капитала снова последовал отказ. После этого оставшийся капитал был разделен братьями в равных долях, а 20 мая 1902 г. они приняли решение о создании банкирского дома братьев Рябушинских, тоже основанного на принципе равенства его участников.[54]

В правление банкирского дома вошли Владимир и Михаил. С его созданием братья «распределили между собой управление делами». Фабричной деятельностью занялись Павел, Сергей и Степан, банковской — Владимир и Михаил, Дмитрий «занялся ученой деятельностью», а Николай — «веселой жизнью».[55] В момент создания банкирского дома младший из братьев — Федор — был еще подростком.

Московскому историку Ю. А. Петрову удалось обнаружить в фонде Петербургского отделения Московского банка копию договора от 30 мая 1902 г. об образовании банкирского дома братьев Рябушинских.[56] Благодаря этому мы располагаем достаточно ясной картиной организации этого дома. Полными его товарищами-совладельцами были заявлены шесть братьев: Павел, Владимир, Михаил, Сергей, Дмитрий и Степан. Первые пятеро вносили по 200 тыс. р., а Степан — 50 тыс. р. Первоначально основной капитал дома составил, таким образом, 1 млн 050 тыс. р. В 1903 г. в число совладельцев был принят седьмой брат — Федор, а доля участия каждого была увеличена до 714 285 р. Позднее был увеличен до 5 млн. р. и основной капитал банкирского дома.[57]

Договор, подписанный братьями Рябушинскими, интересен во многих отношениях. Прежде всего обращает на себя внимание то, что в договоре было заявлено об открытии в Москве торгового дома полного товарищества под наименованием «Банкирский дом братьев Рябушинских», т. е. участники договора рассматривали свое заведение как торговый дом, занимающийся банкирскими операциями.[58] Договор братьев Рябушинских отличает и то обстоятельство, что в нем перечислены основные операции банкирского заведения, а именно: покупка и продажа дивидендных бумаг, страхование выигрышных билетов, принятие к учету векселей, имеющих две и более подписей, и соло-векселей с обеспечением ценными бумагами и товарами, открытие кредитов (специальных текущих счетов) под различные обеспечения, выдача ссуд на определенные сроки и до востребования (on call) под обеспечение ценными бумагами, выдача ссуд под недвижимое имущество, выдача авансов под дубликаты железнодорожных накладных, квитанции транспортных контор, коносаменты и другие документы по отправлению товаров и ссуд под свидетельства о наложенных платежах, учет купонов и вышедших в тираж ценностей, получение платежей по поручениям (инкассо), прием ценностей на хранение, прием денег на текущие счета и процентные вклады, выдачи и оплаты переводов, прием денежных бумаг и товаров на комиссию и другие законные денежные, вексельные и товарные операции.[59]

В договоре было специально оговорено, что банкирский дом не будет кредитоваться по прямым векселям и будет ограниченно пользоваться бланковым кредитом. Главная контора банкирского дома и бухгалтерия должны были находиться в Москве, все документы банкирского дома подписывались либо тремя из товарищей-совладельцев, либо одним на основании доверенности. Для документов на приобретение недвижимой собственности необходима была подпись по крайней мере четырех членов Товарищества. Заведование и управление делами фирмы должно было осуществляться с общего согласия, но в конфликтных случаях решение принималось большинством голосов. Соглашение предусматривало, что «если в дальнейшем ходе дела капиталы участников будут неравными», то большинство будет определяться «по сумме капиталов».

Из чистой прибыли банкирского дома 25 % зачислялись в запасной капитал, а остальные 75 % вносились в дивиденд. При условии если 75 % чистой прибыли составляли более 6 % по отношению к основному капиталу, то не менее 6 % на основной капитал должно было вноситься в дивиденд пропорционально капиталу каждого участника, а остаток предполагалось распределять по постановлению большинства.

Срок существования торгового дома не был обусловлен в договоре. Он мог быть ликвидирован в любое время. Для этого достаточно было согласия более 3/4 участников. Зато в договоре специально оговаривалось условие, по которому никто из участников в течение первых пяти лет после его подписания не имел права выделиться из общего дела. Никто из подписавших соглашение не имел права кредитоваться в своем банкирском доме и входить «в кредитные обязательства по делам личным».[60]

Банкирский дом «Братья Рябушинские» был включен наряду с некоторыми банкирскими конторами Москвы («Юнкер и К[0]», «Волков с сыновьями», «Осипов и К[0]», «Братья Джамгаровы») в число акционеров Харьковского Земельного банка, имевших право участвовать в его общих собраниях.[61]

В 1907 г. Рябушинские сделали попытку увеличить размеры своего банкирского дома за счет приобретения трех поляковских банков. В конце 1907 г. они подали прошение о переводе их банкирского дома в разряд акционерных предприятий. Однако затем взяли это прошение обратно, по мнению Ю. А. Петрова, в связи с неудачей переговоров о приобретении поляковских банков.[62]

Когда банкирский дом Рябушинских 1 июля 1902 г. открыл свои действия с основным капиталом в 1 млн 050 тыс. р., его влияние было еще не столь значительным. Через шесть месяцев деятельности он имел вкладов и текущих счетов всего на 6909 р. 85 к. Однако банкирский дом рос. В 1903 г. Рябушинские увеличили основной капитал, а к 1912 г. он составлял уже 5 млн. р., в то время как текущие счета и вклады достигли 18 946 431 р.[63] За десять лет существования банкирского дома братья постепенно и с переменным успехом наращивали его капитал, росла и прибыль, о чем свидетельствуют приведенные М. П. Рябушинским в 1916 г. сводные данные почти за 14 лет:[64]

Дата	Чистая прибыль (в руб.)	Дивиденд (в %)	Дата	Чистая прибыль (в руб.)	Дивиденд (в %)
1902	13271.70	—	1909	501455.29	6
1903	146749.93	3.1 (за 2-е полугодие)	1910	467300.15	6
1904	271241.75	4	1911	136325.48	2.25
1905	125277.53	2.4	1912	745388.77	6
1906	129995.33	2.5	1913	1670277.52	6.5
1907	496988.66	6	1914	1911403.34	6
1908	501409.31	6	1915	2234503.71	6.5

Банкирский дом Рябушинских широко занимался учетной операцией, был постоянным покупателем и продавцом иностранных девизов (средства в иностранной валюте, предназначенные для расчетов), как чеков, так и трехмесячных векселей. К 1906 г. дом имел широкий круг иностранных корреспондентов, принимавших ремессы за счет Рябушинских, в том числе Дойче банк в Берлине, Лионский кредит в Париже, Дирекция Дисконтогезельшафт в Лондоне, Банк Сентраль Анверсуаз в Антверпене, Брюссельский Международный банк, Гопе и К⁰ в Амстердаме, Англо-Остеррайхише банк в Вене, Итальянский кредит в Генуе, Швейцарише Кредитаншталът в Цюрихе.[65]

Развитие операций отпочковавшегося от Товарищества мануфактур П. М. Рябушинского с сыновьями банкирского дома шло параллельно с расширением деятельности и самого Товарищества. Неоднократные попытки братьев увеличить его основной капитал увенчались успехом только в 1912 г. 8 марта 1912 г. царь утвердил решение Совета министров о дополнительном выпуске 500 паев Товарищества по 2000 р. каждый. В результате основной капитал предприятия достиг 5 млн. р. Кроме того, было утверждено его новое название «Торгово-промышленное товарищество П. М. Рябушинского с сыновьями» и разрешен выпуск облигаций на 2.5 млн. р., т. е. на сумму, не превышавшую ценности принадлежавшего Товариществу имущества.[66] Однако братья Рябушинские воспользовались этим разрешением только в 1914 г., выторговав себе право выпустить 5-процентный облигационный заем на 3 млн. 750 тыс. р. с 25-летним сроком погашения.[67]

Примерно равное участие братьев Рябушинских в Торгово-промышленном товариществе П. М. Рябушинского с сыновьями сохранилось до первой мировой войны. Об этом свидетельствуют данные на 5 июля 1914 г.:[68]

Павел Павлович Рябушинский	491	пай	Москва, Пречистенский бульвар, 6
Сергей Павлович Рябушинский	499	паев	Москва, Сивцев-Вражек, 30
Степан Павлович Рябушинский	415	паев	Москва, Малая Спасская, 6
Владимир Павлович Рябушинский	381	пай	Москва, Садовая Каретная, 6
Михаил Павлович Рябушинский	319	паев	Москва, Спиридоновка, 17
Дмитрий Павлович Рябушинский	270	паев	Москва, Поварская, 14

На 20 июля 1914 г. директорами правления Товарищества состояли Павел, Сергей и Степан, кандидатом в директора — Владимир. Членами ревизионной комиссии были Михаил и Дмитрий.[69]

Несколько по-иному выглядит состав Товарищества на паях Типографии Рябушинских в Москве на Страстном бульваре (Путинковский переулок, д. 3). Устав Товарищества был утвержден 28 апреля 1913 г., учредителями его выступили Павел, Сергей и Степан Павловичи. Однако главная фигура в этом Товариществе — несомненно П. П. Рябушинский. Ему принадлежали 963 пая, в то время как Степан и Сергей Павловичи имели только по четыре пая каждый.[70]

В 1912 г. Рябушинским стало «тесно в рамках частного предприятия» и они «решили переформировать его в банк».[71] «Созвали друзей среди дружественных им текстильщиков, все москвичей». В 1912 г. был основан Московский банк «с первоначальным капиталом в 10 миллионов рублей», затем он был увеличен до 15 млн., а перед самой войной — до 25 млн. р. Как и в банкирском доме, правление банка возглавили Михаил и Владимир Павловичи, пригласив в качестве третьего члена правления А. Ф. Дзержинского.[72] Председателем совета банка стал П. П. Рябушинский, в состав совета вошли крупные московские капиталисты.[73] Таким образом, начиная с 1912 г. банкирский дом, по выражению М. П. Рябушинского, «продолжал свою деятельность в форме Московского банка», действительно во многом сохранившего черты семейного предприятия. Братья Рябушинские действовали совместно в подавляющем большинстве операций, следуя, впрочем, установленным с самого начала принципам разделения труда. И после создания банка Владимир и Михаил Павловичи сохранили за собой приоритет в занятиях именно банковскими делами. Самый младший брат, Федор, когда достиг совершеннолетия, сосредоточил свою деятельность в организованном братьями писчебумажном деле («Товарищество окуловских писчебумажных фабрик») и вложил в него «свои свободные капиталы», хотя остальные братья тоже продолжали участвовать в этом деле.

Фабрика в местечке Окуловка была довольно крупным предприятием. На ней работало несколько сот человек. Младший из братьев Рябушинских умер 8 марта 1910 г. в 27-летнем возрасте, оставив крупное состояние и успев приобрести репутацию одного из «просвещенных коммерсантов» Москвы. В 1908 г. по его инициативе и на его средства Императорское русское географическое общество организовало большую научную экспедицию для исследования Камчатки. Экспедиция собрала богатейший научный материал. Ф. П. Рябушинский пожертвовал 200 тыс. р. на работы экспедиции. Его вдова Т. К. Рябушинская в соответствии с завещанием мужа продолжала финансировать обработку материалов экспедиции, а также издание ее трудов.[74]

Судя по всему, М. П. Рябушинский стал среди братьев одним из идеологов семейного предпринимательства. «Еще до войны, — писал он позднее в своих воспоминаниях, — когда стало все труднее и труднее находить помещение для наших денег, мы учитывали только первоклассный учетный материал, а такого было, конечно, немного на рынке, мы стали задумываться, где и в чем найти применение свободным деньгам».[75] В руки М. П. Рябушинского попала брошюра о льне, его поразила «неорганизованность и какая-то косность» в производстве льна.[76] «Осенью, когда лен созревал, — писал М. П. Рябушинский, — откупщики от фабрик и экспортеров, главным образом евреи, немцы и англичане, скупали его по деревням, вывозили или свозили на фабрики, там его чесали, около 60 % получалось костры, не имевшей потребления, процентов 20—25 оческов, остаток — чесаный лен. Из него фабрикант брал нужные ему сорта, остальное продавал...

Как молния, мне пришли две мысли. Россия производит 80 % всего мирового сырья льна, но рынок не в руках русских. Мы, мы его захватим и сделаем монополией России. Вторая мысль, зачем вести весь этот мертвый груз на фабрики, не проще ли построить сеть мелких заводов и фабричек в льняных районах, чесать на месте и продавать уже нужный чесаный лен и очески, соответствующие потребностям фабрик и заграничных экспортеров. Сказано, сделано».[77]

Рябушинские решили начать новое дело с изучения районов производства льна. Начали с Ржева, центрального льняного района Тверской губернии. В 1908 г. в Ржеве было открыто отделение банкирского дома. В 1909 г. такое отделение было открыто в Ярославле, в 1910 г. — в Витебске, Вязьме, Костроме и Смоленске, в 1911 г. — в Острове, Пскове и Сычевске, в 1914 — в Кашине.[78]

Образование отделений, в частности в Ржеве, с которого Рябушинские решили начать свой эксперимент, позволило им установить отношения с местными торговцами льном. Однако главным объектом переговоров для Рябушинских стали московские льняные фабриканты во главе с их «вождем» С. Н. Третьяковым, владельцем и председателем правления Большой костромской льняной мануфактуры. «...Если Вы не пойдете с нами, — заявил ему М. П. Рябушинский, — мы пойдем отдельно; у нас деньги, у Вас фабрики и знание, вместе мы достигнем многого».[79]

В результате этих переговоров было организовано Русское льнопромышленное акционерное общество («РАЛО») с основным капиталом в 1 млн р. Рябушинские внесли в дело 80 %, фабриканты — 20 %. Председателем правления был избран С. Н. Третьяков, председателем совета — М. П. Рябушинский.[80] В конце 1912 г. была пущена фабрика для первичной обработки льна в Ржеве. Однако Рябушинские встретили трудности со сбытом продукции. Отказались от ее покупки даже акционеры «РАЛО» — фабриканты ссылались на то, что у них есть свои чесальни для льна и они не намерены их закрывать ради «прекрасных глаз» Рябушинских.[81] В первый год работы Ржевская фабрика принесла 200 тыс. р. убытка.

В ответ на это Рябушинские увеличили основной капитал «РАЛО» до 2 млн. р. Большинство акционеров-фабрикантов не взяли новые акции. Рябушинские вынуждены были изменить тактику, они решили ориентироваться на экспорт и одновременно объявить войну фабрикантам и начать «скупать сами фабрики». Вновь увеличили основной капитал вдвое — до 4 млн. р. — и стали «почти единоличными акционерами» «РАЛО».[82] В 1913 г. Рябушинские купили фабрику А. А. Локолова, одну из лучших фабрик в России по изготовлению высших сортов льняного товара. Председателем правления Общества А. А. Локолова был сделан С. Н. Третьяков. Рябушинские ввели его и в состав совета Московского банка, стараясь сблизиться с ним и заручиться его поддержкой.[83] Между тем «марка „Рало“ стала быстро первоклассной маркой как на внутреннем, так и на заграничном рынках», прибыли Общества росли. В самый канун Февральской революции Рябушинские купили за 12 млн. р. «Романовскую» мануфактуру. В руках Рябушинских было сосредоточено 17.5 % всех льняных фабрик.[84] Последним этапом в борьбе Рябушинских за монополизацию промышленности по производству льна стала их попытка создания картеля «Лен» (с основным капиталом в 10 млн. р.) с помощью все того же С. Н. Третьякова. Для этого должно было быть заключено соглашение между С. Н. Третьяковым и Московским банком «о ведении совместной льняной политики». Предполагалось, что «Лен» скупит предприятия как Рябушинских, так и С. Н. Третьякова и доля участия в картеле Московского банка составит две трети, а С. Н. Третьякова — одну треть. В правление картеля должны были войти четыре представителя от Московского банка, включая председателя правления, и три — от С. Н. Третьякова. Переговоры о создании картеля прервала революция.[85]

Вторым важным объектом приложения капиталов Рябушинских стал лес. Россия экспортировала около 60 % мирового производства леса.

Товарищество мануфактур П. М. Рябушинского с сыновьями «покупало леса, создало себе необходимый лесной фонд для отопления фабрики», в дальнейшем Товарищество начало заниматься торговлей лесом. В результате к началу войны оно обладало 50 тыс. десятин леса. С приобретением Окуловки Рябушинские начали «интенсивно покупать леса и для этого предприятия». К 1916 г. их лесной фонд достиг 60 тыс. десятин.[86]

В годы войны Рябушинские разработали программу захвата в свои руки лесной промышленности и лесного экспорта. Ставка делалась на то, что Европа будет нуждаться в лесных материалах для восстановления пострадавших от войны районов. В октябре 1916 г. Рябушинские скупили паи крупнейшего на севере России лесного предприятия товарищества Беломорских лесопильных заводов «Н. Русанов и сын». Заводы Русановых были расположены в Архангельске, Мезени и Ковде. Рябушинские купили около Котласа участок земли в несколько сот десятин для постройки писчебумажной фабрики, начали переговоры в Петрограде о получении у государства в бассейне Северной Двины, Вычегды и Сухоны «концессии на лесные площади в несколько миллионов десятин».[87]

В начале 1917 г. Рябушинские создали общество «Русский Север» для разработки и эксплуатации лесных дач, месторождений торфа и производства писчебумажных материалов.[88] «Котлас соединен с Вяткой железной дорогой. От Вятки — с Россией, — писал М. П. Рябушинский. — Три могучие реки обслуживают колоссальную неиспользованную площадь. С Архангельском связь через Северную Двину. Сухона снабдит нас лесом, часть для Котласа для писчебумажной фабрики, крупный лес пойдет в Архангельск по Северной Двине для распилки на наших заводах и экспорта. Решили привлечь друзей и постепенно на это дело вложить до ста миллионов рублей. Вот грубо был наш план. Революция оборвала это».[89]

Попытки Рябушинских монополизировать производство и экспорт льна и леса, разумеется, требовали и укрепления их банковской системы. Накануне войны братья Рябушинские приняли решение об увеличении основного капитала Московского банка до 25 млн. р. и распределили взносы между собой и другими акционерами. Когда наступило время вносить деньги за акции, началась война и «некоторые из братьев испугались» и не внесли свою долю. М. П. Рябушинский «заложил... все свои бумаги и паи» и все оплатил «за свой счет».[90] В результате он стал самым крупным акционером банка: из 100 тыс. акций он владел 12 тыс. по 250 р. каждая, в общей сложности на 3 млн. р. Война принесла Рябушинским большие доходы. Вклады и текущие счета банка достигли почти 300 млн. р. «Работы было масса, — писал о первых военных годах М. П. Рябушинский. — Володя ушел на войну, я остался один, к тому же приходилось работать в штабе, где я служил».[91]

Широкие операции по покупке новых предприятий побудили Рябушинских создать при Московском банке «подручную» организацию для общего руководства их деятельностью. В 1915 г. для этой цели было создано среднероссийское торгово-промышленное общество «Ростор» с капиталом в 1 млн р. Позднее он был увеличен до 2 млн. р. Владельцем всех акций «Ростора» был Московский банк. «Ростор» в свою очередь «являлся собственником „РАЛО“, Локалова и Русанова».[92] «„Ростор“ был наш „Холдинг Компани“, — писал М. П. Рябушинский, — и Сергей Александрович Павлов, по профессии присяжный поверенный, был секретарем правления Московского банка и одновременно директором-распорядителем „Ростора"».[93]

Развитие банковских операций в годы войны шло по тем же линиям, что и до создания Московского банка, т. е. «учет первоклассных векселей, обычные банковские операции по активу и привлечение текущих счетов и вкладов по пассиву», развитие сети отделений, главным образом в «льняных и лесных районах... Центральной и Северной России».[94] Размах банковских операций принял настолько значительный характер, что Рябушинские были озабочены отсутствием необходимого числа работников для своих предприятий. Они «неохотно брали людей со стороны» и пытались «создать свои собственные кадры служащих, для чего брали их совсем молодыми, прямо со школьной скамьи, главным образом из окончивших Московскую Практическую академию коммерческих наук, где учились сами». Для пополнения «штатов младшего состава» брали деревенских и городских мальчиков, «в свободное от занятий время посылали их в школы на вечерние классы», а затем через несколько лет «производили» в служащие. «Но дело развивалось быстрее, — писал М. П. Рябушинский, — чем мы успевали создавать нужные кадры. Приходилось посылать на ответственные места не совсем еще окрепшую молодежь, не впитавшую еще традиции нашего дома. Многие из них из-за этого погибли. Молодой человек около 22—25 лет, попадавший в управляющие или помощники отделения и получавший сразу ответственный пост и социальное положение в городе, терял равновесие. Соблазны и почет, незнакомые ему до этого, кружили голову, и он шел вниз по наклонной плоскости. Приходилось его сменять. К счастью, таких было меньшинство. Те, кто выдерживал, становились первоклассными и верными работниками дома.

Труднейшим из всех постов был Петроградский. Там много из нашей молодежи свернуло с прямого пути и погибло. На смену им приходилось посылать из Москвы все новых и новых, пока наконец состав Петроградского отделения не стал первоклассным. Петроград в отношении соблазнов был страшный город. Биржевые вакханалии, беспринципные маклеры, главным образом из евреев, женщины — все это влияло разрушающим образом на слабых из нашей молодежи».[95]

Война обогатила Рябушинских, и им уже стало «узко в рамках Московского банка». Владимир и Михаил разработали проект объединения Московского банка с Русским Торгово-Промышленным и Волжско-Камским банками. Волжско-Камский банк привлек внимание Рябушинских как «лучший» банк в России. Он «пользовался большим доверием и обладал крупными вкладами и текущими счетами», однако акционеры банка были мелкими, разбросанными по всей России, и банк после ухода с поста управляющего А. Ф. Мухина не имел «настоящего хозяина».[96] Что касается Торгово-Промышленного банка, то это был единственный из старых банков, устав которого давал «право голоса пропорционально числу акций (но не более одной десятой, у других же был максимум 10 голосов за себя и по доверенности)». Возможно, Рябушинские надеялись, что эта особенность устава поможет им овладеть банком. Кроме того, Торгово-Промышленный банк имел развитую сеть отделений. Если бы объединение банков состоялось, то Рябушинским удалось бы создать «банк мирового масштаба» [97] с огромным основным капиталом свыше 120 млн. р. В проекте Рябушинских это объединение должно было привести к следующим результатам:[98]

Банк	Основной капитал	Вклады и текущие счета	Число отделений
Волжско-Камский	47128000 р.	730905000 р.	42
Русский Торгово-Промышленный	46987000 р.	526089000 р.	84
Московский	26499000 р.	269733000 р.	18
	120614000 р.	1526727000 р.	144

Однако попытка Рябушинских образовать супербанк за счет вовлечения в свои дела двух крупных акционерных банков с основным капиталом и оборотами, значительно превышавшими капитал и обороты их собственного банка, потерпела неудачу. Крупнейшим акционером Волжско-Камского банка был «некто Кокорев, постоянно живший в Крыму, один из наследников основателя банка». Переговоры с ним не дали результатов, и Рябушинские решили просто потихоньку скупать акции Волжско-Камского банка. Они поручили проведение этой операции крупному московскому маклеру А. В. Беру, а тот перепоручил дело своему помощнику. Последний же оказался связанным с группой спекулянтов, которые, узнав о намерениях Рябушинских, сами стали скупать акции Волжско-Камского банка с целью перепродажи их затем Рябушинским. Цена на акции Волжско-Камского банка резко подскочила, и Рябушинские, скупив «только несколько тысяч» их, вынуждены были отложить осуществление своего плана «до более благоприятного момента».[99]

Во главе Русского Торгово-Промышленного банка стоял бывший управляющий Государственным банком А. В. Коншин. Он сам обратился к Рябушинским (через Д. В. Сироткина, городского голову Нижнего Новгорода, входившего в совет Московского банка) и продал им партию акций Торгово-Промышленного банка в количестве 25 тыс. штук. В результате этой сделки Рябушинские ввели директором в Торгово-Промышленный банк одного из своих доверенных лиц В. Е. Силкина (бывшего председателя правления Воронежского Коммерческого банка) и командировали его в Петроград, чтобы изучить состояние дел в банке. Силкин представил Рябушинским отчет. Из него следовало, что многие служащие, включая Коншина, беззастенчиво «наживались за счет банка, беря себе колоссальные куртажные при покупках и продажах предприятий». Ходили слухи, что Коншин «взял себе лично один миллион рублей» при покупке заводов Терещенко.[100] Царившая в Торгово-Промышленном банке «безумная вакханалия» смутила Рябушинских. Им предстояло сделать выбор — «или уйти из банка», или приобрести еще пакет акций, усилить в Торгово-Промышленном банке свое влияние и навести там порядок.[101] Крупным акционером Торгово-Промышленного банка был известный английский банкир Крисп. По одной версии Рябушинские хотели купить акции Торгово-Промышленного банка, принадлежавшие Криспу, но это им не удалось.[102] По другой — они пригрозили Коншину, что если он не купит у них обратно 25 тыс. акций своего банка, то они войдут в сделку с Криспом и «выбросят» Коншина из банка.[103] Так или иначе, Коншин согласился на предложение Рябушинских и «купил весь пакет по цене дня», что дало Рябушинским «очень крупную прибыль», но проект слияния банков был похоронен. Впрочем, по утверждению М. П. Рябушинского, братья не собирались отказываться от своей идеи создания мощного банковского объединения и провели бы ее в жизнь, «если бы не крушение России».[104]

История дела Рябушинских может рассматриваться как известный в российских условиях образец развития на семейной основе торгового предпринимательства в банкирский промысел и его эволюции от самых простых форм к более сложным. В начальной стадии — в пределах торгового дома, затем — Товарищества мануфактур и, наконец, в виде банкирского дома с последующим преобразованием его в акционерный банк. Однако на всех стадиях развития банкирского промысла братьев Рябушинских он сохраняет свою семейную основу, а сами Рябушинские воспринимают это развитие как переход соответствующей семейной формы сотрудничества в более удобную форму, отвечающую потребностям дня. Вот почему речь идет в 1902 г. о создании банкирского дома «Братья Рябушинские», а в 1912 г. о «переформировании» банкирского дома в Московский банк.

Рябушинские начали заниматься банкирскими операциями довольно рано, судя по замечанию М. П. Рябушинского, еще в 1840-е гг., и первоначально этот вид промысла был только одним из источников дохода торгового дома, а затем мануфактурного товарищества. С годами был создан банкирский дом, и он превратился в финансовый центр учреждаемых на семейной основе разного рода предприятий. В отличие от Поляковых или Гинцбургов, для которых накопление первоначального капитала не было связано с торговлей и мануфактурным производством, Рябушинские значительно меньше занимались грюндерскими операциями и спекуляцией ценными бумагами. Этим, видимо, можно объяснить известную устойчивость в годы кризиса Товарищества мануфактур и банкирского дома.

Мануфактурное производство и торговля как источники первоначального накопления, операции в пределах Москвы и Московской губернии наложили определенный отпечаток и на предпринимательскую идеологию Рябушинских. Перед нами тип предпринимателей с известным налетом местного, московского «патриотизма», предпочитающих иметь дело со своими единомышленниками — московскими банкирами и фабрикантами. Для них столица — город «биржевых вакханалий и беспринципных маклеров», где «погибло» и «свернуло с прямого пути» много московской молодежи, посланной Рябушинскими в свое Петроградское отделение. Национально-московская старообрядческая окрашенность предпринимательской идеологии Рябушинских проявлялась в самых разнообразных формах. Рябушинские в годы войны открыто демонстрировали известную оппозиционность по отношению к правительству, с их точки зрения отдававшему предпочтение в организации послевоенной торговли лесом иностранным предпринимателям из Англии, Франции и Бельгии.[105]

В отличие от многих представителей современного им российского делового мира Рябушинские отнюдь не принадлежали к числу восторженных поклонников американского предпринимательства и связывали свои надежды с возрождением Европы. «Мы переживаем падение Европы и возвышение Соединенных Штатов, — писал в 1916 г. М. П. Рябушинский. — Американцы взяли наши деньги, опутали нас колоссальными долгами, несметно обогатились; расчетный центр перейдет из Лондона в Нью-Йорк. У них нет науки, искусства, культуры в европейском смысле. Они купят у побежденных стран их национальные музеи, за громадный оклад они сманят к себе художников, ученых, деловых людей и создадут себе то, чего им не хватало.

Падение Европы и уступка ею своего главенства в мире другому материку — после столького героизма, гения, упорства и ума, проявленного старой Европой! Одна надежда, что Европа, бывшая в состоянии проявить столько бешеной энергии, найдет в себе силы вновь возродиться».[106]

Рябушинские надеялись, что именно в этом случае и Россия получит возможность широко развить свои производительные силы и выйти на «широкую дорогу национального расцвета и богатства».[107]

Уже накануне предвоенного промышленного подъема Рябушинские ощущали себя представителями идеологии национального предпринимательства, что нашло свое отражение в поддержке и финансировании такого издания, как «Утро России», и в постройке в Москве крупной современной типографии, превращенной в годы войны в акционерное предприятие,[108] в организации в Москве так называемых экономических бесед с приглашением петербургских участников, в частности из Общества заводчиков и фабрикантов,[109] и, наконец, в создании партии прогрессистов.

Впрочем, московский «патриотизм» не мешал Рябушинским поддерживать и развивать деловые связи со своими иностранными корреспондентами, среди которых были крупнейшие банки Европы, и вступать в сделки с петербургскими банками. В годы войны Рябушинские широко и свободно выходят за рамки интересов традиционного московского предпринимательства. Они начинают действовать в нефтяной промышленности, покупая паи товарищества «Братья Нобель» и проявляя интерес к ухтинским месторождениям нефти, их внимание привлекают горнодобывающая промышленность и добыча золота, они изучают состояние судоходства на Днепре и Волге и отечественное судостроение, приступают к строительству первого в России автомобильного завода, финансируют экспедиции не только для изучения Камчатки, но и для изыскания радия.[110]

В 1917 г. Рябушинские — одни из основателей и лидеров вновь созданной организации российской буржуазии — Всероссийского союза торговли и промышленности.[111]

[1] *Рябушинский М. П.* Смутные годы : Хроника. Москва—Юг России. Декабрь 1917—май 1919 г. С. 102 // Рукописный отдел Нью-Йоркской публичной библиотеки, кол. Рябушинских.

[2] Ревизская сказка 9-й ревизии о семействе московского купца Баражской слободы Михаила Яковлева Рябушинского. 27 октября 1850 г. // ЦГИА СССР, ф. 1343, оп. 39, д. 4208, л. 22—23.

[3] Свидетельство Московской купеческой управы. 22 февраля 1879 г. // Там же, д. 4207, л. 5.

[4] Рапорт министра внутренних дел Л. С. Макова в Департамент герольдии. 8 мая 1880 г. // Там же, л. 32—33.

[5] ЦГИА СССР, ф. 1343, оп. 39, д. 4208, л. 30.

[6] Представление И. А. Вышнеградского в Комитет министров. 11 августа 1887 г. // ЦГИА СССР, ф. 23, оп. 24, д. 29, л. 30.

⁷ Свидетельство Московской купеческой управы. 15 января 1887 г. // Там же, л. 13; см. также: д. 28, л. 1 и 2.

⁸ Указатель действующих в империи акционерных предприятий и торговых домов. СПб., 1905. Т. 2. С. 88.

⁹ ЦГИА СССР, ф. 23, оп. 24, д. 29, л. 257—260.

¹⁰ Протоколы общих собраний пайщиков Товарищества мануфактур П. М. Рябушинского с сыновьями. 12 марта 1894 г., 11 января 1895 г. и 24 февраля 1895 г. // Там же, л. 51, 77, 82.

¹¹ *Блау А. А.* Торгово-промышленная Россия. СПб., 1899. С. 2568.

¹² Таким образом, братья получили по наследству в виде паев, процентных бумаг или наличными деньгами 6 млн. 400 тыс. р., поделенных на равные доли. Сверх этой суммы П. М. Рябушинский завещал 100 тыс. р. на свои похороны и раздачу бедным, 100 паев Товарищества (200 тыс. р.) своей жене А. С. Рябушинской, 100 паев (200 тыс. р.) Товариществу с тем, чтобы дивиденды от этой суммы выдавались ежегодно администрации народной столовой в Голутвинском переулке (носившей имя П. М. Рябушинского и созданной при ведомстве Императорского человеколюбивого общества) для расходов на 300 ежедневных бесплатных обедов для бедных. На эти же расходы были завещаны облигации 4-процентной ренты на 50 тыс. р. Наконец, П. М. Рябушинский оставил по 150 тыс. р. каждой из своих пяти дочерей от первого брака. Недвижимое имущество, принадлежавшее П. М. Рябушинскому, перешло в собственность его жены. См.: Духовное завещание П. М. Рябушинского, составленное 10 августа 1899 г. // ЦГИА СССР, ф. 23, оп. 24, д. 29, л. 108—115.

¹³ Протокол общего собрания пайщиков 19 апреля 1901 г. // Там же. — Федор не назван в числе пайщиков, очевидно, как несовершеннолетний.

¹⁴ Павел и Владимир были назначены душеприказчиками покойного.

¹⁵ См. также: *Райский Ю. Л.* Акционерные земельные банки в России во второй половине XIX—начале XX века : Дис. . . . д-ра ист. наук. Курск, 1982. С. 112—113. — Машинопись.

¹⁶ *Снегирев Л. Ф.* Процесс о злоупотреблениях в харьковских Земельном и Торговом банках. М., 1903. Судебные прения. С. 164.

¹⁷ Там же. С. 197.

¹⁸ Там же. С. 195.

¹⁹ Там же. Судебное следствие. С. 65—66.

²⁰ Там же. Судебные прения. С. 195.

²¹ Вернадские и Алчевские были знакомы семьями. В конце 60-х—начале 70-х гг. «дом Вернадских нередко посещала известная деятельница народного образования Х. Д. Алчевская (жена А. К. Алчевского.— *Б. А.*), которая играла большую роль в общественной жизни Харькова». См.: *Мочалов И. И.* Владимир Иванович Вернадский : (1863—1945). М., 1982. С. 28. — Х. Д. Алчевская содержала в Харькове женскую воскресную школу, которая была открыта в 1870 г. на основании положения о начальных народных училищах (ЦГИА СССР, ф. 733, оп. 121, д. 34).

²² К общему собранию акционеров 12 марта 1900 г. Алчевские представили 2028 акций из общего числа 7857: А. К. Алчевский — 1030 акций и по доверенности Х. Д. Алчевской — 155 акций, Д. А. Алчевский — 500 и по доверенности — 133, В. Н. Алчевский — 150 и Н. А. Алчевский — 60 акций. См. список акционеров Харьковского Земельного банка, явившихся в очередное собрание 12 марта 1900 г. (ЦГИА СССР, ф. 583, оп. 2, д. 1201, л. 93).

²³ *Снегирев Л. Ф.* Процесс о злоупотреблениях. . . Судебные прения. С. 5.

²⁴ *Блау А. А.* Торгово-промышленная Россия. С. 2612.

²⁵ *Снегирев Л. Ф.* Процесс о злоупотреблениях. . . Судебные прения. С. 5.

²⁶ Там же. С. 196—197.

²⁷ Там же. С. II—III.

²⁸ Там же. С. 304—305.

²⁹ Там же. С. 5.

³⁰ Указатель действующих в империи акционерных предприятий и торговых домов. Т. 1. С. 725.

³¹ Всеподданнейший доклад С. Ю. Витте «О принятии мер по Харьковскому акционерному Земельному банку». 8 июня 1901 г. // ЦГИА СССР, ф. 583, оп. 4, д. 314, л. 74—75 об.

³² Представление министра финансов в Комитет министров «Об упорядочении дел Харьковского Земельного банка». 13 июня 1901 г. // Там же, ф. 1263, оп. 2, д. 5509, л. 46—48.

³³ Особый журнал Комитета министров по представлению министра финансов «Об упорядочении дел Харьковского акционерного Земельного банка». 19 июня 1901 г. // Там же, д. 5505, л. 261—264.

³⁴ *Снегирев Л. Ф.* Процесс о злоупотреблениях. . . Судебное следствие. С. 302, 312—313.

[35] *Рябушинский М. П.* Смутные годы. С. 103.

[36] Там же.

[37] Там же.

[38] Доклады правления Харьковского Земельного банка XXX очередному юбилейному собранию гг. акционеров 17 марта 1902 г. Харьков, 1902 // ЦГИА СССР, ф. 583, оп. 2, д. 1201, л. 250—251; см. также: *Снегирев Л. Ф.* Процесс о злоупотреблениях... Кассационные жалобы. С. 81.

[39] *Снегирев Л. Ф.* Процесс о злоупотреблениях... Судебное следствие. С. 38—91; см. также: *Герценштейн М. Я.* Харьковский крах : По поводу процесса о злоупотреблениях в харьковских Земельном и Торговом банках. СПб., 1903. С. 27—28.

[40] *Рябушинский М. П.* Смутные годы. С. 104.

[41] *Снегирев Л. Ф.* Процесс о злоупотреблениях... С. III.

[42] См. также: *Любарская-Письменная М. А.* 1) Клевета : Мой процесс с бароном Н. О. Тизенгаузеном. М., 1906; 2) Объяснительная записка к книжке М. А. Любарской-Письменной, изданной под названием «Клевета. Мой процесс с бароном Н. О. Тизенгаузеном». М., 1907.

[43] *Любарская-Письменная Мария.* Объяснительная записка... С. 5.

[44] *Рябушинский М. П.* Смутные годы. С. 104.

[45] Представление министра финансов в Комитет министров «О принятии мер к восстановлению деятельности Харьковского Земельного банка». 11 января 1902 г. // ЦГИА СССР, ф. 1263, оп. 2, д. 5551, л. 337.

[46] Журнал Комитета министров «О мерах к восстановлению деятельности Харьковского Земельного банка». 11 и 15 января 1902 г. // Там же, д. 5550, л. 62 об.—64 об.

[47] *Райский Ю. Л.* Акционерные земельные банки в России во второй половине XIX—начале XX века. С. 112—113.

[48] См.: Письмо С. Ю. Витте правлению Харьковского Земельного банка, 27 февраля 1902 г. // ЦГИА СССР, ф. 583, оп. 2, д. 1201, л. 250—251.

[49] *Рябушинский М. П.* Смутные годы. С. 103.

[50] Духовное завещание П. М. Рябушинского. 13 декабря 1899 г. // ЦГИА СССР, ф. 23, оп. 24, д. 29, л. 108—115.

[51] *Рябушинский М. П.* Смутные годы. С. 104.

[52] Прошение правления Товарищества П. М. Рябушинского с сыновьями министру финансов. 25 апреля 1902 г. // ЦГИА СССР, ф. 23, оп. 24, д. 29, л. 87—89.

[53] Там же. — Общая сумма, оставленная П. М. Рябушинским, составляла 7 млн. 810 тыс. р.

[54] Там же. С. 105.

[55] Там же.

[56] *Петров Ю. А.* Роль акционерных коммерческих банков Москвы в процессах формирования финансового капитала в России : Конец XIX в.—1914 г. : Дис. ... канд. ист. наук. М., 1986. С. 121. — Машинопись. См. также автореферат этой диссертации (М., 1986).

[57] Там же.

[58] ЦГИА СССР, ф. 1443, оп. 1, д. 87, л. 3—6.

[59] Там же.

[60] Там же.

[61] Протокол XXXII очередного общего собрания акционеров Харьковского Земельного банка. 14 марта 1904 г. // ЦГИА СССР, ф. 583, оп. 2, д. 1201, л. 413.

[62] *Петров Ю. А.* Роль акционерных коммерческих банков... С. 124.

[63] Записка М. П. Рябушинского «Цель нашей работы». Ноябрь—декабрь 1916 г. // Материалы по истории СССР. М., 1959. Т. 1. С. 611.

[64] Там же. С. 612.

[65] Письмо банкирского дома братьев Рябушинских в Новороссийское отделение Азовско-Донского банка, 9 февраля 1906 г. // ЦГИА СССР, ф. 616, оп. 1, д. 288, л. 1.

[66] Рапорт Министерства торговли и промышленности в Сенат // Там же, ф. 23. оп. 24, д. 28, л. 11—13.

[67] Условия выпуска облигаций Торгово-Промышленного товарищества П. М. Рябушинского с сыновьями // Там же, л. 41.

[68] ЦГИА СССР, ф. 23, оп. 28, д. 1930, л. 31.

[69] Там же, л. 8.

[70] Там же, д. 1929, л. 5.

[71] *Рябушинский М. П.* Смутные годы. С. 106.

[72] Там же. С. 106.

[73] *Гиндин И. Ф.* Московские банки в период империализма (1900—1917 гг.) // Ист. зап. 1956. Т. 58. С. 55.

[74] П. П. Семенов-Тян-Шанский — В. Б. Фридериксу, 29 ноября 1912 г. // ЦГИА СССР, ф. 468, оп. 8, д. 1287, л. 1—2. — Как фактический руководитель Русского географического общества П. П. Семенов-Тян-Шанский обратился к министру двора с просьбой отметить заслуги в поддержке экспедиции Ф. П. Рябушинского и его вдовы. «...Со стороны частных лиц, — писал он, — у нас в России пока еще редко случаются столь щедрые жертвы в пользу науки». Рябушинские, видимо, не пользовались безусловным доверием императора, ибо последовало его распоряжение «представить справку о личности покойного». Московский градоначальник на основании собранных им «негласным путем» данных засвидетельствовал, что «покойный Рябушинский и жена его ни в чем предосудительном в нравственном и политическом отношениях замечены не были». Только после этого Т. К. Рябушинской была «пожалована» брошь с изображением государственного герба, украшенная сапфиром и бриллиантами, стоимостью в 3600 р. (ЦГИА СССР, ф. 468, оп. 8, д. 1287, л. 1—4, 10).

[75] *Рябушинский М. П.* Смутные годы. С. 105.

[76] Там же. С. 107.

[77] Там же.

[78] Записка М. П. Рябушинского «Цель нашей работы»... С. 615.

[79] *Рябушинский М. П.* Смутные годы. С. 108.

[80] Там же; см. также: *Лаверычев В. Я.* Монополистический капитал в текстильной промышленности России. М., 1963. С. 116.

[81] *Рябушинский М. П.* Смутные годы. С. 109.

[82] Там же. С. 109—110.

[83] Там же. С. 110; см. также: Записка М. П. Рябушинского «Цель нашей работы»... С. 619; *Лаверычев В. Я.* Монополистический капитал... С. 40.

[84] *Рябушинский М. П.* Смутные годы. С. 110.

[85] Там же. С. 110—111.

[86] Записка М. П. Рябушинского «Цель нашей работы»... С. 624.

[87] *Рябушинский М. П.* Смутные годы. С. 111—112.

[88] *Лаверычев В. Я.* Монополистический капитал... С. 222.

[89] *Рябушинский М. П.* Смутные годы. С. 112.

[90] Там же. С. 106.

[91] Там же.

[92] Записка М. П. Рябушинского «Цель нашей работы»... С. 629; см. также: *Лаверычев В. Я.* Монополистический капитал... С. 222—223.

[93] *Рябушинский М. П.* Смутные годы. С. 34.

[94] Там же.

[95] Там же. С. 113—114.

[96] Там же. С. 115.

[97] Там же. С. 116.

[98] Там же.

[99] Там же. С. 116—117; Записка М. П. Рябушинского «Цель нашей работы»... С. 631. — Из этой записки следует, что Рябушинские купили всего 1200 акций по 1000 р. за акцию.

[100] *Рябушинский М. П.* Смутные годы. С. 117—118.

[101] Там же; см. также: Записка М. П. Рябушинского «Цель нашей работы»... С. 631.

[102] Записка М. П. Рябушинского «Цель нашей работы»... С. 631.

[103] *Рябушинский М. П.* Смутные годы. С. 118.

[104] Там же.

[105] Записки М. П. Рябушинского «Цель нашей работы»... С. 625.

[106] Там же.

[107] Там же. С. 632.

[108] *Лаверычев В. Я.* Монополистический капитал... С. 40.

[109] В октябре 1909—февралe 1910 г. экономические беседы проходили на квартире П. П. Рябушинского (на Пречистенском бульваре). Здесь, в частности, обсуждались доклады о синдикатах и трестах и о промысловом налоге в связи с земским и городским обложением (ЦГИА СССР, ф. 150, оп. 1, д. 176, л. 3, 10, 12).

[110] *Лаверычев В. Я.* Монополистический капитал... С. 226—227.

[111] *Лаверычев В. Я.* Всероссийский союз торговли и промышленности // Ист. зап. 1961. Т. 70. С. 35—60.

Глава шестая

БАНКИРСКИЕ ДОМА В ЭКОНОМИЧЕСКОЙ ЖИЗНИ ПОРЕФОРМЕННОЙ РОССИИ

Конец 1850-х—начало 1860-х гг. были несомненно переломным периодом в развитии частного банкирского промысла в России. Реформы начала 1860-х гг., атмосфера либеральных преобразований, изменившееся отношение к кредиту, некоторые изменения в законодательстве о евреях, отмирание института придворных банкиров, политика, направленная против монопольного положения на бирже отдельных домов, подобно банкирскому дому А. Л. Штиглица, — все эти явления способствовали оживлению финансовых отношений, появлению новых банкирских домов и контор. Разумеется, важным фактором в этом процессе были накопление капиталов торговыми домами и процесс постепенного перехода некоторых из них к занятиям банкирским промыслом. Финансовая реформа и отказ от существовавшей системы казенных банков рассматривались современниками как «раскрепощение капитала». Парадокс состоял в том, что «к концу деятельности казенных банков» Россия занимала «первое место в мире по величине собственных банковых капиталов и вкладов, которые составляли свыше 1 миллиарда рублей», но это скопление капиталов было результатом «временного экономического застоя», «недостатка частного кредита, частной предприимчивости».[1] В конце 1850-х гг. положение начало меняться и появление новых банкирских домов было несомненным признаком предпринимательской активности в сфере частного или семейного накопления капиталов.

Источники их были разнообразны. Прежде всего это торговые операции и мануфактурное производство. История возникновения банкирского дома «Братья Рябушинские» может служить типичным примером накопления капиталов именно в результате торговых операций, а затем и мануфактурного промысла. Из них выросло в конечном счете и банкирское дело. Остается не вполне ясным, какую роль в накоплении капиталов Рябушинскими сыграла их принадлежность к старообрядческой Рогожской общине.

Накопление капиталов торговыми домами совсем не обязательно влекло за собой занятия банкирскими операциями. Примером тому может служить история Торгового товарищества братьев Елисеевых, во многом схожая с историей банкирского дома братьев Рябушинских. Как и Рябушинские, Елисеевы начали свою торговую деятельность в начале XIX в. В 1813 г. Петр Елисеевич Елисеев открыл торговлю фруктами в доме Котомина на Невском проспекте у Полицейского моста (в 1913 г. дом Пастухова). Через пять лет полем его деятельности стал уже торговый порт, где он начал вести крупную торговлю вином и колониальными товарами. После смерти Петра Елисеева в 1825 г. его дело перешло в руки жены Марии Гавриловны Елисеевой и сыновей Сергея, Степана и Григория Петровичей. После смерти в 1841 г. М. Г. Елисеевой и старшего сына Сергея в 1858 г. во главе фирмы стали братья Григорий и Степан, основавшие Торговое товарищество с основным капиталом в 7 млн. 800 тыс. р.[2] Обороты фирмы достигли огромных размеров. Делами фирмы управлял Г. П. Елисеев. В разных европейских странах Елисеевы устроили винные склады. На трех собственных кораблях они привозили товары из-за границы в Петербург. Один из этих кораблей — «Конкордия» — был захвачен во время Крымской войны англичанами и «долгое время плавал под английским флагом в Балтийском море».[3] Елисеевы выдерживали в своих подвалах иностранные вина, а затем продавали их не только в европейских государствах, но и в Америке.[4] После 1896 г. все управление делами Товарищества сосредоточилось в руках сына Григория Петровича — Григория Григорьевича Елисеева.[5] Елисеевы широко развернули оптовую и розничную торговлю вином и фруктами, открыв целую сеть магазинов в Петербурге (Биржевая, д. 14, Невский, д. 18, Большой пр., д. 42, Литейный, д. 23/25), Москве (Тверская, дом Полякова), Киеве (Николаевская, д. 1) и водочный завод в Петербурге (Биржевая, д. 14).[6] Братья Елисеевы к началу века имели регулярный чистый годовой доход в размере от 200 до 250 тыс. р., они участвовали в учредительских операциях, в размещении государственных займов, однако не занимались банкирским промыслом и до конца сохранили статус торгового товарищества.

Одним из важных источников накопления капиталов была система откупов, отмененная только в 1863 г. На винных откупах разбогатели не только Гинцбурги и Поляковы. К числу разбогатевших откупщиков принадлежали также известный московский предприниматель В. А. Кокорев, один из учредителей Волжско-Камского банка, и Д. Е. Бенардаки.[7]

Не менее важным источником накопления капиталов оказалось также железнодорожное грюндерство, породившее целую группу так называемых железнодорожных королей. Это опять-таки Поляковы, В. А. Кокорев, И. С. Блиох, П. И. Губонин, Л. Л. Кроненберг, К. Ф. фон Мекк, П. Г. фон Дервиз. Многие из них были также и откупщиками.

Бывшие откупщики и железнодорожные грюндеры, накопив капиталы, стали заниматься банкирскими операциями. Значительным событием в их дальнейшем обогащении было участие в учредительской компании промышленных предприятий и акционерных банков 1860—1870-х гг. Российские банкирские и торговые дома, как мы уже видели на примере Поляковых, Гинцбургов и Рафаловичей, сыграли решающую роль в создании новой банковской системы в России, они выступали учредителями основных столичных, а также провинциальных акционерных коммерческих банков.

А. Л. Штиглиц и С. А. Френкель (Варшава) участвовали в создании в 1857 г. Главного общества российских железных дорог. Инициатором учреждения первого крупного акционерного коммерческого банка — С.-Петербургского Частного, открывшего свои операции в ноябре 1864 г., — был Е. Е. Брандт. Он же выступил и в качестве учредителя банка наряду с бароном Л. Гауфом, Г. Елисеевым, Р. Клеменцом, а также

Ф. Мори, представителем торгового дома «Асмус Симонсен и К⁰».
А. Л. Штиглиц оказал поддержку учреждению нового банка на этот раз уже как директор Государственного банка, позаботившись о привлечении в качестве корреспондентов вновь созданного банка банкирских домов в Берлине, Лондоне, Амстердаме, Гамбурге, Париже и Вене.[8] Е. Е. Брандт стал первым директором С.-Петербургского Частного банка.

Известно, что В. А. Кокорев был одним из главных учредителей Волжско-Камского банка в 1870 г. и возглавил его правление.[9] В 1869 г. был учрежден С.-Петербургский Международный коммерческий банк. Как обычно, в операции участвовала «группа иностранных банкиров — И. Бренберг, Госслер и К⁰ (Гамбург), Б. Г. Шредер и К⁰ (Амстердам), братья Бетман (Франкфурт-на-Майне), Эмиль Эрлангер и К⁰ (Париж); германские банкирские дома в Лондоне — Фессер, Уотгоф и К⁰, Бэр и К⁰».[10] Русский банковский мир был представлен крупнейшими торговыми и банкирскими домами: «Скараманга и К⁰ (Петербург), Ф. П. Родоконаки и К⁰ (Петербург), Брандт и К⁰ (Петербург и Архангельск), Леон Розенталь (Петербург), Федор Маврокордато и К⁰ (Одесса), Скараманга и К⁰ (Таганрог)». В основании банка важная роль принадлежала варшавскому банкирскому дому «С. А. Френкель», совладелец которого В. А. Ляский, бывший учредителем, вплоть до своей смерти в ноябре 1889 г. занимал пост директора Петербургского Международного коммерческого банка».[11]

Банкирские дома участвовали в учреждении не только коммерческих, но и акционерных земельных банков. В мае 1871 г. в России был создан первый акционерный земельный банк — Харьковский. За год с небольшим после этого возникло еще девять акционерных земельных банков (Полтавский, С.-Петербургско-Тульский, Киевский, Московский, Нижегородско-Самарский, Виленский, Ярославско-Костромской, Бессарабско-Таврический и Донской). Земельные банки выпускали 6-процентные закладные листы в кредитных рублях и выдавали ссуды либо в закладных листах по нарицательной стоимости, либо деньгами, но ниже нарицательной стоимости (например, по 90 % за 100 %). Поскольку заемщики нуждались преимущественно в наличных деньгах, а продажа закладных листов в районах деятельности банков была часто затруднена, то земельные банки вступали в соглашения с некоторыми банкирскими домами Петербурга и Москвы о продаже им своих закладных листов целыми сериями по определенному заранее курсу. Осенью 1872 г. биржевая конъюнктура изменилась и банкирские дома прекратили свои покупки. Тогда же в 1872 г. банкирский дом «И. Е. Гинцбург» первым попытался вывести закладные листы Харьковского Земельного банка на заграничный рынок. Попытка оказалась неудачной из-за того, что закладные листы были выпущены в кредитных рублях.[12] В связи с этим банкиры А. Френкель и Л. Розенталь заявили о своей готовности выступить учредителями акционерного общества «Центральный банк русского поземельного кредита» специально для размещения закладных листов на денежных рынках европейских стран и привлечения в сельское хозяйство России иностранного кредита. А. Френкель и Розенталь намерены были пригласить для участия в учреждении банка группу банкирских домов Петербурга и Одессы, а также Учетное общество в Берлине, Австрийское кредитное общество для торговли и промышленности в Вене, банкирские дома «Братья Беринг» в Лондоне и «Гопе и К⁰» в Амстердаме. Проект учреждения Центрального банка русского поземельного кредита вызвал полемику в русском обществе и в Государственном совете, большинство членов которого высказалось против проекта. Противники учреждения банка обвиняли столичные банкирские дома в том, что они устроили заговор против земельных банков и искусственно создали неблагоприятную конъюнктуру для сбыта закладных листов на русских биржах, а проектируемый банк назвали чисто спекулятивным учреждением.[13] Однако в апреле 1873 г. царь утвердил устав Центрального банка русского поземельного кредита. Его учредителями выступили кроме А. Френкеля и Л. Розенталя все названные ими банкирские дома и банки. Среди иностранных учредителей по каким-то причинам не оказалось только банкирских домов «Братья Беринг» и «Гопе и К⁰». Зато операция свидетельствовала о большой активности и единстве действий банкирских домов Петербурга и юга России. В учреждении Центрального банка русского поземельного кредита приняли участие торговые и банкирские дома в Петербурге — «Винекен и К⁰», «И. Е. Гинцбург», «С. К. Гвейер и К⁰», «Братья Елисеевы», «Клеменц и К⁰», «И. Е. Кондоянаки», «Э. М. Мейер и К⁰», «Ф. П. Родоконаки», «К. Фелейзен, Е. Е. Брандт и К⁰» (торговые дома в Петербурге и Архангельске), «Скараманга и К⁰» (торговые дома в Петербурге и Таганроге), — торговые дома в Одессе — «Ефрусси и К⁰», «Братья Рафаловичи», «Т. П. Родоконаки».[14]

Еще И. И. Левин подметил исключительную роль в учредительской компании акционерных банков, выросших за 1850—1860-е гг. биржевых спекулянтов и банкирских домов. И. И. Левин подчеркивал, что они, как правило, выступали «с целым рядом лиц, почему-либо причастных к учреждаемому банку или для него интересных своим титулом, званиями, связями, положением, капиталами. Графы, князья, чиновники, генералы, адмиралы, купцы, профессора — кто только ни фигурирует в этих списках. . .».[15]

«Всюду в списках учредителей, — писал И. И. Левин, — попадаются петроградские банкирские дома — Э. М. Мейер и К⁰, И. Е. Гинцбург, Винекен и К⁰, Леон Розенталь, В. Я. Оболонский и К⁰, варшавские банкиры — Леопольд Кроненберг, Юлий Вертгейм и С. А. Френкель, рижские — Гейман и Циммерман, торговые дома бр. Елисеевых и Г. Гвайер в Петрограде, т. д. Вогау и К⁰, Стукен и Шпис в Москве, одесские торговые дома Ефрусси и К⁰, Рафалович, Родоконаки, Маас, таганрогский — Скараманга и К⁰, архангельский — Э. Брандт, отдельные лица: В. А. Кокорев, Н. Д. Бенардаки, Н. М. Полежаев, а с начала 70-х годов — семья Поляковых, организовавшая и «контролировавшая», выражаясь современным термином, целую систему кредитных учреждений».[16] И. И. Левин считал, что процесс учредительства банков выглядел несколько иначе на окраинах (на Кавказе, в Польше) и в Центральной России (в Москве, Нижнем Новгороде, Костроме). Однако он отмечает, что «в списке первых акционеров Московского Купеческого банка», хотя и со «сравнительно небольшим размером участия», находились те же Гинцбург, Розенталь, Кокорев, Кроненберг, Сущов и другие.[17]

И. И. Левин подчеркивал также значение банкирских домов в учреждении местных банков в провинции и в подготовке провинциальной публики «к восприятию банковского дела». Он указывал в качестве примера на участие в учреждении Виленского Частного коммерческого банка банкирских домов «Моес и К⁰» и «В. Ф. Захерт» в Белостоке, местных банкирских домов в образовании Кишиневского, Каменец-Подольского и Одесского банков.[18]

Учредительство было не только важной стороной финансовой деятельности банкирских домов, но, разумеется, и существенным источником их обогащения. В результате учредительной кампании банкирские дома в известных случаях подчинили и приспособили для своих интересов созданные при их участии банки, или отошли от их дальнейшего финансирования, или стали работать с вновь созданными банками, выступая партнерами в синдикатах или консорциумах по продаже и покупке ценных бумаг, а чаще субучастниками в размещении железнодорожных или городских займов.

Операции с железнодорожными ценностями — также одна из важнейших сторон деятельности банкирских домов. Обогащение железнодорожных грюндеров — владельцев банкирских домов — осуществлялось в значительной степени за счет казны. Например, С. С. Поляков получал на льготных условиях многомиллионные ссуды в Государственном банке на железнодорожное строительство. В период русско-турецкой войны 1877—1878 гг. Военное министерство готово было платить бешеные деньги за срочное строительство железнодорожных путей для военных нужд. Полякову разрешалось приобретать за границей за казенный счет подвижной состав и паровозы, беспошлинно ввозить рельсы и другие необходимые для строительства материалы.

Железнодорожные грюндеры пользовались не только государственным, но и иностранным кредитом для железнодорожного строительства. Во второй половине 1860-х гг. немецкие банки Ф. В. Краузе и К⁰, Август Зиберт (позднее Среднегерманский кредитный банк), Братья Зульцбах, Хандельсгезельшафт в сотрудничестве с голландскими банкирскими домами «Липпман, Розенталь и К⁰», а также «Вертхайм и Гомпертц» разместили большую группу займов русских железнодорожных обществ, в том числе и принадлежавших Поляковым. Сохранившиеся контракты о выпуске облигаций железных дорог Елец—Грязи—Воронеж, Елец—Орел, Курск—Харьков и Харьков—Азов свидетельствуют о тесных связях Поляковых с этой группой немецких банков.[19]

Банкирские дома могли выступать в качестве посредников для организации за границей подписки на железнодорожные облигации того или иного общества. Так, например, А. А. Абаза и К. К. Унгерн-Штернберг как учредители Общества Харьково-Кременчугской железной дороги в 1868 г. для организации займа за границей воспользовались посредничеством одесских банкирских домов «Ефрусси и К⁰» и «Рафалович и К⁰». Они организовали заем через близкий к Берингам дом «Генри Шредер и К⁰» в Лондоне.[20]

В 1893 г. Московский Купеческий банк и банкирский дом Л. С. Полякова вступили в соглашение с Обществом Московско-Казанской железной дороги о выпуске 4-процентного займа на сумму в 10 млн. 365 тыс. р. По условиям соглашения Общество оставило за собой облигации на 3 млн. 674 тыс. кредит. р., а остальные уступило Московскому Купеческому банку и Л. С. Полякову по цене 90.5. Заем обеспечивался имуществом и доходами железной дороги и гарантировался правительством. Московский Купеческий банк и банкирский дом Л. С. Полякова выступали как равные партнеры в этой операции, взяв на себя каждый ответственность за 50 % дела. Хотя заем был выпущен в кредитных рублях, банки, очевидно, рассчитывали разместить взятые ими облигации не только в России, но и за границей, ибо в соглашении было отмечено, что номера облигаций, вышедших в тираж, но к оплате не предъявленных, будут публиковаться за счет Общества не только в русских газетах, но также в шести иностранных газетах по указанию Московского Купеческого банка и банкирского дома Л. С. Полякова.[21]

Весной 1871 г. Общество Рыбинско-Бологовской железной дороги, председателем правления которого был А. М. Варшавский, а в состав директоров наряду с Н. Е. Адамовичем и Д. И. Петрококино входил И. А. Вышнеградский, выпустило заем на 3 млн. метал. р. через немецкие банкирские дома «Братья Зульцбах» и «Август Зиберт» во Франкфурте-на-Майне. Заем был размещен также через берлинские банкирские дома «Мюллер и К⁰» и «Рихтер и К⁰». Посредником в размещении займа с русской стороны выступил Петербургский банкирский дом «Э. М. Мейер и К⁰», взявший на себя 16.3 % суммы займа.[22] Известно, что часть взятой им суммы дом «Мейер и К⁰» продал мануфактур-советнику Варгунину.[23] Примечательно то, что банкирский дом «Э. М. Мейер и К⁰» в данном случае выступал участником долгосрочной операции (ибо заем был выпущен сроком на 81 год) и был уполномочен банкирским домом «Братья Зульцбах и К⁰» посредничать в его взаимоотношениях с железнодорожным Обществом. С этой же группой иностранных банков дом «Э. М. Мейер и К⁰» в 1872 г. принял участие в выпуске займа Балтийской железной дороги на сумму в 4 млн. 500 тыс. р. На этот раз банкирский дом «Э. М. Мейер и К⁰» взял на себя ответственность за размещение 39 % общей суммы займа. Как видим, доля его участия была очень значительной.[24]

В 1869 г. потомственный почетный гражданин Александр Шепелер (представитель торгового дома «Шепелер и Шварц» в Риге) вместе с банкирским домом «Братья Зульцбах и К⁰» выступил учредителем Общества Московско-Смоленской железной дороги. Это свидетельствовало о том, что российские банкирские дома сотрудничали с немецкими банками и в учреждении железнодорожных обществ.[25]

В феврале 1868 г. правление Общества Шуйско-Ивановской железной дороги заключило через рижский банкирский дом «Шепелер и Шварц» предварительное соглашение о выпуске 5-процентных гарантированных правительством облигаций.[26] В то же время правление дороги поручило банкирскому дому «Э. М. Мейер и К⁰» в Петербурге принимать высланные из Берлина римессы (переводные векселя) и «продавать их, соображаясь с положением биржи, за счет Общества, а вырученные суммы немедленно передавать в Государственный банк» на соответствующий счет.[27]

Общество Московско-Ярославской железной дороги пользовалось в 1868 г. услугами банкирского дома «Винекен и К⁰», представлявшего интересы Общества в организации займовых операций, оплачивавшего купоны по облигациям и т. д.[28] Таким образом, банкирские дома в 1860— 1870-х гг. выступали как доверенные по части финансовых операций многих железнодорожных обществ. Эта функция позднее перешла к крупным акционерным банкам. С начала 1880-х гг. они стали обычными партнерами западноевропейских банков по выпуску русских займов, в то время как русские банкирские дома начали чаще всего выступать в роли субучастников (соответственно сократились их квоты до 0.5—6 %) крупных акционерных коммерческих банков.

Факт субучастия, как правило, не отмечался в контрактах о выпуске займов и фиксировался в специальных соглашениях, чаще всего заключавшихся непосредственно между соответствующим акционерным коммерческим банком и банкирским домом, поэтому весьма трудно выявить случаи субучастия банкирских домов в такого рода операциях.

Однако известно, например, что в реализации 3-процентного русского золотого займа 1894 г. (2-й выпуск) на нарицательный капитал в 41 млн. 625 метал. р. участвовали крупнейшие французские и русские банки. Лидерами консорциума выступали банкирский дом «Готтингер и К⁰» и Петербургский Международный коммерческий банк. Были образованы французская и русская группы субучастников. В русскую группу вошли банкирские дома «И. В. Юнкер и К⁰» (3 %), «Э. М. Мейер и К⁰» (0.5 %), «Г. Вавельберг» (2 %), «Лампе и К⁰» (0.5 %), «Фемистокл Петрококино» (2 %).[29] В 1897 г. при размещении облигаций Рыбинской железной дороги русские банки из своей доли участия в 50 % отдали 26 % субучастникам, в том числе 20 % банкирским домам «Г. Вавельберг», «Братья Джамгаровы», «Г. Волков с сыновьями», «И. В. Юнкер и К⁰».[30] В 1890 г. петербургские банки при размещении облигаций Варшавско-Венской железной дороги выделили часть своей доли варшавским банкирам: И. С. Блиоху — 4.5 % и Леону Гольдштанду — 2.25 %.[31]

Крупные акционерные банки стали выступать в качестве поручителей за кредитоспособность банкирских домов. Так, в бумагах Петербургского Международного банка мы находим запрос Амстердамского банка о состоянии дел в банкирском доме «И. Е. Гинцбург», в который этот банк намерен был сделать вклад на сумму, превышавшую миллион голландских гульденов. Запрос был сделан 12 апреля 1880 г.[32]

Нам неизвестен ответ Петербургского Международного банка.[33] Однако в его делах сохранилась характеристика ряда крупных банкирских домов, своеобразная справка об их кредитоспособности, составленная, очевидно, в ответ на один из запросов подобного же рода и относящаяся к началу 1890-х гг. В ней из банкирских домов Петербурга «Г. Вавельберг», «Э. М. Мейер и К⁰» рекомендованы как хорошие и не участвовавшие в кредитовании промышленности, а банкирский дом «Г. Волков с сыновьями» — как представленный порядочными людьми, немного спекулятивный, обладающий небольшими средствами и подходящий для того, чтобы держать в нем вклады на умеренные суммы. Из варшавских домов к числу первоклассных были отнесены банкирские дома И. С. Блиоха и Леона Гольдштанда, достаточно хороших — «Натансон и сыновья». «Г. Вавельберг» в Варшаве получил такую же аттестацию, как и в Петербурге. Банкирский дом «Гейман и К⁰» в Риге и в Вильно был оценен как достаточно хороший. Из московских домов банкирский дом Л. С. Полякова получил довольно сдержанную характеристику, «Ценкер и К⁰» — как вполне приличный, но обладающий умеренными средствами, а «Г. Волков с сыновьями» — такую же, как и их петербургское отделение. Из одесских домов был назван только «Эрнест Маас» как хороший дом, но не обладающий большим капиталом.[34] В справке о кредитоспособности упоминался еще ряд домов, оставленных по каким-то причинам Петербургским Международным банком без всякой характеристики. Очевидно, у него не было сведений о состоянии их капиталов и кредитоспособности. Уже в 1880-е гг. акционерные коммерческие банки заняли ключевые позиции в экономике России. Однако из этого не следует, что, по мере того как они набирали силу, роль и влияние банкирских заведений в финансовой жизни страны постоянно падали. В действительности институт банкирских домов и контор тоже эволюционировал и менялся, приобретал новые формы. Число банкирских домов не сокращалось, а росло, а их внутренняя структура совершенствовалась.

Период предвоенного промышленного подъема был новым этапом в развитии банкирских заведений, занявших свое место в финансовой системе империи. Симптоматично появление в 1913 г. книги А. Б. Бернарди об организации и операциях банкирских учреждений, содержавшей характеристику банкирских домов как частных финансовых учреждений, имевших свою структуру и свое делопроизводство.[35]

Относя банкирские дома к категории частных кредитных учреждений, А. Б. Бернарди писал, что они производили «почти те же операции, что и прочие кредитные установления», но отличались тем, что для их открытия не требовалось «утвержденных правительством уставов» и по своим операциям они не обязаны были «представлять публичную отчетность».[36] А. Б. Бернарди, однако, отмечал, что банкирские дома, как относящиеся «к первому разряду торговых учреждений», обязаны были содержать в порядке книги по счетоводству, а именно: 1) мемориал (или журнал) для ежедневных записей всех дел и всех банковых операций; 2) кассовую книгу, в которую заносилась подробно каждая статья приема и выдачи денег; 3) гроссбух, или главную книгу, открывавшую отдельные счета по всем оборотам банка; 4) копировальную книгу; 5) товарную книгу для записи всех купленных, проданных и отправленных товаров с обозначением их цены; 6) расчетную книгу для записи текущих счетов, отправляемых каждому должнику и заимодавцу; 7) исходящую книгу для записи исходящих счетов на проданные товары; 8) фактурную книгу для записи счетов и фактур на отправление товара.[37]

А. Б. Бернарди писал о типичной для банкирских домов структуре как о чем-то само собой разумеющемся и принятом. Банкирские дома имели, как правило, административный, технический и счетные отделы, в частности отделы текущих счетов и вкладов, вексельный, комиссионный (или инкассовый), переводов, фондовый, товарный, кассу, главного бухгалтера, отдел корреспонденций, справочный, экспедиционный и архив.[38]

Появление книги А. Б. Бернарди отражало несомненное расширение частного банкирского промысла и общественный интерес к нему.

Мы сталкиваемся с тем, что владельцы торговых домов, занимавшиеся в течение многих лет банкирским промыслом, в период предвоенного промышленного подъема стремились легализовать свои занятия. Так, например, одесский первой гильдии купец и коммерции советник Озиас Савельевич Хаис, учредивший в 1870 г. для банкирских операций торговый дом «О. Хаис», успешно функционировавший вплоть до 1910 г., в мае 1911 г. обратился в Одесскую купеческую управу с просьбой разрешить ему учредить банкирский дом «О. Хаис» и представил проект соглашения об этом со своей женой и сыном. По условиям договора складочный капитал банкирского дома должен был составить 250 тыс. р. О. Хаис вносил 200 тыс. р. из этой суммы, а его жена и сын — по 25 тыс.[39]

В период предвоенного промышленного подъема наряду с семейными банкирскими домами развертывается и тип банкирских заведений, построенных на принципе товариществ. Так, в феврале 1910 г. в Петербурге на углу Гороховой и Морской улиц (д. 13/28) титулярным советником К. И. Васильевым было открыто Товарищество на вере — торговый дом «К. И. Васильев и К⁰» под фирмой «Банкирский дом кредит». Складочный капитал первоначально был определен в размере 125 тыс. р. Из них 75 тыс. р. принадлежали К. И. Васильеву, а остальные 50 тыс. р. — вкладчикам: одному 25 тыс. р. и пятерым по 5 тыс. р. каждому. В объявлении об открытии банкирского дома было сказано, что остальные, кроме К. И. Васильева, вкладчики не желали «быть поименованными». К. И. Васильев как полный товарищ получал право распоряжаться всеми делами предприятия единолично.[40]

В январе 1908 г. в Петербурге открыл банкирский дом приехавший из Житомира первой гильдии купец Герша Зелик Давидович (Григорий Давидович) Лесин, располагавший собственным капиталом до 300 тыс. р.[41] В канун первой мировой войны банкирский дом Г. Д. Лесина стал одним из очень влиятельных не только в столице, но и в России. Однако в последних числах октября 1907 г., когда Г. Д. Лесин с сыном, студентом юридического факультета Петербургского университета, остановился в гостинице «Гранд-Отель» на улице Гоголя и начал хлопоты об открытии своего дела в Петербурге, его почти никто не знал в градоначальстве. Только после того как были получены о Г. Д. Лесине справки Охранного отделения и Петербургской сыскной полиции, свидетельствовавшие, что он «под судом и следствием не состоял... в политехническом отношении (так в документе. — *Б. А.*) благонадежен и ни в чем предосудительном замечен не был», градоначальство признало его достойным быть главою банкирского дома.[42] Г. Д. Лесин открыл свое учреждение на Невском проспекте (д. 18). В 1913 г. «ввиду тесноты» занимаемого им помещения, где «в послебиржевое время» собирались «биржевые деятели и публика», Г. Д. Лесин открыл еще одно отделение банкирского дома в здании, принадлежавшем Сибирскому банку (Невский, д. 44).[43]

В ноябре 1910 г. в Петербурге (Мойка, д. 12) было учреждено Товарищество на вере — банкирский дом «А. И. Зейдман и К⁰». Крестьянин Август Иванович Зейдман, редактор-издатель журнала «Биржевой ежемесячник»,объявил себя полным товарищем и внес в складочный капитал 39 тыс. 500 р. из 50 тыс. р. Остальные вкладчики внесли относительно небольшие суммы: инженер-технолог В. С. Чеботарев — 3 тыс. р., прусский подданный Р. А. Зоммермейстер — 500, петербургский мещанин А. К. Абель — 5 тыс., потомственный почетный гражданин К. К. Адольберт — 500, крестьянин Ярославской губернии Н. В. Сорокин — 500, надворный советник Г. В. Клочков — 500, инженер-геолог В. А. Степанов — 500 р.[44] Затем состав вкладчиков банкирского дома значительно изменился, а в мае 1914 г. фактическим хозяином банкирского дома «Зейдман и К⁰» стал известный в Петербурге делец и партнер З. Жданова А. Ф. Филиппов.[45]

Банкирский дом «Захарий Жданов и К⁰», разместившийся в бельэтаже огромного дома на углу Невского проспекта и Троицкой улицы, может служить примером крупного столичного банкирского заведения, основанного на принципе товарищества. Потомственный почетный гражданин З. П. Жданов объявил свое заведение общедоступным банком, приспособленным «для широкой провинциальной клиентуры». Возросшие обороты банкирского дома позволили его владельцу к 1911 г. образовать Товарищество, сохранив за собой роль главного руководителя и распорядителя.[46]

Банкирское предприятие З. П. Жданова отличалось не только деловой, но и политической активностью. Об этом свидетельствует рассказ А. А. Спасского-Одынца, журналиста, бывшего в конце 1905—начале 1906 г. при С. Ю. Витте в качестве пресс-атташе, а в канун первой мировой войны работавшего на Юге начальником одного из линейных отделений Юго-Западных железных дорог. По свидетельству А. А. Спасского-Одынца, З. П. Жданов открыл на Садовой улице в Петербурге контору под фирмой «Деньги» и назначил ее директором А. Ф. Филиппова как своего ближайшего сотрудника.[47] В 1913 г. во время очередного своего приезда в Петербург Спасский обедал у своей старой приятельницы С. М. Анчис (урожденной Анненковой), жены директора завода «Парвиайнен». По рекомендации супругов Анчис Спасский на следующий день принял у себя в номере Северной гостиницы А. Ф. Филиппова, предложившего Спасскому быть представителем и «осведомителем по экономическим вопросам» конторы «Деньги». А. Ф. Филиппова интересовали сахарная промышленность Юга и дела сахарозаводчиков Бродского, Гальперина, Зайцева и Гинцбурга, в частности их отношения с местным крестьянским населением и жителями поселков. А. А. Спасский, по его утверждению, отклонил это предложение. Тем не менее Филиппов пригласил его на завтрак в новое помещение конторы «Деньги» накануне ее открытия.[48] Если верить автору воспоминаний, то он неожиданно для себя оказался свидетелем и участником политической игры, затеянной З. П. Ждановым в связи с набиравшей как раз в это время силу кампанией правых за смещение В. Н. Коковцова с поста министра финансов.

А. А. Спасский-Одынец пришел на завтрак первым и был встречен З. П. Ждановым с распростертыми объятиями. Хозяин банкирского дома представился как убежденный октябрист и человек, хорошо помнивший услуги, которые оказал партии в 1906 г. А. А. Спасский, выступивший тогда на страницах октябристской газеты «Слово» со статьей «Стыдно», порицавшей Государственную думу, а стало быть, и кадетскую партию за отказ осудить политические убийства.[49]

Следующими гостями на завтраке оказались знакомые А. А. Спасскому профессор экономист И. Х. Озеров и его жена. Увидев А. А. Спасского, И. Х. Озеров «густо покраснел», а жена его «мертвенно побледнела». Причина их столь сильного волнения стала понятна А. А. Спасскому несколько минут спустя, когда в сопровождении М. Е. Головиной появился гость, ради которого и был устроен завтрак, — Г. Е. Распутин. И. Х. Озерову, члену Государственного совета от высших учебных заведений и известному профессору, «никак не улыбалась петербургская, а значит, и российская молва о том, что он ищет покровительства Распутина у царя» и, как полагал А. А. Спасский, «метит в министры».[50]

За завтраком И. Х. Озеров, желая угодить Г. Е. Распутину, «повторял слова нововременца Меньшикова» о Германии и России как «единственной» грозной силе, способной «хранить мир». «Пока я и Сазонов около Папы, он, царь, войны никогда не начнет, — заявил на это Распутин, — царь не такой дурачок, как вы, ученые и писаки, и говоруны, клеветники, думаете о нем. Царь знает, что война... окончится революцией».[51] Затем И. Х. Озеров критиковал бюджетную политику В. Н. Коковцова, а Распутин подытожил эту критику многозначительной репликой: «Володя очень занессы... зазнался... думает, что у Папы никого нет, чтобы его заменить... Володька ошибается... его Папа скоро прогонит».[52]

Г. Е. Распутин много расспрашивал А. А. Спасского о С. Ю. Витте. Начав сентенцией, что Витте «первый в России умник... только Папу и Маму мало почитает... Все норовит по-своему. А Папа и Мама этого не любят. Царя надо чтить и слушать»,[53] Г. Е. Распутин кончил тем, что обратился к А. А. Спасскому с прямым предложением: «Ты скажи твоему Вити, что он с Распутиным может много выиграть и ничего не потерять».[54]

«В конце завтрака выяснилось, — вспоминал Спасский, — чем именно я должен был отплатить хозяевам за такое угощение... я должен был упросить Витте принять Распутина, которого граф Сергей Юльевич никак не желал видеть у себя на дому и вообще встречаться с ним. Тут уж рукой подать к пониманию конечной цели Жданова. Прощаясь с гостеприимными Ждановым и Филипповым, я прямо сказал, что этой миссии принять на себя не могу — в смысле упрашивания Сергея Юльевича принять Распутина, — все, что я могу сделать и сделаю, — это передать ему о большом желании Распутина быть принятым графом».[55]

Как свидетельствует А. А. Спасский, в петербургском обществе и банковских кругах в декабре 1913 г. ходили слухи о предстоявшем возвращении С. Ю. Витте к власти и Филиппов был под впечатлением сказанного графиней М. Э. Клейнмихель на завтраке у Терещенко: «Таких, как Витте, у нас в России немного, и несомненно вынуждены будут его позвать... его скоро позовут».[56]

Трудно судить о степени достоверности сообщенного А. А. Спасским-Одынцом, хотя он и отмечает в своих воспоминаниях, что записал подробно сразу же после этой встречи состоявшийся разговор с Распутиным и Филипповым.[57] И. Х. Озеров в своих воспоминаниях подтверждает факт близкого знакомства с А. Ф. Филипповым, однако дает ему весьма нелестную характеристику, как, впрочем, и З. П. Жданову.

И. Х. Озеров относил З. П. Жданова к «типичным биржевым игрокам», не брезговавшим никакими средствами для ведения биржевой игры. Он писал, что З. П. Жданов, участвуя в спекулятивных сделках с акциями Ленского товарищества, «ходил по банкам и справлялся, сколько акций у них Ленского товарищества, принадлежащих клиентам, и сколько банку, и за сговоренную плату услваливался, что банки свои акции до известного намеченного срока не выпустят на биржу или вообще не выпустят их на биржу, а обязуются продать их Жданову же, а тот дает обязательство их купить по условленной цене, по цене, конечно, выше много теперешнего дня».[58] Скупив акции в банках и зная их количество, «которое может быть выброшено при повышении», Жданов скупал акции где только можно, «предварительно распространяя через мелкую финансовую прессу дурные сведения о приисках», а скупив акции по «низкой цене», начинал поднимать их через ту же прессу. На ее сотрудников записывалась известная сумма акций, и они должны были получить разницу между курсом дня и курсом тех же акций через какой-то срок, допустим два месяца. Заинтересованная пресса начинала «муссировать слухи об улучшении дел на приисках», найденных самородках и т. д.[59] Как писал И. Х. Озеров, акции Ленского золотопромышленного товарищества во время повышения их курса в результате спекулятивных операций называли «Лена Захаровна», а сам З. П. Жданов «их нежно называл „Леночками"».[60]

А. Ф. Филиппов, по свидетельству И. Х. Озерова, был тесно связан с печатью, занимавшейся шантажом финансовых учреждений и обществ. Филиппов издавал журнал «Деньги», «но лишь тогда выпускал номер, когда ему хорошо платили за то, чтобы он кого-нибудь хорошо изругал, — писал И. Х. Озеров. — Это тот Филиппов, которому я... сам же давал кормежку перед общим собранием одного акционерного общества... он был одним из зубастых „зверей", содержал фиктивно якобы банкирскую контору, а главным образом, шантажируя, брал деньги с банков, друг Распутина, и ко мне как-то его привез и через него делавший большие дела друг Вырубовой...».[61]

Итак, И. Х. Озеров не отрицал своего свидания с Г. Е. Распутиным и называл организатором встречи все того же А. Ф. Филиппова. Воспоминания И. Х. Озерова не противоречат рассказу А. А. Спасского, а скорее дополняют характеристики как А. Ф. Филиппова, так и банкирского дома З. П. Жданова, активного участника многих синдикатов по покупке и продаже ценных бумаг, тесно сотрудничавшего с крупными петербургскими банками в этих операциях. Важным объектом биржевой игры этих синдикатов были акции и облигации железнодорожных обществ. Накануне первой мировой войны был образован синдикат по покупке и продаже акций Общества Волго-Бугульминской железной дороги. К делам этого Общества проявляли интерес Петербургский Частный коммерческий и Лион-Марсельский банки. Представитель последнего в Петербурге граф Ф. де Шевельи входил в состав директоров обществ Рязано-Уральской и Волго-Бугульминской железных дорог. В фонде Петербургского Частного банка сохранилась переписка, свидетельствующая об операциях в 1910—1911 гг. большого синдиката, включавшего в себя помимо Азовско-Донского банка группу влиятельных банкирских домов: «Захарий Жданов», «Маврикий Нелькен», «Кафталь, Гандельман и К⁰», «Братья Джамгаровы».[62]

Крупные банкирские дома не только в 60—80-е гг., но и в начале 1900-х гг. продолжали участвовать в финансировании строительства железных дорог. Сохранились следы совещания 13 мая 1911 г. Азовско-Донского, Русского Торгово-Промышленного, Сибирского Торгового банков, банкирского дома «И. В. Юнкер и К⁰» и английского банкирского дома «Братья Лазар» с концессионерами о постройке Обь-Семипалатинской железной дороги.[63] В апреле 1911 г. Азовско-Донской, Русский Торгово-Промышленный, Сибирский Торговый банки и банкирские дома «Юнкер и К⁰», а также «Г. Вавельберг» вели переговоры с учредителями Общества Токмаковской железной дороги.[64] Эти переговоры привели в конечном счете к заключению 11 августа 1910 г. своеобразного синдикатского соглашения группы банков — Азовско-Донского Коммерческого, Русского Торгово-Промышленного и Сибирского Торгового — и банкирских домов — «Г. Вавельберг», «И. В. Юнкер и К⁰», «Братья Рябушинские» и «Братья Джамгаровы». Оно предусматривало регулярные встречи участников в помещении Азовско-Донского банка и тесное сотрудничество.

Было условлено, что каждый из названных банков или банкирских домов, если к нему обратятся с приглашением или он сам захочет выступить с предложением «об осуществлении железнодорожных предприятий, о приобретении или помещении правительственных, городских и железнодорожных займов или облигаций частных предприятий, обязан предложить эти операции другим участникам для совместного за общий счет осуществления таковых».[65] Доля участия определялась в 20 % для каждого из трех банков и в 10 % для каждого из четырех банкирских домов.

Участникам соглашения «возбранялось принимать какое бы то ни было отдельное участие в эмиссионных операциях других групп русских банков или банкирских домов». Все решения по поводу совместных дел предполагалось принимать «простым большинством голосов» участников соглашения, причем большинство должно было обладать не менее чем половиной всех долей участия.[66]

20 ноября 1910 г. участники синдиката условились о совместной покупке и продаже «фондов и закладных листов с целью поддержания курса этих бумаг на уровне их действительной стоимости». Заинтересованное в операции Министерство финансов согласилось открыть под нее в Государственном банке на имя Азовско-Донского банка особый кредит в размере 20 млн. р. из 4.5 % годовых. 20 ноября 1910 г. было принято также постановление об уменьшении доли всех семи партнеров по синдикату на 25 % для того, чтобы предоставить Азовско-Донскому Коммерческому банку возможность выделить необходимую сумму субучастникам.[67] Один из них, лондонский банкирский дом «Братья Лазар», объявился уже при очередном совещании членов синдиката 22 декабря. Его доля была определена в 10 % «впредь до изменения в зависимости от вступления в соглашение новых участников». 22 декабря 1910 г. председатель правления Азовско-Донского банка Б. А. Каминка вынес на обсуждение участников совещания целый ряд предложений, поступивших от железнодорожных обществ и городов, в частности о выпуске займов для благоустройства Ялты и Екатеринослава. В результате было решено образовать «особое бюро» с целью изучения вопроса о городских займах и подготовки специального доклада по этому поводу.[68] Участие в размещении займов городов и финансирование городского хозяйства в период предвоенного промышленного подъема стало одной из важных сторон деятельности банкирских домов. Причем в финансировании городского хозяйства принимали участие не только крупные столичные, но и провинциальные банкирские

дома, также широко сотрудничавшие с акционерными коммерческими банками.

Имеющиеся в нашем распоряжении, хотя и разрозненные, сведения, сохранившиеся в фондах Особенной канцелярии по кредитной части Министерства финансов, свидетельствуют о возникновении в 1909—1911 гг. большого числа провинциальных банкирских домов и контор. В 1909 г. были открыты банкирские дома С. А. Арановича в Екатеринославе, Д. А. Рашевского в Геническе Таврической губернии, братьев Ахмедовых в г. Нуха Елизаветпольской губернии, банкирские конторы Л. С. Штейнберга в Бердичеве, А. М. Гарница в Себеже Витебской губернии, графа Яна Розвадовского в местечке Розвадове Новогрудского уезда Минской губернии, купца В. И. Дворкина в местечке Карниловке Рогачевского уезда Могилевской губернии.[69] Порою это были довольно крупные предприятия. В бумагах Петербургского Международного банка сохранилась копия нотариально заверенного соглашения, подписанного в Вильно в декабре 1911 г. потомственным почетным гражданином Израилем Беньяминовичем Бунимовичем со своими сыновьями Товием, Марком и Ильей.

И. Б. Бунимович с 1875 г. владел в Вильно банкирской конторой с капиталом в 1 млн 575 тыс. р., имевшей отделения в Сморгони и Ромнах.[70] В 1911 г. он решил переименовать ее в банкирский дом, приняв в полные товарищи своих сыновей с вкладами — Товия и Марка (по 50 тыс. р. каждый) и Илью (75 тыс. р.). Таким образом, общий капитал банкирского дома составил 1 млн 750 тыс. р. Банкирский дом И. Бунимовича принял на себя все дела и операции банкирской конторы, включая «торгово-промышленные и коммерческие предприятия как в России, так и за границей». Договор был заключен сроком на 15 лет. В течение этого периода сыновья И. Б. Бунимовича независимо от доли чистой прибыли должны были получать по 6 % годовых с внесенного ими складочного капитала. Кроме того, за труды по управлению делом им было назначено вознаграждение: Товию — 1 % из чистой прибыли при общем распределении прибыли, а Марку и Илье — в размере 6 тыс. р. годовых. В соглашении было специально оговорено, что бухгалтерия банкирского дома будет вестись, как «в первоклассных европейских кредитных учреждениях». Чистая прибыль банкирского дома распределялась следующим образом: И. Б. Бунимович — 85 %, а сыновья — по 5 % каждый. Кроме того, И. Б. Бунимович ежегодно должен был получать 6 тыс. р. арендных, поскольку банкирский дом размещался в принадлежавших ему помещениях.

Банкирский дом образовал запасной капитал, который составлялся из ежегодной чистой прибыли сверх 60 тыс. р. Назначение запасного капитала состояло в том, чтобы пополнять чистую прибыль до 60 тыс. р. в те годы, когда она не достигала этой суммы. Таким образом, Бунимовичи рассчитывали на ежегодную чистую прибыль в размере не меньшем чем 60 тыс. р.[71]

В случае убытков ответственность должна была распределяться между участниками дела в тех же частях, что и прибыль. Все вопросы управления банкирским домом решались его членами совместно. Никто из них не имел права передавать свой вклад или свои полномочия другому лицу без общего согласия товарищей. Никто из них не имел права заниматься «посторонними банкирскому дому делами», и лишь Товию Бунимовичу предоставлялось право продолжать «управление делами акционерного общества Виктория».[72]

Обязательства, договоры, переводы, чеки, аккредитивы и другого рода документы имел право подписывать за фирму «Банкирский дом И. Бунимович» любой из товарищей. Однако положение их все-таки не было равным. И. Б. Бунимовичу разрешалось держать на его текущем счету до 100 тыс. р., а сыновьям — только по 10 тыс. р. каждому, остальные свободные деньги все участники дела должны были передать в банкирский дом для увеличения своих вкладов. В случаях конфликта между участниками они могли обращаться в третейский суд из пяти человек. Состав суда был определен в подписанном ими договоре.[73] И. Б. Бунимович был назван в договоре товарищем-распорядителем, ему было предоставлено право выбирать и получать из Петербургской и Виленской городских управ купеческие свидетельства и другие документы.[74]

Банкирский дом «И. Бунимович» в Вильно просуществовал до лета 1913 г., когда был куплен Петербургским Международным коммерческим банком и передан вместе с клиентелой его Виленскому отделению.[75] Международный банк уплатил 75 тыс. р. за передачу ему банкирским домом своих прав и 325 тыс. И. Б. Бунимовичу за продажу им своего недвижимого имущества.[76]

К моменту продажи банкирского дома его активные операции в сумме составляли 3 млн. 660 тыс. р., из них учет векселей — 2 млн. р. Из этого следует, что вексельная операция была основной. В пассиве 3 млн. 400 тыс. р. составляли текущие счета и срочные вклады клиентов.[77]

Крупные акционерные коммерческие банки не только имели тесные связи с банкирскими домами и конторами, но и часто поглощали в результате длительного общения и сотрудничества своих субподрядчиков, особенно если те работали в провинции. Правление Петербургского Международного коммерческого банка, поддерживавшее многолетние тесные связи с банкирской конторой И. Грубера, размещавшейся в центре Киева (на Крещатике, д. 15), в декабре 1909 г. заключило соглашение с ее владельцем о передаче ее в ведение банка.[78] По условиям соглашения Илья Исаакович Грубер передавал Международному банку свою контору вместе с арендным договором на помещение, всей обстановкой и клиентелой и поступал на службу в банк в качестве вице-директора Киевского отделения сроком на десять лет. Петербургский Международный банк преобразовывал бывшую банкирскую контору И. Грубера в особый подотдел своего Киевского отделения и открывал в нем операции от своего имени. Он брал на себя обязательство платить И. И. Груберу жалование в размере 15 тыс. р. в год, а также из чистой прибыли подотдела в течение первых пяти лет 50 % и последующих пяти лет 15 % годовых. В счет этих платежей И. И. Груберу полагалось получить авансом 50 тыс. р. при передаче своего дела. Он должен был отказаться от ведения дел за свой счет и целиком посвятить себя службе в банке. В случае нарушения им принятых на себя обязательств он мог быть уволен и должен был уплатить неустойку в размере 30 тыс. р.[79] Таким образом, бывший владелец банкирской конторы превращался в обычного банковского служащего и своим опытом должен был обеспечить для банка сохранение влияния и позиций, которые имела его контора до продажи.

Истории продажи банкирского дома И. Бунимовича в Вильно и банкирской конторы И. Грубера в Киеве свидетельствуют о том, что Петербургский Международный коммерческий банк охотно приобретал вместе с клиентелой действовавшие в крупных городах России банкирские заведения и передавал их своим отделениям.

Вместе с тем, как видно из переписки, сохранившейся в фондах акционерных банков, они не только поддерживали постоянные деловые отношения с широким кругом банкирских заведений, в том числе и провинциальных, но и способствовали их возникновению. В 1910 г. Петербургский Частный коммерческий банк заключил соглашение с Яковом Абрамовичем Бродским о возобновлении деятельности в Одессе банкирского дома «А. М. Бродский».[80] Я. А. Бродский учреждал банкирский дом в форме полного товарищества с объявленным капиталом в 200 тыс. р., а Петербургский Частный банк открывал ему кредит в размере 1 млн. р. для осуществления этой операции. Соглашение заключалось на срок до 1 августа 1911 г. По его условиям за содействие, оказанное банкирскому дому, Частный банк должен был получить $33^1/_3$ % от чистой прибыли банкирского дома, вырученной к этому сроку, и 25 % прибыли, вырученной в период с 1 августа 1911 г. по 1 августа 1912 г.[81]

Из переписки члена правления Петербургского Частного банка М. С. Пакшвера с Я. А. Бродским можно понять, что ими была задумана какая-то крупная совместная операция с французскими банками, которая предусматривала не только учреждение Я. А. Бродским банкирского дома в Одессе, но и возможность преобразования его в банк.[82] В этом случае Петербургский Частный банк имел право либо финансировать эту операцию, либо оставить за собой на 1 млн р. акции вновь созданного банка.[83]

Образованный при участии Петербургского Частного банка банкирский дом обязан был предоставить своему кредитору «исключительное право по корреспондентским сношениям в тех отраслях и в той мере, как то в Петербургском Частном коммерческом банке найдут для себя удобным».[84]

29 ноября 1911 г. «Биржевые ведомости» поместили сообщение об открытии Одесского Купеческого банка со складочным капиталом в 3 млн. р., разделенным на 12 тыс. акций по 250 р. каждая. Учредителями банка были названы Я. А. Бродский как владелец банкирской конторы и представитель торгового дома «А. М. Бродский», его жена Е. Р. Бродская, дворянин М. В. Шварц, дворянин В. И. Карпов и одесский купец К. Я. Шестопал.[85] Реально за этим сообщением скрывалось преобразование банкирского дома в акционерный банк. К сожалению, материалы не дают возможности проследить характер взаимоотношений между Петербургским Частным банком и Я. А. Бродским на новой стадии, после образования Одесского Купеческого банка. Отметим в заключение лишь одну любопытную деталь. М. С. Пакшвер, поздравляя Я. А. Бродского с преобразованием его банкирского дома в банк, писал одесскому банкиру: «. . .хотя я и поздравил Вас. . . не могу не выразить вполне откровенно, как я всегда это делал с Вами, следующего мнения своего. Вы, с одной стороны, получаете некоторое преимущество, но одновременно лишае-

тесь. . . полной свободы, которой Вы пользовались как банкирская контора».[86]

Накануне и в годы предвоенного промышленного подъема Азовско-Донской банк вел дела с большой группой провинциальных контор: Г. Юдовича и Н. Куколева в Пинске, Ц. Брауде в Поневеже, Иделя Самуиловича Лурье в Пинске, С. Элияссона в Вильно, Г. Шель и К⁰ в Ревеле, М. В. Попова в Ставрополе, а также с банкирскими домами «Геппнер и К⁰» в Ревеле, «А. Пертез и К⁰» в Варшаве.[87]

Банкирские заведения со своей стороны были заинтересованы в поддержке крупных акционерных коммерческих банков и искали у них кредитов.

Своеобразной попыткой банкирских заведений создать собственную систему для кредитования и обрести независимое положение от крупных банков явился Первый всероссийский съезд представителей банкирских домов и контор, открывшийся 28 марта 1916 г. в Петрограде в помещении Российского акционерного общества.[88] Собрание оказалось не очень-то представительным. Отсутствие на съезде многих видных владельцев банкирских заведений официально объяснялось «железнодорожными затруднениями».[89] В председатели съезда были избраны член Государственной думы А. Д. Протопопов и член Государственного совета И. Х. Озеров, а их товарищами — Д. И. Демкин, Г. Д. Лесин и В. Я. Брахман.[90]

Инициатива созыва съезда принадлежала И. Х. Озерову, задумавшему создать Союзный банк или Союзную банковскую организацию, которая объединяла бы банкирские дома и конторы и заведовала бы их отношениями с заграницей и денежными рынками. В сделанном на съезде докладе И. Х. Озеров подчеркивал, что банкирские дома и конторы «должны участвовать в финансировании разных отраслей промышленности», но поскольку каждому из них в отдельности эта задача не под силу, то ее лучше всего выполнит Союзный банк. «После войны, — говорил И. Х. Озеров, — можно думать, мы вступим на путь более широкой экономической политики, и, следовательно, для развития нашей промышленности нам придется делать большие эмиссии дивидендных бумаг. Следовало бы объединить для этой цели банкирские дома и конторы в один союз или лучше складной банк».[91] И. Х. Озеров упрекал столичные банкирские дома и конторы в том, что они почти что не участвовали в финансировании предприятий, а занимались преимущественно учетом векселей, выдачей ссуд под товары, в то время как провинциальные банкирские заведения были оторваны от крупных столичных банков и не способны были помочь клиентам в выгодном помещении своих средств. В. Я. Брахман, поддержав выдвинутые И. Х. Озеровым предложения, также говорил о том, что банкирским заведениям необходимо учредить свой собственный банк, который мог бы служить для них источником кредитования. В. Я. Брахман обращал внимание на то, что, по данным Кредитной канцелярии, 158 предприятий из числа банкирских заведений имели собственные капиталы в размере 158 млн. р., а суммы сделанных ими займов достигали 124 млн. р., т. е. они в значительной степени зависели от кредитов, получаемых в коммерческих банках.[92]

Большинство участников съезда шестнадцатью голосами против четырех приняло решение немедленно приступить к учреждению центрального банка. Для этой цели было избрано бюро организационного комитета по учреждению такого банка в составе представителей банкирских домов и контор: Нурок (Шавли), Лямперт (Варшава), Шмерлинг (Могилев), Левштейн (Рига), Лисин (Киев), Гальперштейн, Ландау (Киев), Швейцер (Москва).[93] Съезд призвал банкирские дома и конторы участвовать наряду с банками в размещении государственных займов.

Инициатива в созыве съезда, как уже отмечалось, принадлежала И. Х. Озерову, стремившемуся, как он объяснял это позднее в своих воспоминаниях, «создать обширный рынок для размещения дивидендных бумаг и, следовательно, создать прочную базу для развития у нас мощной промышленности».[94]

Судя по всему, Первый всероссийский съезд представителей банкирских домов и контор не оставил значительного следа в деловой жизни России. В условиях затянувшейся войны русская экономика и финансы все глубже погружались в кризисное состояние. Доживала свой последний год и самодержавная власть Романовых.

---

[1] *Левин И. И.* Акционерные коммерческие банки в России. Пг., 1917. Т. 1. С. 110—111.
[2] Краткий очерк деятельности Елисеевых, составленный к столетнему юбилею Торгового товарищества в 1913 г. // ЦГИА СССР, ф. 23, оп. 24, д. 298, л. 59 и об.
[3] Там же.
[4] Там же.
[5] См.: Список пайщиков к общему собранию торгового товарищества «Братья Елисеевы» (9 июня 1915 г.):

Фамилия	Подданство	Национальность	Число паев	Место жительства
Елисеев Григорий Григорьевич	Русское	Русский	479	Биржевая, 14
Елисеева Вера Федоровна	»	»	3	То же
Кобылин Александр Михайлович	»	»	6	» »
Кобылина Ольга Васильевна	»	»	3	» »
Максимов Сергей Евстигнеевич	»	»	3	Биржевой пер., 1/2
Москалев Алексей Алексеевич	»	»	3	Верейская, 7
Ладраг Павел Августович	Французское	Француз	3	Биржевая, 14

См.: ЦГИА СССР, ф. 23, оп. 28, д. 752, л. 6.

[6] См.: Отчеты и баланс торгового товарищества «Братья Елисеевы» // ЦГИА СССР, ф. 23, оп. 24, д. 927.
[7] *Гиндин И. Ф.* Государственный банк и экономическая политика царского правительства: (1861—1892 годы). М., 1960. С. 270—279. — И. Ф. Гиндин показывает, что только недоимки «за четырьмя откупщиками — Кокоревым, Бенардаки, Гинцбургом и Рюминым» — составляли в 1863 г. 14 млн. р. (там же. С. 275).
[8] *Левин И. И.* Акционерные коммерческие банки в России. Т. 1. С. 169, 174.
[9] *Гиндин И. Ф.* Государственный банк... С. 271.
[10] *Лебедев С. К.* Иностранный капитал и Петербургский Международный коммерческий банк в 80-х—начале 90-х гг. XIX в.: Дис. ... канд. ист. наук. Л., 1987. С. 28. — Машинопись.
[11] Там же.
[12] *Райский Ю. Л.* Акционерные земельные банки в России во второй половине XIX—начале XX века: Дис. ... д-ра ист. наук. Курск, 1982. С. 52. — Машинопись.
[13] Труды комиссии, учрежденной для рассмотрения вопроса о предполагаемом Центральном банке русского поземельного кредита. СПб., 1873; см. также: Журнал Государственного совета в Департаменте Государственной экономии. 1, 3, 5 и 21 февраля 1873 г.;

Журнал общего собрания Государственного совета. 19 марта 1873 г. // ЦГИА СССР, ф. 1152, оп. 8, 1873 г., д. 108, л. 66—68 и 28—32.

[14] *Устав Центрального банка русского поземельного кредита* // ЦГИА СССР, ф. 1152, оп. 8, 1873 г., д. 108.

[15] *Левин И. И.* Акционерные коммерческие банки в России. Т. 1. С. 182—183.

[16] Там же. С. 183.

[17] Там же.

[18] Там же.

[19] ЦГИА СССР, ф. 268, оп. 3, д. 1381, л. 14 и об., 370—375 об.

[20] Там же, оп. 1, д. 476, л. 21—22; см. также дела 477 и 478.

[21] Там же, ф. 258, оп. 3, д. 1576, л. 12—15.

[22] Там же, ф. 268, оп. 1, д. 561, л. 153—155, 147—160.

[23] Там же, л. 170.

[24] *Ананьич Б. В., Лебедев С. К.* Участие банков в выпуске облигаций российских железнодорожных обществ (1860—1914 гг.) // Монополии и экономическая политика царизма в конце XIX—начале XX в. Л., 1987. С. 16.

[25] ЦГИА СССР, ф. 268, оп. 1, д. 80, л. 222.

[26] Там же, д. 440, л. 89.

[27] Там же, л. 105.

[28] Там же, д. 479, л. 88.

[29] Протоколы синдикатской группы // ЦГИА СССР, ф. 626, оп. 1, д. 183, л. 29—33.

[30] *Ананьич Б. В., Лебедев С. К.* Участие банков. . . С. 10.

[31] Там же.

[32] ЦГИА СССР, ф. 626, оп. 1, д. 925, л. 13а, 13б.

[33] Впрочем, банкирский дом «И. Е. Гинцбург» мог быть оценен в 1880-е гг. только как первоклассный. Это период его процветания. Уже упоминавшийся нами С. М. Барац, работавший в банкирском доме в качестве бухгалтера, а затем сделавший ученую карьеру, писал в одной из своих книг о вексельном кредите, что «по операциям инкассо векселей, присылавшихся как из России, так и из самых отдаленных уголков заграницы, контора эта (Гинцбургов. — *Б. А.*) не имела соперников, что происходило как потому, что она возникла задолго (лет за 12—15) до возникновения в России (и, в частности, в Петербурге) частных акционерных банков и контор, так и потому, что, имея свою филиалу в Париже, контора эта пользовалась громкою известностью на всем Западе. Эту позицию относительно комиссионных векселей названная контора сохранила до самого конца, а относительно размеров учета и переучета векселей контора эта конкурировала с самыми большими здешними кредитными учреждениями, печатные отчеты и балансы коих свидетельствовали о том, что ни одному из них не удавалось подняться в этом отношении до размеров учета и инкассо названной конторы» (*Барац С. М.* Задачи вексельной реформы в России : (По поводу Проекта устава вексельного 1893 г.). СПб., 1896. С. 35). Эту точку зрения С. М. Бараца разделяет и И. И. Левин, возражающий лишь против даты — ранее 1859 г. — возникновения банкирского дома барона Гинцбурга. См.: *Левин И. И.* Акционерные коммерческие банки в России. Т. 1. С. 167.

[34] ЦГИА СССР, ф. 626, оп. 1, д. 1208, л. 283—284.

[35] *Бернарди А. Б.* Организация и операции банкирских учреждений (банкирских домов, банкирских контор и меняльных лавок). СПб., 1913.

[36] Там же. С. 6.

[37] Там же. С. 9—10.

[38] Там же. С. 11—14.

[39] Письмо председателя Одесской купеческой управы в Министерство торговли и промышленности, 13 мая 1911 г. // ЦГИА СССР, ф. 23, оп. 11, д. 1045, л. 1 и об., 2—6.

[40] ЦГИА СССР, ф. 23, оп. 11, д. 940, л. 2.

[41] Письмо управляющего Канцелярией петербургского градоначальника приставу 2-го участка Адмиралтейской части, 3 января 1908 г. // ЦГИА г. Ленинграда, ф. 569, оп. 12, д. 1779, л. 1—2.

[42] Там же.

[43] Прошение Г. Д. Лесина в Особенную канцелярию по кредитной части. 28 февраля 1913 г. // Там же, л. 13.

[44] ЦГИА СССР, ф. 626, оп. 1, д. 276, л. 10.

[45] Там же, л. 14.

[46] Банкирский дом «Захарий Жданов и К°». СПб., 1911. С. 4—5.

[47] *Спасский-Одынец А. А.* Четыре реки и одно море : Воспоминания. 1883—1920 гг. // Бахметевский архив Колумбийского университета. Л. 428—429.

[48] Там же. Л. 429—430.
[49] Там же. Л. 430—431.
[50] Там же. Л. 431—433.
[51] Там же. Л. 437.
[52] Там же. Л. 438.
[53] Там же. Л. 433.
[54] Там же. Л. 440—441.
[55] Там же. Л. 434.
[56] Там же. Л. 433.
[57] Там же. Л. 434—435.
[58] *Озеров И. Х.* Воспоминания : Черновики. 1905—1917 гг. // РО ГПБ, ф. 541, оп. 1, д. 4, л. 14.
[59] Там же.
[60] Там же, л. 15.
[61] Там же, л. 22, 23.
[62] ЦГИА СССР, ф. 597, оп. 2, д. 159, л. 1—4, 21.
[63] Там же, ф. 616, оп. 1, д. 455, л. 14.
[64] Там же, л. 9.
[65] Протокол совещания банков — Азовско-Донского Коммерческого, Русского Торгово-Промышленного и Сибирского Торгового — и банкирских домов — «Г. Вавельберг», «И. В. Юнкер и К⁰», «Братья Рябушинские», «Братья Джамгаровы». 11 августа 1910 г. // Там же, л. 1—2.
[66] Там же.
[67] Протокол 20 ноября 1910 г. // Там же, л. 3.
[68] Протокол 22 декабря 1910 г. // Там же, л. 4 и об.
[69] ЦГИА СССР, ф. 583, оп. 1, д. 443, л. 1—3; д. 448, л. 2—3; д. 454, л. 2; д. 449, л. 2; д. 444, л. 1; д. 451, л. 2; д. 452, л. 2.
[70] Там же, ф. 626, оп. 1, д. 282, л. 4—8.
[71] Там же, л. 5.
[72] Там же, л. 5 об.—6.
[73] Раввин Хайм Овзера Гродзенский, Иосиф Моисеевич Левин, Самуил Адустович Левин, Аркадий Моисеевич Нейшуля, Бенцион Давидович Фридман (ЦГИА СССР, ф. 626, оп. 1, д. 282, л. 6).
[74] Договор был представлен в Городскую управу согласно ст. 60 Устава торгового и внесен в соответствующую книгу (ЦГИА СССР, ф. 626, оп. 1, д. 282, л. 6 об.—7).
[75] ЦГИА СССР, ф. 626, оп. 1, д. 282, л. 11—12.
[76] Там же, л. 18.
[77] Приблизительный баланс банкирского дома «И. Бунимович» на 1 мая 1913 г. // ЦГИА СССР, ф. 626, оп. 1, д. 282, л. 17.
[78] ЦГИА СССР, ф. 626, оп. 1, д. 268, л. 14—15.
[79] Там же.
[80] Там же, ф. 597, оп. 2, д. 121, л. 14—15.
[81] Там же.
[82] Там же, л. 13.
[83] Там же, л. 14—15.
[84] Там же.
[85] Биржевые ведомости. 1911. 29 ноября.
[86] М. С. Пакшвер — Я. А. Бродскому, 7 ноября 1911 г. // ЦГИА СССР, ф. 597, оп. 2, д. 121, л. 26.
[87] ЦГИА СССР, ф. 616, оп. 1, д. 288, л. 1, 3, 4, 7, 13, 17, 19, 35, 80.
[88] Военная промышленность и финансы. 1916. 3 апреля. № 3. С. 4—6.
[89] Там же.
[90] Там же.
[91] Там же.
[92] Там же.
[93] Там же.
[94] *Озеров И. Х.* Воспоминания. Л. 23.

ЗАКЛЮЧЕНИЕ

Итак, дает ли приведенный в этой книге материал возможность ответить на вопрос: были ли в России свои Ротшильды, Мендельсоны или Блейхредеры?

Имеющиеся данные не позволяют ответить на этот вопрос однозначно. Несомненно, в России происходили те же, что и в Европе, процессы накопления капиталов (хотя источники накопления не всегда совпадали), а образование частных банкирских предприятий шло теми же путями. Однако Россия отставала и в этой сфере экономической и финансовой жизни, а существовавшая в России политическая система, отличавшаяся исключительно высокой концентрацией власти и оснащенная разного рода ограничительными законами, сковывала частную инициативу и предприимчивость, ограничивала поле ее деятельности.

Реформы 1860-х гг. открыли значительные возможности для развития частного банкирского промысла. В 1860—1870-е гг., в период проведения банковской реформы и создания новых банковских учреждений, банкирские дома и конторы играли доминирующую роль в финансовой жизни России, в определении биржевой коньюнктуры, контролировании денежного рынка, железнодорожном строительстве. Наряду с европейскими банками и банкирскими домами отечественные торговые и банкирские дома участвовали в создании системы акционерных коммерческих банков, а также земельных ипотечных банков в России.

Участие в учредительской кампании наложило отпечаток на характер дальнейших отношений банкирских домов и контор с крупными акционерными банками. Многие из учредителей сохранили свое влияние во вновь созданных акционерных банках и использовали их для кредитования своих семейных предприятий. Так появились, например, поляковские банки: влиятельная группа акционерных банков, связанных между собой и финансировавших банкирский дом Л. Полякова и разного рода предприятия, создававшиеся представителями этой семьи.

Чрезвычайно велика роль банкирских домов и контор в железнодорожном строительстве, особенно в 1860—1870-х гг. Банкирские дома выступали и учредителями железнодорожных обществ. Так появились поляковские дороги, не только построенные Поляковыми, но и контролировавшиеся ими в течение длительного периода времени. Учредительская деятельность Поляковых привела к созданию совершенно уникальной системы взаимосвязанных и взаимозависимых, контролируемых представителями одной семьи банков, железных дорог и разного рода предприятий, к созданию своеобразной империи Поляковых. История банкирского промысла Поляковых дает один из примеров эволюции и падения семейного предпринимательства в России пореформенного периода. К несколько иному типу частного банкирского предпринимательства можно отнести банкирское дело Гинцбургов. Главный объект их деятельности — золотопромышленность. Банкирские дома Гинцбургов и Поляковых могут служить примером тесного сотрудничества частных банкирских домов с государством, участия их в правительственной политике.

Банкирское дело Рябушинских отличается и историей накопления капиталов, и гораздо более сдержанными отношениями с правительством, и предпринимательскими принципами. Представляется возможным говорить об определенной старообрядческой предпринимательской этике: невысокий дивиденд, несмотря на растущую прибыль, критическое отношение к петербургскому предпринимательству, откровенной биржевой спекуляции. Положение сектантов относило Рябушинских в лагерь буржуазной оппозиции.

Сопоставление банкирских домов позволяет говорить о разных типах частного банкирского предпринимательства в России даже в среде столичной буржуазии. Если же обратиться к провинциальным банкирским домам, то нельзя не обратить внимания на специфику частных банкирских учреждений Юга, западных губерний и Прибалтики.

С созданием крупных акционерных коммерческих банков к ним перешла и ведущая роль в финансовой жизни империи. Многие банкирские дома стали выступать в роли субучастников или синдикатских партнеров этих банков, особенно Петербургского Международного, Русско-Азиатского, Азовско-Донского. Однако это не дает оснований говорить об упадке частного банкирского промысла. Он просто видоизменился.

В годы предвоенного экономического подъема мы наблюдаем значительные перемены в сфере частного банкирского предпринимательства. Постепенно сходят со сцены крупные банкирские дома, возникшие в начале 1860-х гг. Рушится империя Поляковых, падает влияние Гинцбургов. Ряд влиятельных банкирских домов превращается в акционерные банки. Так, Вавельберг, Юнкер, Рябушинские создают на основе своих банкирских домов крупные банки. Характер структурных изменений в семейном предпринимательстве в связи с этими преобразованиями, однако, не изучен. В случае с Рябушинскими мы уже имели возможность отметить, что созданный ими банк сохранил в значительной степени свою семейную основу. Наконец, появляется группа новых влиятельных банкирских домов, таких как «Братья Джамгаровы», «Захарий Жданов», «Кафталь, Гандельман и К⁰», «Г. Лесин», возникает большое количество провинциальных банкирских заведений.

Попытки правительства регламентировать деятельность банкирских домов в самый канун войны потерпели окончательную неудачу. На защиту их независимого положения встали не только биржевые комитеты, но и Совет съездов представителей промышленности и торговли. Голоса этих учреждений накануне первой мировой войны звучали уже значительно увереннее, чем прежде. И они требовали от правительства считаться с тем, что в России есть свои достойные представители банковского мира, подобные Мендельсонам и Ротшильдам.

ПРИЛОЖЕНИЯ

СПРАВКИ ОБ ОПЕРАЦИЯХ 158 БАНКИРСКИХ ЗАВЕДЕНИЙ, СОСТАВЛЕННЫЕ В МИНИСТЕРСТВЕ ФИНАНСОВ НА 1 ЯНВАРЯ 1913 г.[1]

1. Состояние главнейших счетов банкирских заведений

(в млн. руб.)

	Число банкирских заведений	Касса и текущие счета	Гарантированные процентные бумаги	Негарантированные процентные бумаги	Учет векселей	Срочные ссуды	Специальные текущие счета под ценные бумаги	Баланс	Капиталы	Вклады	Займы
В С.-Петербурге	32	2.8	2.8	11.0	7.1	5.1	44.6	91.1	14.8	10.9	58.3
В Москве	10	2.1	7.9	21.2	5.5	7.7	25.3	86.3	9.1	23.4	40.9
В губернских городах	60	2.9	2.3	12.0	41.7	9.6	5.7	123.0	37.4	33.8	14.6
В уездных городах	56	1.4	1.2	4.6	19.1	3.1	3.8	52.2	13.0	14.0	10.6
Итого	158	9.2	14.2	48.8	73.4	25.5	79.4	352.6	74.3	82.1	124.4

[1] Приведенные справки не являются полными. Число действовавших банкирских заведений, по сведениям Министерства финансов, достигало 300 (не считая меняльных лавок), однако только 158 из них представили в министерство необходимые сведения (ЦГИА СССР, ф. 1405, оп. 531, д. 850, л. 103—106).

2. Средние размеры главнейших затрат и средств банкирских заведений
(в тыс. руб.)

	Число заведений	Затраты			Баланс	Средства		
		выдачи под векселя, товары и проч.	выдачи под ценные бумаги	собственные ценные бумаги		капиталы	вклады	займы
В С.-Петербурге	32	7775	49097	13823	91127	14762	10907	58238
В среднем на 1 заведение		243	1034	432	2847	461	341	1820
В Москве	10	6139	32794	29082	86234	9139	23437	40932
В среднем на 1 заведение		614	3279	2908	8623	914	2344	4093
В губернских городах	60	50997	7554	14291	123015	37422	33793	14573
В среднем на 1 заведение		850	126	238	2050	624	563	243
В уездных городах	56	23592	5182	5881	52228	12948	13940	10613
В среднем на 1 заведение		421	93	105	933	231	249	189
Итого заведений	158	88503	94627	63077	352604	74271	82077	124356
В среднем на 1 заведение		560	599	399	2232	470	519	787

3. Главнейшие затраты банкирских заведений
(в млн. руб.)
и их процентное отношение к общей сумме затрат

	Затраты						Всего	Отношение II к I	Отношение III к I
	на выдачи под векселя, товары и проч. (I)		на выдачи под ценные бумаги (II)		на операции с ценными бумагами за собственный счет (III)				
	сумма	%	сумма	%	сумма	%			
В С.-Петербурге	7.8	11	49.1	69	13.8	20	70.7	6.3	1.8
В Москве	6.1	9	32.8	48	29.1	43	68.0	5.3	4.8
В губернских городах	51.0	70	7.5	10	14.3	20	72.8	0.1	0.3
В уездных городах	23.6	68	5.2	15	5.9	17	34.7	0.2	0.2
Итого	88.5	36	94.6	38	63.1	26	246.2	1.1	0.7

4. Главнейшие средства банкирских заведений
(в млн. руб.)
и их процентное отношение к общей сумме средств

	Средства						Всего	Отноше-ние II к I	Отноше-ние III к I
	капиталы (I)		вклады (II)		займы (III)				
	сумма	%	сумма	%	сумма	%			
В С.-Петербурге	14.8	18	10.9	13	58.2	69	83.9	0.7	3.9
В Москве	9.1	12	23.4	32	41.0	56	73.5	2.5	4.5
В губернских городах	37.4	44	33.8	39	14.6	17	85.8	0.9	0.4
В уездных городах	13.0	35	14.0	37	10.5	28	37.5	1.1	0.8
Итого	74.3	26	82.1	26	124.3	48	280.7	1.1	1.7

5. Распределение вкладов банкирских заведений по размеру сумм
·(в тыс. руб.)

Сумма вкладов, принятых одним заведением	С.-Петербург				Москва			
	число заведений	вклады	капиталы	баланс	число заведений	вклады	капиталы	баланс
До 100 тыс. р.	8	218	1424	13607	1	32	240	926
От 100 тыс. р.	—							
До 1 млн. р.	3	666	742	3561	3	1569	461	11561
Свыше 1 млн. р.	4	10023	10061	65387	2	21836	7405	68001
Итого	15	10907	12227	82555	6	23437	8106	80488
Не имеющие вкладов	17	—	2535	8572	4	—	1033	5746
Итого	32	10907	14762	91127	10	23437	9139	86234

5а. Распределение вкладов банкирских заведений по размеру сумм
(в тыс. руб.)

Сумма вкладов, принятых одним заведением	Губернские города				Уездные города			
	число заведений	вклады	капиталы	баланс	число заведений	вклады	капиталы	баланс
До 50 тыс. р.	11	210	2702	6216	26	437	1959	6057
От 50 тыс. р.	—							
До 500 тыс. р.	23	4625	4792	19331	21	3650	4660	20032
Свыше 500 тыс. р.	10	28958	13820	77523	4	9853	6007	25528
Итого	44	33793	21314	103070	51	13940	12626	51617
Не имеющие вкладов	16	—	16108	19945	5	—	322	611
Итого	60	33793	37422	123015	56	13940	12948	52228

6. Распределение вкладов банкирских заведений по относительному размеру их к капиталам заведений
(в тыс. руб.)

	С.-Петербург		Москва		Губернские города		Уездные города		Всего	
	число заведений	сумма	число заведений	сумма	число заведений	сумма	число заведений	сумма	число заведений	сумма
Вклады в размере:										
не превышающем капиталов	13	7010	1	32	22	4870	38	2695	74	14607
превосходящем капиталы от 1 до 3 раз	2	3897	3	12492	16	19823	10	9410	31	45622
превосходящем капиталы от 3 до 5 раз			1	701	2	1377	1	258	4	2336
свыше 5 раз			1	10212	3	3805	1	603	5 [a]	14620
Вклады заведений, не имеющих капитала					1	3918	1	974	2	4892
Итого	15	10907	6	23437	44	33793	51	13940	116	82077

[a] Отношение вкладов означенных банкирских заведений к капиталам составляет 8, 10, 10, 14 и 35.

БАЛАНСЫ И ИМУЩЕСТВО БАНКИРСКОГО ДОМА Л. С. ПОЛЯКОВА

1. Баланс банкирского дома Л. С. Полякова на 1 декабря 1901 г.

(в руб.)[a]

Дебет	Баланс конторы	Оценка	Убыток	Кредит	Баланс конторы
Касса	17708 22	17708 22		Капитал	5000000 —
Простые и условные текущие счета в банках	2414 11	2414 11		Текущие счета у нас { Земельный банк 1294312-22, Другая клиентела 1642665-84 }	2936978 06
Процентные бумаги и акции	39518036 08	26446220 —	13071816 08	Процентные вклады	1064372 63
Векселя учтенные	548135 67	494481 60	53654 07	Специальные текущие счета в банках	13291403 22
Имущество недвижимое	4164366 30	4164366 30		Полученные ссуды	1294300 —
Имущество движимое	6953 01	6953 01		Переучтение векселей	4197340 37
Разные лица	{ 1005202 65, 220073 82 }	844231 59	381044 88	Корреспонденты русские	19311704 21
Корреспонденты	5027651 75	5027651 75		Корреспонденты иностранные	3717222 44
Ссуды до востребования	727323 64	577237 32	150086 32	Заем по недвижимому имуществу	2286053 78
Арбитражные фонды	56739 64	7500	49239 64	Аккредитивы	7045 50
Курсовые сделки	35000		35000	Комиссионные векселя	7374 60
Векселя на Берлин	29804 94	29804 94		Государственный налог	24432 49
Векселя на Вену	2 25	2 25		Прибыль (остаток прежних лет)	151471 38
Векселя на Лондон	43676 20	43676 20		Прибыль текущего года	220073 82
Векселя на Париж	25611 42	25611 42		Разные лица	3151 37
Концессии в Персии	48102 97		48102 97		
Разные купоны	1181 10	1181 10			
Переходящие суммы	{ 27589 36, 3151 37 }	26240 73	4500		
Интересы	1874129 21		1874129 21		
Комиссия	23738 81		23738 81		
Текущие расходы	64202 36		64202 36		
Жалованье	39035		39035		
Куртаж	3089 64		3089 64		
Аккредитивы	4 35		4 35		
	53289698 68 223225 19	37715280 54	15797643 33		
	53512923 87	53512923 87			53512923 87

[a] ЦГИА СССР, ф. 587, оп. 56, д. 1665, л. 105—107.

2. Подробная оценка статей баланса банкирского дома Л. С. Полякова на 1 сентября 1907 г. с выводом дефицита

(активные статьи) [а]

Наименование статей с указанием местонахождения активов	Балансовые остатки на 1 сентября 1907 г. (в руб.)	Стоимость активов по оценке совещания
Касса. Наличность в кассе банкирского дома	70410	70410
Текущие счета в банках:		
в Государственном банке	361930	
в Московском купеческом о-ве взаимного кредита	146250	
в Южно-Русском Промышленном банке	71840	
в Московском Учетном банке	243050	
в Волжско-Камском Коммерческом банке	214920	
в Московском Купеческом банке	131270	
в Московском Международном торговом банке	702680	
Итого	1871940	1871940
Векселя учтенные:		
в Московской конторе Государственного банка	467200	
в Московском Международном Торговом банке	1088000	
в Орловском Коммерческом банке	440500	
в Южно-Русском Промышленном банке	1146500	
в кассе банкирского дома	2400	
Итого	3144600	2937500
Означенные векселя выданы нижеследующими учреждениями и лицами:		
Московским лесопромышленным товариществом — 2730000		100 %
О-вом Рязанского завода сельскохозяйственных машин — 400000		50 %
Московским товариществом чернавских писчебумажных фабрик — 12200		50 %
В. В. Князевым — 2000		50 %
К. Т. фон Мевес — 400		100 %
3144600		
Векселя протестованные:		
барон Врангель А. А.	5000	
Свербеев М. Д.	3000	Остав-
Шнейдер А. Е.	15405	лено без
Кладищев П. Д.	28000	оценки
Переплетчиков Ш. Л.	2000	
Итого	53405	
Специальные текущие счета, обеспеченные:		
а) процентными бумагами и акциями (оп call):		
Пенкин Б. Н. — 17020-85		
Базилевский А. Н. — 22552-83	39573-68	Остав- лено без оценки
б) векселями:		
Московское т-во Резиновой мануфактуры	1468524-61	
в обеспечении счета находится векселей на 1533875 р., которые значатся переучтенными в нижеследующих банках:		

Наименование статей с указанием местонахождения активов	Балансовые остатки на 1 сентября 1907 г. (в руб.)	Стоимость активов по оценке совещания
в Государственном банке — 660000		
в Московском Международном торговом банке — 665000		
в Орловском Коммерческом банке — 193875		
в Южно-Русском Промышленном банке — 15000		
1533875		
Процентные бумаги и акции:		
а) гарантированные правительством:		
10 билетов 1-го внутреннего с выигрышем займа	4619-04	3600
12 билетов 2-го внутреннего с выигрышем займа	4553-27	3120
101 закладной лист с выигрышем Дворянского Земельного банка	27244-80	22220
2400 5-процентных облигаций Юго-Восточных ж. д.	2400	2160
1315 акций Московско-Киево-Воронежской ж. д.	459162-31	420800
Итого	497979-42	451900
б) не гарантированные правительством:		
1593 облигации Персидских ж. д. и конно-железных дорог	179230-65	89606-25
400 5-процентных облигаций Московского о-ва подъездных путей	310	300
1250 5-процентных облигаций Московского товарищества Резиновой мануфактуры	1013	947-50
220 акций Московско-Виндаво-Рыбинской ж. д.	26480	13860
12638 акций Персидских ж. д. и конно-железных дорог	409000	
4 акции Ново-Торжской ж. д.	165	
30 акций Риго-Тукумской ж. д.	960	
4000 акций Персидских ж. д. и конно-железных дорог	568000	
12268 акций Энзели-Тегеранской д.	1226816-80	61340
1 пай Московского Купеческого банка	22500	22000
10489 акций Московского Международного торгового банка	2669954-57	
909 акций Петербургско-Азовского Коммерческого банка	45450	
10909 акций Орловского Коммерческого банка	4671872-50	1363625
16483 акции Южно-Русского Промышленного банка	4326697-75	1153800
336 акций Воронежского Коммерческого банка	126687-15	84000
1550 акций Промышленного о-ва для Франции	290625	150350
9751 акция Московского Земельного банка	7000667-47	4973010
3951 акция Ярославско-Костромского Земельного банка	2085473-06	1461870
1500 паев Московского лесопромышленного товарищества	9000000	2250000
977 паев Товарищества для торговли и промышленности в Персии и Средней Азии	488500	
26 акций 1-го О-ва ж. д. в Москве	3731	3770
185 акций 2-го О-ва конно-железных дорог в Москве	1850	1850
5117 акций О-ва городских и пригородных конно-железных дорог	458307-80	127925
3 пая Московской паровой мельницы	9000	3000
2821 пай Московского товарищества Резиновой мануфактуры	481906-35	190417-50
1980 акций Московского домовладельческого и строительного о-ва	1027500	594000
3297 паев Московского товарищества чернавских фабрик	630070	
2000 акций О-ва Рязанского завода	500000	
22675 акций Московского о-ва подъездных путей	3401250	566875

Наименование статей с указанием местонахождения активов	Балансовые остатки на 1 сентября 1907 г. (в руб.)	Стоимость активов по оценке совещания
2 пая Южно-Алтайского золотопромышленного дела	11210	5000
1 пай Московского купеческого о-ва взаимного кредита	5000	5000
3850 акций Персидского страхового и транспортного о-ва	498705	
50 акций Российского страхового и транспортного о-ва	4081-95	2500
400 акций Московского торгового о-ва	40000	12000
95 акций О-ва Днепровской мануфактуры	38750	38000
160 акций Восточно-Сибирских заводов	1600	
80 паев Богатовского сахарного завода	52680	40000
9 паев Коммерческого страхового о-ва	100	
2 дивидендных свидетельства Рязанско-Уральской ж. д.	1400	
7275 акций Коммерческого страхового о-ва	72750	
200 акций Grande Hotel в Париже	9535-65	9000
80 акций Киево-Воронежской ж. д.	8000	10000
Итого	40397830	13234046-25
Корреспонденты русские без обеспечения:		
а) Московское лесопромышленное товарищество	406231-67	406231-67
б) Поляков Я. С.	3557-04	
Поляков Д. С.	25450-50	
О-во Рязанского завода	12617	Оставлены без оценки
О-во Томашевской ж. д.	45517-30	
Московское еврейское о-во	138879-56	
Итого	226021-40	
Корреспонденты иностранные без обеспечения:		
правление Персидских ж. д. и конно-железных дорог	130380-89	Оставлены без оценки
синдикат 5-процентного болгарского займа	1682-72	
Итого	132063-61	
Имущество:		
а) движимое (обстановка конторы банкирского дома)	7113-01	2000
б) недвижимое (дома, имения и дачи):		
имение Цуриково Смоленской губ.	160000	60000
имение Буки (Гощанская дача)	75000	50000
имение Новопавловское Орловской губ.	388103-09	260000
имение Красное Ярославской губ.	75000	42000
имение Николаевско-Крымское	181628-76	85000
имение Серебрянка Харьковской губ.	85000	165000
имение кавказское «Пляхо»	195000	195000
имение «Козы» Таврической губ.	10000	5000
дом в Петербурге	500000	380000
дома в Москве:		
на Тверской ул.	1600000	1125000
на Полянке	425000	225000
на Покровке	275000	220000
на Б. Никитской	425000	275000
на Тверском бульваре, 93	700000	600000
на Тверском бульваре, 89/91	350000	326000
на Тверском бульваре, 87	650000	496000

Наименование статей с указанием местонахождения активов	Балансовые остатки на 1 сентября 1907 г. (в руб.)	Стоимость активов по оценке совещания
дача в Сокольниках	150000	10000
дача в Пушкине	15000	5000
Итого	6259731-85	4524000
Разные дебиторы:		
Бехтеев С. С.	4332-75	
Ахшарумов В. И.	411-65	
Братья Кононовы	405	
Шильдбах К. К.	1311-33	
князь Волконский П. Д.	51858-79	
барон Врангель А. А.	594-17	
барон Гинзбург Г. О.	2378	
М. А. Данилов по залогу в Варшавском деле	150349-14	Оставлены без оценки
М. А. Данилов и К⁰ по Варшавскому делу	165661-85	
долги разные	152895-51	
Киселев А. С.	500	
Кладищев П. Д.	13265-85	
Полякова Р. П.	4907-81	
Шаблыкин П. И.	2408-80	
Шнейдер А. Е.	15666-30	
Звегинцев Н. А.	9464-50	
Итого	576411-45	
Проценты, уплаченные по операциям	800399-76	
Счет вексельной бумаги	25481-20	
Счет прибылей и убытков	5583958-93	
Баланс	59621298-64	22784013-73

Сверх того разных активов по балансовой стоимости на сумму 1027505 р. 14 к. Оценка этих активов совещанием не произведена, так как реальная стоимость их может быть выяснена только путем взыскания.

[a]ЦГИА г. Москвы, ф. 450, оп. 8, д. 617, л. 88—92. — Тот же источник и для приложений 2а и 2б.

2a. Подробная оценка статей баланса банкирского дома Л. С. Полякова на 1 сентября 1907 г. с выводом дефицита

(пассивные статьи)

Наименование статей с указанием кредиторов		Балансовые остатки на 1 сентября 1907 г. (в руб.)
Основной капитал		5000000
Запасной капитал		4000000
Долг Государственносу банку:		
по специальному текущему счету, обеспеченному процентными бумагами [a]	14675241-78	
по векселям переучтенным	1127200	
по ссудам под недвижимое имущество	1435000	
по причитающимся процентам	5008909-54	22246351-32
Особый счет Р. П. Поляковой (получения с ее специального текущего счета из Московской конторы Государственного банка)		1525000
Специальные текущие счета в частных банках:		
в Московском Международном торговом банке [б]	6277106-09	
в Орловском Коммерческом банке	6360910-14	
в Южно-Русском Промышленном банке [в]	4756599-37	
Итого	17394615-60	17394615-60
Переучтенные векселя в частных банках:		
в Московском Международном торговом банке	1753000	
в Орловском Коммерческом банке	634375	3548875
в Южно-Русском Промышленном банке	1161500	
Корреспонденты русские с обеспечением:		
Петербургско-Азовский Коммерческий банк	158627-20	
Южно-Русский Промышленный банк	2657976	2816603-20
Ссуды под недвижимое имущество (ипотечный долг)		2405448-29
Дивидендные и срочные купоны от процентных бумаг и акций		649221-04
Интересы, полученные по операциям		35184-19
Баланс		59621298-64
Весь долг банкирского дома Л. С. Полякова [г]		49936800
Стоимость обеспечения по оценке совещания	22784000	
Дефицит (превышение долга над стоимостью обеспечения по оценке совещания)	27152800	
Баланс	49936800	49936800

[a] Из означенной суммы долга 3 млн. р. Московской конторой Государственного банка покрыто прибылями на основании телеграммы Государственного банка от 9 апреля 1907 г. [б] По сведениям Московского Международного торгового банка, долг банкирского дома Л. С. Полякова сему банку по специальному текущему счету под процентные бумаги показан на 24.3 тыс. р. менее вследствие зачисления последним в погашение долга доходов от обеспечивающих долг бумаг, о чем в контору банкирского дома до 1 сентября с. г. не было доставлено сведений. [в] По сведениям Южно-Русского Промышленного банка, задолженность банкирской конторы вместе с начисленными процентами показана на 9 тыс. р. более вследствие неполучения до 1 сентября с. г. банкирской конторой сведений о начисленных банкам процентах. [г] Сверх сего Л. С. Поляков обязался перед Московским Международным торговым банком уплатить ему долг, числящийся за Персидским товариществом, в сумме 4 млн. р. Долг этот рассрочен на 12 лет равными годичными взносами под условием, что если в какой-либо год поступлено будет менее 1/2 части всего долга, то недостающую сумму уплачивает Поляков. Согласно сему и ввиду того, что первый взнос поступил от Персидского товарищества не полностью, Поляков выдал Международному банку соло-векселя на сумму 261 050 р.

2б. Дополнение к приложениям 2 и 2а

(кроме поименованных в балансе активов находятся в разных банках в виде обеспечения долга банкирского дома Л. С. Полякова нижеследующие ценности)

	Стоимость по оценке совещания (в руб.)	
	одной купюры	всего количества
Принадлежащие Л. С. Полякову:		
2653 акции Московского Земельного банка	510	1353030
275 акций О-ва подъездных путей	25	6875
100 закладных листов с выигрышем Гос. Дворянского земельного банка	220	22000
50 акций водоснабжения и газоосвещения Петербурга	50	2500
1 дивидендная акция Привислинской ж. д.		
2 дивидендные акции Орловско-Витебской ж. д.		
99 дивидендных акций Московско-Брестской ж. д.		
30 дивидендных акций Лозово-Севастопольской ж. д.		
369 дивидендных акций Юго-Восточных ж. д.		
8250 4-процентных облигаций Курско-Харьково-Азовской ж. д.		8250
Принадлежащие Р. П. Поляковой:		
164 акции Юго-Восточных ж. д.	95	15580
240 акций Коммерческого страхового о-ва		
Обеспечивающие долг А. Н. Базилевского банкирскому дому Л. С. Полякова:		
61 акция Российского страхового и транспортного о-ва	50	3050
220 акций Петербургско-Азовского Коммерческого банка		
Итого		1411285

3. Недвижимое имущество Л. С. Полякова
(в руб.) [a]

Имения и дома	Губерния	Уезд	Число десятин	Долг банку	Средняя на десятину	Действительная стоимость по заявлению владетеля	Средняя на десятину	Оценка банка
Имения:								
Цуриково	Смоленская	Духовщинский	856	47990	56	160000	187	
Ново-Павловское	Орловская	Ливенский	1560	172075	110	375000	240	300000
Зумрук	Таврическая	Симферопольский	1000			175000	175	
Гогуанская дача	Орловская	Карачевский	314	5712	18	75000	239	
Козье	Таврическая	Феодосийский	13			10000	769	
Кавказское	Черноморская	Туапсинский	1953			195000	100	
Титьково	Ярославская	Романово-Борисоглебский	1017	11999	12	75000	74	
Серебрянская	Харьковская	Старобельский	832			85000	102	
Итого			7545	237776	32	1150000	152	
Дома в Москве:								
на Тверском бульваре, 87				161270		650000		275000
на Тверском бульваре, 89 и 91				164763		350000		625000
на Тверском бульваре, 93				373125		700000		160000
Полянка у Каменного моста				82655		250000		
у Каменного моста				28328		175000		320000
на Большой Никитской				173808		425000		150000
на Покровке				76761		275000		1500000
на Тверской ул., угол Леонтьевского пер.				890898		1600000		
Дом в С.-Петербурге:								
на Английской наб.				295000		500000		500000
Итого				2246608		4925000		
Всего			7545	2484384		6075000		

[a] ЦГИА СССР, ф. 587, оп. 56, д. 1665, л. 98 об.—99. — Сведения приводятся на 1904 г.

1. Список финансовых учреждений и обществ Петербурга

(по данным, собранным канцелярией петербургского градоначальника на март 1914 г.) [а]

1-й участок Адмиралтейской части

Гос. Дворянский земельный банк	Адмиралтейская наб., 10, 12, 14
Крестьянский Поземельный банк	Там же
Петербургский Частный коммерческий банк	Невский пр., 1
Петербургский Торговый банк	Невский пр., 9
Коммерческий банк И. В. Юнкер и К⁰	Невский пр., 12
Азовско-Донской Коммерческий банк	Морская, 5
Банкирский дом «Г. Лесин»	Невский пр., 18
Банкирский дом «Глауберман, Зайцев и К⁰»	Невский пр., 6
Банкирский дом «Грубе, Небо и К⁰»	Невский пр., 3
Банкирская контора Лямина	Невский пр., 14
Банкирская контора «Кредит» Т-ва К. И. Васильева и К⁰	Морская, 18
Банкирская контора Балина	Невский пр., 15
Контора фондовых операций Кроненблех	Кирпичный пер., 7

2-й участок Адмиралтейской части

Акционерное о-во Русский для внешней торговли банк	Морская, 32
Петербургское главное агенство Московского Земельного банка	Английская наб., 12
Контора торгового дома «Э. Мейер и К⁰»	Английская наб., 30

1-й участок Казанской части

Русский Торгово-Промышленный коммерческий банк	Большая Конюшенная, 27
Банкирская контора «Лампе»	Невский пр., 20
О-во взаимного кредита петербургских ремесленников	Невский пр., 20
Финляндский банк	Большая Конюшенная, 6
Северное о-во взаимного кредита	Большая Конюшенная, 10
Банкирский дом «Маврикий Нелькен»	Невский пр., 22
Отделение Московского банка	Невский пр., 26
Банкирский дом братьев Джамгаровых	Невский пр., 28
Русско-Английский банк	Невский пр., 28
Петербургское городское о-во взаимного кредита	Малая Конюшенная, 9
Петербургское учетно-ссудное о-во взаимного кредита	Екатерининский канал, 15
Петербургское о-во взаимного кредита	Екатерининский канал, 13
Соединенный банк	Невский пр., 23
Банкирский дом «Гидель и К⁰»	Невский пр., 25
Меняльная лавка Коносова	Невский пр., 19
Банкирский дом «Зейдман и К⁰»	Невский пр., 21

2-й участок Казанской части

Гос. комиссия погашения долгов	Демидов пер., 10
Петербургская казенная палата	Екатерининский канал, 73
Петербургское губернское казначейство	Екатерининский канал, 73
32-е отделение Гос. сберегательной кассы	Екатерининский канал, 73
41-е отделение Гос. сберегательной кассы	Мещанская, 7
Касса городского и земского кредита	Мойка, 56

1-й участок Спасской части

Петербургский Учетный и ссудный банк	Невский пр., 30
Петербургское отделение Коммерческого банка в Варшаве	Невский пр., 32
Волжско-Камский Коммерческий банк	Невский пр., 38
Русско-Французский банк	Невский пр., 40
Петербургский Торговый банк	Невский пр., 44
Московский Купеческий банк	Невский пр., 46
Банк «Лионский кредит»	Невский пр., 48

Петербургский Международный коммерческий банк	Невский пр., 58
Русско-Азиатский банк	Невский пр., 62
О-во взаимного кредита петербургского уездного земства	Итальянская, 8
Петербургское губернское кредитное о-во	Невский пр., 40
Василеостровское о-во взаимного кредита	Невский пр., 54
О-во взаимного кредита деятелей печатного дела	Екатерининский канал, 14
Петербургское о-во взаимного мелкого кредита	Невский пр., 54
Банкирский дом А. Смирнова	Невский пр., 60
Банкирская контора Волкова с сыновьями	Невский пр., 60
Меняльная лавка С. Федотова	Невский пр., 66
Банкирский дом «П. И. Побережский и К⁰»	Невский пр., 66
Банкирский дом «Г. Лесин»	Невский пр., 44

2-й участок Спасской части

Государственный банк	Екатерининский канал, 30
Петербургское коммерческое о-во взаимного кредита	Садовая, 18
О-во взаимного кредита торговцев Апраксина двора и Сенной площади	Садовая, 24
4-е о-во взаимного кредита	Толмазов пер., 2
Петербургское городское кредитное о-во	Александровская пл., 7
Банкирская контора Федора Михайловича Косоурова	Невский пр., 27
Банкирская контора Дмитрия Григорьевича Новоселова	Невский пр., 31
Банкирская контора «Кафталь и Гандельман» (предполагается к открытию в марте 1914 г.)	Екатерининский канал, 18
Меняльная лавка П. Н. Никифорова	Б. Гостиный двор, 29
Банк Торгового товарищества взаимного кредита	Б. Гостиный двор, 16
Банкирская контора А. Н. Кудрявцева	Садовая, 23
То же	Садовая, 25
Банкирская контора М. Я. Бумагина	Банковская линия, 1
Банкирская контора А. И. Ерошенко	Банковская линия, 5
Банкирская контора братьев Бурцевых	Банковская линия, 6
Банкирская контора А. С. Федорова	Банковская линия, 16
Банкирская контора Ф. Т. Терентьева	Банковская линия, 17
Банкирская контора А. П. Ерошенко	Банковская линия, 26
Банкирская контора П. С. Егоровой	Банковская линия, 32
Банкирская контора Ф. А. Алферова	Банковская линия, 33

3-й участок Спасской части

Гос. сберегательная касса	Наб. р. Фонтанки, 71
То же	Таиров пер., 2
Петербургский Международный коммерческий банк	Забалканский пр., 2
Отделение Русского для внешней торговли банка	Забалканский пр., 1
Отделение Русско-Азиатского банка	Садовая, 48
Второе Петербургское о-во взаимного кредита	Садовая, 34
Русское торгово-промышленное о-во взаимного кредита	Садовая, 32
Русское о-во взаимного кредита	Садовая, 35

5-й участок Спасской части

О-во взаимного кредита при Петербургской фруктовой, чайной, винной и рыбной бирже	Садовая, 33
Банкирская контора И. Д. Шустрова	Садовая, 40
Банкирская контора С. А. Чернокова	Садовая, 35
Меняльная лавка Левина	Садовая, 32
Меняльная лавка Балина	Садовая, 36
Меняльная лавка Журавлевой	Садовая, 44
Меняльная лавка Рудневой	Садовая, 33
Меняльная лавка Артемова	Садовая, 29

4-й участок Спасской части

Банкирская контора Николая Георгиевича Иванина	Садовая, 67
Меняльная лавка Михаила Никоноровича Балина	Садовая, 59
Коломенское о-во взаимного кредита	Вознесенский пр., 41
Меняльная лавка М. А. Левина	Садовая, 57
Русский Торгово-Промышленный банк	Садовая, 57

1-й участок Литейной части

Банкирская контора Алексея Александровича Алферова	Невский пр., 76
3-е Петербургское о-во взаимного кредита	Невский пр., 72
Петербургское купеческое о-во взаимного кредита	Невский пр., 70
Отделение Русского Торгово-Промышленного банка	Литейный пр., 43

2-й участок Литейной части

Отдел зернохранилища Гос. банка	Невский пр., 100
Железнодорожное о-во взаимного кредита	Невский пр., 100
Банкирская контора крестьянина Сергея Павловича Богданова	Невский пр., 114
Банкирская контора Михаила Ивановича Дубинина	Невский пр., 116
Банкирская контора Михаила Аггеевича Викторова	Невский пр., 78
Банкирская контора Бориса Федоровича Копылова	Невский пр., 94
16-е отделение Петербургской гос. сберегательной кассы	Литейный пр., 52
17-е отделение Петербургской гос. сберегательной кассы	Знаменская, 15
Почтово-телеграфная сберегательная касса, 59-е отделение	Надеждинская ул., 13

2-й участок Коломенской части

Банкирская контора «Варшавский и К⁰»	Английский пр., 21

1-й участок Нарвской части

Отделение Азовско-Донского Коммерческого банка	Забалканский пр., 65
Отделение Сибирского Торгового банка	Забалканский пр., 65
Отделение Комиссионной конторы по денежным операциям Леонида Щукина	Забалканский пр., 65

2-й участок Нарвской части

39-е отделение Петербургской гос. сберегательной кассы	12-я рота, 12
Сберегательная касса при Экспедиции заготовления гос. бумаг	Фонтанка, 114
34-е отделение Гос. сберегательной кассы при 5-м почтовом отделении	Измайловский пр., 5

3-й участок Нарвской части

Гос. сберегательная касса № 33	Рижский пр., 48
Гос. сберегательная касса № 64 при 37-м городском почтово-телеграфном отделении	Обводный канал, 177
Отделение Русского Торгово-Промышленного банка	Обводный канал, 142

Петергофский участок

Сберегательная касса при 16-м почтово-телеграфном отделении	Петергофское шоссе, 80
Сберегательная касса при 65-м почтово-телеграфном отделении	Николаевский пер., 9
Отделения тех же сберегательных касс	Петергофское шоссе, 29
Отделение сберегательных касс при Путиловском заводе	Петергофское шоссе, 67

1-й участок Московской части

Центральный банк обществ взаимного кредита	Невский пр., 59
Петербургско-Тульский поземельный банк	Невский пр., 63
Правление столичного О-ва взаимного кредита	Невский пр., 45
Банкирская контора Левина	Невский пр., 47

Банкирская контора Тихомирова   Невский пр., 77
Меняльная лавка Викторова   Невский пр., 49
Меняльная лавка Никифорова   Невский пр., 83

2-й участок Московской части

2-е отделение Гос. сберегательной кассы   Загородный пр., 14
4-е отделение Гос. сберегательной кассы   Коломенская, 33
Меняльная лавка Андреева   Разъезжая, 30
Пятое Петербургское о-во взаимного кредита   Кузнечный пер., 5

3-й участок Московской части

Ссудная казна   Фонтанка, 74
Главная Петербургская сберегательная касса   Фонтанка, 76
Управление сберегательными кассами в империи   Фонтанка, 76

4-й участок Московской части

Петербургское Латышское ссудо-сберегательное товарищество   Подольская ул., 2

1-й участок Рождественской части

3-е отделение Гос. сберегательной кассы   4-я Рождественская, 18
Отделение Гос. сберегательной кассы при 6-м городском почтово-телеграфном отделении   2-я Рождественская, 27
Меняльная лавка петербургского 2-й гильдии купца Ивана Ев-
   геньевича Гарунова   Невский пр., 122
Меняльная лавка личного почетного гражданина Алексея Ивановича Дубинина   Невский пр., 132

2-й участок Рождественской части

Отделение Петербургского Торгово-Промышленного банка   Суворовский пр., 26
4-е отделение Петербургского частного ломбарда   Суворовский пр., 16

3-й участок Рождественской части

Отделение Гос. сберегательной кассы при 15-м почтово-телеграфном отделении   Смольный пр., 3 (угол
                                                    М. Болотной ул.)

1-й участок Васильевской части

Русский для внешней торговли банк   7 линия, 18
Банкирская контора А. И. Гринева   6 линия, 3
Отделение Русского Торгово-Промышленного банка   6 линия, 29
Василеостровское отделение банка «Лионский кредит»   9 линия, 2
Банкирская контора «Шенкман и К⁰»   1 линия, 20

2-й участок Васильевской части

Петербургская гос. ссудо-сберегательная касса № 4 при 24-м   Малый пр., 35
   почтово-телеграфном отделении

1-й участок Петербургской части

Отделение Русского Торгово-Промышленного банка   Каменноостровский пр., 32

2-й участок Петербургской части

3-е почтовое отделение и сберегательная касса   Большой пр., 30
Меняльная лавка и контора Валькова   Большой пр., 28
Гос. сберегательная касса   Большой пр., 20
Русский Торгово-Промышленный банк   Большой пр., 44
Меняльная лавка Левина   Большой пр., 69а
Петровское о-во взаимного кредита   Большой пр., 74

| Петербургская гос. сберегательная касса, 13-е отделение | Большой пр., 71 |
| Ссудо-сберегательное т-во Петербургского Латышского о-ва взаимного вспоможения | Большой пр., 71 |

1-й участок Выборгской части

| 5-е отделение Гос. сберегательной кассы | Нижегородская, 15 |

2-й участок Выборгской части

| Отделение Русского Торгово-Промышленного банка | Б. Сампсониевский пр., 16 |

Охтинский участок Выборгской части

О-во взаимного кредита на Большой Охте	Б.-Охтинский пр., 53
О-во взаимного кредита на Малой Охте	М.-Охтинский пр., 21
Гос. сберегательная касса	Б.-Охтинский пр., 47
Сберегательная касса при 52-м почтовом отделении	Александровская, 19
Сберегательная касса при 27-м почтовом отделении	Гурдина, 27
Сберегательная касса при 67-м почтовом отделении	Мариинская, 26

Лесной участок

42-е отделение Гос. сберегательной кассы	2-й Муринский пр., 29
Отделение Гос. сберегательной кассы при 17-м почтово-телеграфном отделении	Костромской пр., 43
Отделение Гос. сберегательной кассы при 48-м почтово-телеграфном отделении	Здание Лесного ин-та
Лесновское о-во взаимного кредита	2-й Муринский пр., 53

1-й участок Александро-Невской части

Банкирская контора Дубинина	Невский пр., 87
Банкирская контора Евреинова	Невский пр., 93
Банк Петербургского о-ва взаимного кредита лесопромышленников	Невский пр., 105
Отделение Азовско-Донского Коммерческого банка	Полтавская, 12
Отделение Волжско-Камского Коммерческого банка	Полтавская, 12
Отделение Московского Купеческого банка	Полтавская, 12
Отделение Русского для внешней торговли банка, Русского Торгово-Промышленного банка, Сибирского Торгового банка, Петербургского Международного коммерческого банка, О-ва взаимного кредита	Полтавская, 12

2-й участок Александро-Невской части

| 37-е (Лиговское) отделение Петербургской гос. сберегательной кассы | Лиговская, 135 |

Шлиссельбургский участок

| Невское о-во взаимного кредита | Пр. с. Смоленского, 36 |

---

187 кредитных учреждений и банкирских заведений вместе с отделениями

[a] ЦГИА г. Ленинграда, ф. 569, оп. 2, д. 1199, л. 1—73.

УКАЗАТЕЛЬ ИМЕН*

---

* Указатели составлены С. Г. Беляевым.

Ашкенази (урожд. Розенберг) Луиза, дочь Г. М. Розенберга, жена Е. Ашкенази 41

Базилевский А. Н. 158, 163
Байт, банкир 58
Балин М. Н., владелец банкирской конторы и меняльной лавки в Петербурге 165—167
Барановы, владельцы мануфактур 48
Барац Семен Моисеевич (1850—1913), экономист 42, 67, 149
Баснин Павел Петрович (1816—1867), золотопромышленник 49, 69
Баснин Петр Павлович, золотопромышленник 50, 51, 56
Безобразов Владимир Павлович (1828—1889), экономист 16
Беккер Роберт Богданович (1838—1895), директор иностранного отделения Особенной канцелярии по кредитной части Министерства финансов (1876—1895) 22
Бекстер, владелец банкирского дома 12
Белль, представитель банкирского дома «Томпсон Бонар и К⁰» в Петербурге 16
Бенардаки Дмитрий Егорович (ум. 1870), откупщик, банкир 132, 148
Бенардаки Николай Дмитриевич, банкир, учредитель Киевского Частного коммерческого, Киевского Промышленного, Сибирского Торгового, Нижегородского, Виленского, Донского земельных банков 49, 134
Бер А. В., московский маклер 125
Беринг Ф., лондонский банкир 15
Беринги (братья), лондонские банкиры 134
Берлин, банкир 13
Бернарди А. В., экономист 138, 149
Бетлинг, банкир 13
Бехтеев С. С. 161
Бисмарк Отто фон (1815—1898), рейхсканцлер Германии (1871—1890) 7
Блау А. А. (р. 1849), экономист 128
Блейхредеры, владельцы банкирского дома в Берлине 5, 7, 41, 151
Блиох Иван Станиславович (1836—1901), банкир, экономист, писатель 12, 132, 137
Блокк Генрих, владелец банкирского дома в Петербурге 4, 28
Бобринская (урожд. Половцова) Надежда Александровна, дочь А. А. Половцова, жена А. А. Бобринского (1852—1927) 21
Бовыкин Валерий Иванович 5—7
Богданов Сергей Павлович, владелец банкирской конторы в Петербурге 167
Богданович (урожд. Бутовская) Александра Викторовна, жена генерала Е. В. Богдановича (1829—1914) 43, 67
Бонар, владелец торгового дома 16, 21
Боровой Саул Яковлевич 5, 6, 19
Бояновский Николай Игнатьевич, представитель Государственного банка в Ленском золотопромышленном товариществе 58, 61, 62, 71
Брайнин Моисей, рижский почетный гражданин 39
Брандт Егор Егорович (ум. 1891), банкир, директор Петербургского Частного коммерческого банка 20, 21, 24, 132—134
Брандт Э. Г., владелец торговых домов в Архангельске и Петербурге, учредитель Петербургского Международного коммерческого и Русского для внешней торговли банков 133, 134
Брауде Ц., владелец банкирского дома в Паневеже 147
Брахман В. Я., предприниматель 147
Бренберг И., владелец банкирского дома в Гамбурге 133
Бродская Леонора Рафаиловна, учредительница Одесского Купеческого банка 146
Бродский А. М., владелец банкирского дома 146
Бродский Лазарь Израилевич, сахарозаводчик 41, 46, 140
Бродский Яков Абрамович, банкир 146, 150
Брок Петр Федорович (1805—1875), министр финансов (1852—1858) 37—39, 67
Булгакова Людмила Алексеевна 6
Бумагин М. Я., владелец банкирской конторы в Петербурге 166
Бунге Николай Христианович (1823—1895), экономист, министр финансов (1881—1886), председатель Комитета министров (1887—1895) 11, 16, 18, 48, 68, 69, 78, 79, 106
Бунимович Израиль Бениаминович, владелец банкирского дома в Вильно 144—146
Бунимович Илья Израилевич (р. 1875), владелец банкирского дома в Вильно 144, 150
Бунимович Марк Израилевич (р. 1872), владелец банкирского дома в Вильно 144
Бунимович Товий Израилевич (р. 1871), владелец банкирского дома в Вильно 144, 145
Бурцевы Александр, Василий и Павел Евгеньевичи, банкиры 28, 166
Бутовский Александр Иванович (1814—1890), экономист 16
Бэр, владелец банкирского дома в Лондоне 133

Вавельберг Г., банкир 28, 63, 67, 92, 108, 137, 143, 150, 152
Вавельберг Михаил Ипполитович, банкир, учредитель Западного (1907) и Петербургского Торгового (1911) банков 28
Валуев Петр Александрович (1814—1890), министр внутренних дел (1861—1868), государственных имуществ (1872—1879), председатель Комитета министров (1879—1881) 45, 68

владелец банкирского дома в Петербурге 139, 165

Зеле, владелец фирмы в Гамбурге 22

Зелинский Григорий Викторович, представитель Министерства финансов в Московском Международном торговом банке 108

Зиберт Август, немецкий банкир 135, 136

Зимин Александр Александрович 20

Зингер, владелец банкирской конторы в Петербурге 28

Зоммермейстер Р. А., пайщик банкирского дома А. И. Зейдмана 139

Зульцбах (братья), немецкие банкиры 135, 136

Иванин Николай Георгиевич, владелец банкирской конторы в Петербурге 167

Иващенков Анатолий Павлович (1843—1906), товарищ министра финансов (1892—1897), государственного контролера (1897—1899), член Комитета финансов (с 1899) 96, 97

Игнатьев Николай Павлович (1832—1908), министр внутренних дел (1881—1882) 48, 49, 68, 69

Извольский Александр Петрович (1856—1919), министр иностранных дел (1906—1910) 100, 101, 109

Извольский Петр Павлович (1851—1916), обер-прокурор Синода (1907—1909) 65

Икскуль (урожд. Гардер), баронесса, наследница А. Л. Штиглица 21

Ипполитова Галина Алексеевна 6

Камерон Рондо 6, 7

Каминка Борис Абрамович, председатель правления Азовско-Донского коммерческого банка 143

Камондо, парижский банкир 41

Кан, владелец банкирской конторы в Петербурге 23, 24

Каншин Евграф Васильевич (1831—1884), купец, золотопромышленник 50, 53, 55, 56

Капгер, поверенный Ротшильдов в Петербурге 16

Каросо Винсент 7

Карпов Владимир Иванович, учредитель Одесского Купеческого банка 146

Катков Михаил Никифорович (1818—1887), публицист 74, 76, 77

Катышевцев Василий Петрович, золотопромышленник 50

Катышевцев Иосиф Петрович (1825—1884), золотопромышленник 50, 53, 55, 56, 69, 70

Катышевцев Петр Иосифович, золотопромышленник 49, 56, 69

Катышевцевы 53

Кафталь Станислав Бернардович, владелец банкирского дома 28, 63, 142, 152, 166

Кеннан Джордж (1845—1924), американский журналист 6

Кербедз Станислав, наследник А. Л. Штиглица 22

Кеттл М. 110

Киннель Томас (старший), наследник А. Л. Штиглица 22

Киселев А. С. 161

Кладищев П. Д. 158, 161

Клейнмихель (урожд. Келлер) Мария Эдуардовна, графиня 141

Клеменц Роберт, учредитель Петербургского Частного коммерческого банка 132, 134

Клим, владелец банкирской конторы 26

Климентов Косьма Гаврилович (1831—1899), пайщик Товарищества мануфактур П. М. Рябушинского с сыновьями 112

Клочков Г. В., пайщик банкирского дома А. И. Зейдмана 140

Клячко (Львов) Лев Моисеевич (1873—1934) журналист 49, 69

Княжевич Александр Максимович (1792—1872), министр финансов (1858—1862), учредитель Московского Купеческого банка 16, 19, 20, 39, 67

Князев В. В. 158

Кобылин Александр Михайлович, пайщик торгового товарищества «Братья Елисеевы» 148

Кобылина Ольга Васильевна, пайщица торгового товарищества «Братья Елисеевы» 148

Коган, предприниматель 72, 73, 105

Коковцов Владимир Николаевич (1853—1943), государственный секретарь (1902—1904), министр финансов (1904—1905, 1906—1914), председатель Совета министров (1911—1914), председатель Русско-французской торговой палаты (1916—1917), член Совета Русского для внешней торговли банка (1917) 36, 93, 98, 99, 101, 109, 140, 141

Кокорев Василий Александрович (1817—1889), купец, коммерции советник, учредитель Московского Купеческого банка 132—134, 148

Кондоянаки И. Е., владелец банкирского дома в Петебурге 134

Кононовы 161

Коносов, владелец меняльной лавки в Петербурге 165

Коншин Алексей Владимирович (р. 1858), управляющий Государственным банком (1910—1914) 125, 126

Копылов Борис Федорович, владелец банкирской конторы в Петербурге 167

Корнев В., член правления Харьковского Земельного банка 115

Корф Модест Андреевич (1800—1876), главноуправляющий II отделения Собственной е.и.в. канцелярии (1861—1864),

(1848—1851) и император (1851—1870) Франции 17, 41

Нардова Валерия Антониновна 6

Насер эд-Дин-шах (1831—1896), персидский шах (с 1848) 81

Натансон, владелец банкирского дома в Варшаве 137

Небо, владелец банкирского дома в Петербурге 165

Небольсин Григорий Павлович (1811—1896), экономист, товарищ министра финансов (1863—1866) 16

Нейман С., банкир 58

Нейшуля Аркадий Моисеевич 150

Нелькен Маврикий 28, 63, 142, 165

Ненюков, коммерции советник 67

Непокойчицкий Артур Адамович (1813—1881), генерал 73

Никифоров П. Н., владелец меняльной лавки в Петербурге 166, 168

Николаев Павел Никитич (1837—1895), товарищ министра финансов (1888—1892) 53, 54

Николай I (1796—1855), император (1825—1855) 14

Николай II (1868—1918), император (1894—1917) 40, 57, 92—94, 96—99, 105, 109, 114, 116

Николай Александрович (1843—1865), сын Александра II, наследник престола (1855—1865) 74

Николай Николаевич младший (1856—1929), великий князь, внук Николая I, верховный главнокомандующий (1914—1915) 71

Никольский Николай Михайлович 20

Нисселович Леопольд Николаевич (р. 1858), экономист, публицист, член III Думы, кадет 85

Нобели, династия предпринимателей: Эммануэль (1801—1872), Альфред Бернгард (1833—1896), Людвиг (1831—1888), Эммануэль (1859—1932) 127

Новоселов Дмитрий Григорьевич, владелец банкирской конторы в Петербурге 28, 166

Новоселов С. С., предприниматель 33

Нолькен (урожд. Рейтерн) Юлия Христофоровна, баронесса 17

Носович Владимир Павлович, товарищ обер-прокурора Уголовного кассационного департамента Сената 70

Нурок, представитель банкирского дома в Шавлях 148

Оболенская (урожд. Половцова) Анна Александровна (ок. 1861—1917), дочь А. А. Половцова, жена А. Д. Оболенского (р. 1855) 21

Оболонский Василий Яковлевич, владелец торгового дома в Петербурге, учредитель Орловского Коммерческого, Рязанского Торгового, Воронежского Коммерческого, Курского Коммерческого, Московского Земельного банков 134

Озеров Иосиф Христофорович (1869—1942), экономист, член Государственного совета (с 1909) 64, 140—142, 147, 148, 150

Осипов, владелец банкирского дома в Москве 119

Остряков Алексей Петрович, присяжный поверенный 53

Павел I (1754—1801), император (1796—1801) 13

Павлов Сергей Александрович, присяжный поверенный, банкир, промышленник 124

Павлюков Анатолий Данилович 6

Пак Белла Борисовна 6

Пакшвер Максим Савельевич, банкир, член правления Петербургского Частного коммерческого банка, директор Общества Северной мануфактуры, член правления Акционерного общества Николае-Павдинского горного округа, акционерного общества «Лысьвенский горный округ наследников графа П. П. Шувалова», Общества Российской бумагопрядильной мануфактуры 146, 150

Пален Константин Иванович (1833—1912), министр юстиции (1867—1878) 47—49, 67, 69

Пастухов, петербургский домовладелец 131

Пельтцер Наполеон старший, наследник А. Л. Штиглица 22

Пенкин Б. Н. 158

Перейра Исаак (1806—1880), французский банкир 15, 17, 18

Перейра Эмиль (1800—1875), французский банкир 17, 18

Переплетчиков Ш. Л. 158

Перетц Егор Абрамович (1833—1899), государственный секретарь (1878—1882), член Государственного совета (с 1883) 68, 69

Переяславцев Андрей Федорович (ок. 1825—1880), чиновник Военного министерства, золотопромышленник 53

Пертез А., владелец банкирского дома в Варшаве 147

Петров Юрий Александрович 118, 119, 129

Петрококино Д. И., директор Общества Рыбинско-Бологовской железной дороги 136

Петрококино Фемистокл Иванович, банкир 67, 137

Печенкин, владелец банкирской конторы 27

Пистолькорс (урожд. Гардер) Э. И., наследница А. Л. Штиглица 21

Плеске Эдуард Дмитриевич (1852—1904), директор Особенной канцелярии по кредитной части (1892—1894), управляющий Государственным банком (1894—

УКАЗАТЕЛЬ ГЕОГРАФИЧЕСКИХ НАЗВАНИЙ

УКАЗАТЕЛЬ БАНКОВ, ТОРГОВО-ПРОМЫШЛЕННЫХ, СТРАХОВЫХ И ТРАНСПОРТНЫХ ОБЩЕСТВ, ГОСУДАРСТВЕННЫХ УЧРЕЖДЕНИЙ, ОБЩЕСТВЕННЫХ ОРГАНИЗАЦИЙ И ПЕРИОДИЧЕСКИХ ИЗДАНИЙ

Акционерные банки и кредитные общества

Торгово-промышленные и страховые общества

Транспортные общества

Государственные учреждения, общественные и предпринимательские организации

Периодические издания

ОГЛАВЛЕНИЕ

Борис Васильевич Ананьич

БАНКИРСКИЕ ДОМА В РОССИИ
1860—1914 гг.

ОЧЕРКИ ИСТОРИИ ЧАСТНОГО ПРЕДПРИНИМАТЕЛЬСТВА

Утверждено к печати
Ленинградским отделением
Института истории СССР
Академии наук СССР

Редактор издательства Г. А. Альбова
Художник Е. В. Кудина
Технический редактор В. М. Прилепская
Корректоры А. Х. Салтанаева и Г. И. Суворова

ИБ № 44791

Сдано в набор 13.12.90. Подписано к печати 08.07.91.
Формат 70×90^1/₁₆. Бумага офсетная № 1.
Гарнитура литературная. Печать офсетная. Фотонабор.
Усл. печ. л. 14.62. Усл. кр.-от. 14.83. Уч.-изд. л. 18.15.
Тираж 6200. Тип. зак. № 962. Цена 4 р. 10 к.

Ордена Трудового Красного Знамени
издательство «Наука». Ленинградское отделение.
199034, Ленинград, В-34, Менделеевская лин., 1.

Ордена Трудового Красного Знамени
Первая типография издательства «Наука».
199034, Ленинград, В-34, 9 лин., 12.

КНИГИ ИЗДАТЕЛЬСТВА «НАУКА» МОЖНО ПРЕДВАРИТЕЛЬНО ЗАКАЗАТЬ В МАГАЗИНАХ КОНТОРЫ «АКАДЕМКНИГА», В МЕСТНЫХ МАГАЗИНАХ КНИГОТОРГОВ ИЛИ ПОТРЕБИТЕЛЬСКОЙ КООПЕРАЦИИ.

Для получения книг почтой заказы просим направлять по адресу:

117393 **Москва,** ул. Академика Пилюгина, 14, корп. 2, магазин «Книга — почтой» Центральной конторы «Академкнига»;

252208 **Киев,** ул. Правды, 80а, магазин «Книга — почтой»;

197345 **Ленинград,** Петрозаводская ул., 7, магазин «Книга — почтой» Северо-Западной конторы «Академкнига»

или в ближайший магазин «Академкнига», имеющий отдел «Книга — почтой»

480091 **Алма-Ата,** ул. Фурманова, 91/97 («Книга — почтой»);

370001 **Баку,** Коммунистическая ул., 51 («Книга — почтой»);

232600 **Вильнюс,** ул. Университето, 4 («Книга — почтой»);

690088 **Владивосток,** Океанский пр., 140 («Книга — почтой»);

320093 **Днепропетровск,** пр. Гагарина, 24 («Книга — почтой»);

734001 **Душанбе,** пр. Ленина, 95 («Книга — почтой»);

375002 **Ереван,** ул. Туманяна, 31;

664033 **Иркутск,** ул. Лермонтова, 289 («Книга — почтой»);

420043 **Казань,** ул. Достоевского, 53 («Книга — почтой»);

252030 **Киев,** ул. Ленина, 42;

252142 **Киев,** пр. Вернадского, 79;

252025 **Киев,** ул. Осипенко, 17;

277012 **Кишинев,** пр. Ленина, 148 («Книга — почтой»);

343900 **Краматорск** Донецкой обл., ул. Марата, 1 («Книга — почтой»);

660049 **Красноярск,** пр. Мира, 84;

443002 **Куйбышев,** пр. Ленина, 2 («Книга — почтой»);

191104 **Ленинград,** Литейный пр., 57;

199034 **Ленинград,** Таможенный пер., 2;

194064 **Ленинград,** Тихорецкий пр., 4;

220012 **Минск,** Ленинский пр., 72 («Книга — почтой»);

103009 **Москва,** ул. Горького, 19а;

117312 **Москва,** ул. Вавилова, 55/7;

630090 **Новосибирск,** Красный пр., 51;

630090 **Новосибирск,** Морской пр., 22 («Книга — почтой»);

142284 **Протвино** Московской обл., ул. Победы, 8;

142292 **Пущино** Московской обл., МР «В», 1 («Книга — почтой»);

620151 **Свердловск,** ул Мамина-Сибиряка, 137 («Книга — почтой»);

700000 **Ташкент,** ул. Ю. Фучика, 1;

700029 **Ташкент,** ул. Ленина, 73;

700070 **Ташкент,** ул. Шота Руставели, 43;

700185 **Ташкент,** ул. Дружбы народов, 6 («Книга — почтой»);

634050 **Томск,** наб. реки Ушайки, 18;

450059 **Уфа,** ул. Р. Зорге, 10 («Книга — почтой»);

450025 **Уфа,** Коммунистическая ул., 49;

720001 **Фрунзе,** бульв. Дзержинского, 42 («Книга — почтой»);

310078 **Харьков,** ул. Чернышевского, 87 («Книга — почтой»).